U0623288

全国100所
高职高专院校旅游类专业系列教材
（酒店管理专业）

酒店公共关系

Jiudian Gonggong Guanxi

总主编 郑向敏　　副总主编 谢 苏
主 编 王 瑜　　副主编 倪 莉

重庆大学出版社

内容提要

本书主要内容包括酒店公共关系发展历程、酒店公共关系职能、酒店公共关系主体、酒店公共关系传播、酒店目标公众关系、酒店公共关系工作程序、酒店公共关系礼仪以及酒店公共关系专题活动等。

本书兼顾知识传授和能力培养,既可作为高职高专旅游类专业教材,也可作为旅游企事业单位管理人员的培训用书以及旅游从业人员的参考用书。

图书在版编目(CIP)数据

酒店公共关系/王瑜主编. —重庆:重庆大学出版社,
2008.7(2020.1 重印)
(全国 100 所高职高专院校旅游类专业系列教材)
ISBN 978-7-5624-4511-1

Ⅰ.酒… Ⅱ.王… Ⅲ.饭店—公共关系学—高等学校:
技术学校—教材 Ⅳ.F719.2

中国版本图书馆 CIP 数据核字(2008)第 071106 号

全国 100 所高职高专院校旅游类专业系列教材
酒店公共关系
主　编　王　瑜
副主编　倪　莉
责任编辑:顾丽萍　　版式设计:顾丽萍
责任校对:文　鹏　　责任印制:张　策

*

重庆大学出版社出版发行
出版人:饶帮华
社址:重庆市沙坪坝区大学城西路 21 号
邮编:401331
电话:(023)88617190　88617185(中小学)
传真:(023)88617186　88617166
网址:http://www.cqup.com.cn
邮箱:fxk@ cqup.com.cn(营销中心)
全国新华书店经销
POD:重庆新生代彩印技术有限公司

*

开本:720mm×960mm　1/16　印张:20.75　字数:373 千
2008 年 7 月第 1 版　　2020 年 1 月第 6 次印刷
ISBN 978-7-5624-4511-1　定价:49.00 元

编委会

总 序

    21世纪是中国成为旅游强国的世纪。根据世界旅游组织的预测,2020年中国将成为世界第一大旅游目的地国家,并成为世界第四大旅游客源国。在我国旅游业迅速发展中,需要大量优秀的专业人才。高职高专教育作为中国旅游教育的重要组成部分,肩负着为中国旅游业培养大量的一线旅游专业人才的重任。

    教材建设是旅游人才教育的基础。随着我国旅游教育层次与结构的完整与多元,旅游高职高专教育对旅游专业人才的培养目标更为明确。旅游高职高专人才培养需要一套根据高职高专教育特点、符合高职高专教育要求和人才培养目标,既有理论广度和深度,又能提升学生实践应用能力,满足一线旅游专业人才培养需要的专业教材。

    目前,我国旅游高职高专教材建设已有一定的规模和基础。在各级行政管理部门、学校和出版社的共同努力下,已出版了一大批旅游高职高专教材。但从整体性看,已有的多数系列教材有以下两个方面的缺陷:一是系列教材虽多,但各系列教材的课程覆盖面小,使用学校范围不大,各院校使用教材分散,常出现一个专业使用多个版本的系列教材而不利于专业教学的一体化和系统化;二是不能适应目前多种教学体制和授课方式的需要,在不同课时要求和多媒体教学、案例教学、实操讲解等多种教学方式中显得无能为力。

在研究和分析目前众多旅游高职高专系列教材优缺点的基础上,我们组织编写了100多所旅游高职高专院校参与的、能覆盖旅游高职高专教育4个专业的、由60多本专业教材组成的"全国100所高职高专院校旅游类专业规划教材"。为了解决多数系列教材存在的上述两个缺陷,本系列教材采取:

1.组织了百所旅游高职高专院校有教学经验的教师参与本系列教材的编写工作,并以目前我国高职高专教育中设置的酒店管理、旅游管理、景区开发与管理、餐饮管理与服务4个专业为教材适用专业,编写出版针对4个专业的4个系列、共60多本书的系列教材,以保证本系列教材课程的覆盖面和学校的使用面。

2.在教材编写内容上,根据高等职业教育的培养目标和教育部对高职高专课程的基本要求和教学大纲,结合目前高职高专学生的知识层次,准确定位和把握教材的内容体系。在理论知识的处理上,以理论精当、够用为度、兼顾学科知识的完整性和科学性;在实践内容的把握上,重视方法应用、技能应用和实际操作、以案例阐述新知识,以思考、讨论、实训和案例分析培养学生的思考能力、应用能力和操作能力。

3.在教材编写体例上,增设学习目标、知识目标、能力目标和教学实践、章节自测、相关知识和资料链接、教学资源包(包括教案、教学PPT课件、案例选读、图片欣赏、考试样题及参考答案)等相关内容,以满足各种教学方式和不同课时的需要。

4.在4个专业系列教材内容的安排上,强调和重视各专业系列教材之间,课堂教学和实训指导之间的相关性、独立性、衔接性与系统性,处理好课程与课程之间、专业与专业之间的相互关系,避免内容的断缺和不必要的重复。

作为目前全国唯一的一套能涵盖旅游高职高专4个专业、100所旅游高职高专院校参与、60多本专业教材组成的大型系列教材,我们邀请了国内旅游教育界知名学者和企业界有影响的企业家作为本系列教材的顾问和指导,同时我们也邀请了多位在旅游高职高专教育一线从事教学工作的、现任教育部高职高专旅游管理类和餐饮管理与服务类教学指导委员会委员参与本系列教材的编写工作,以确保系列教材的知识性、应用性和权威性。

本系列教材的第一批教材即将出版面市,我们想通过此套教材的编写与出版,为我国旅游高职高专教育的教材建设探索一个"既见树木,又见森林"的教材编写和出版模式,并力图使其成为一个优化配套的、被广泛应用的、具有专业针对性和学科应用性的旅游高职高专教育的教材体系。

　　　　　　教育部高职高专旅游管理类教学指导委员会主任委员
　　　　　　华侨大学旅游学院院长、博士生导师
　　　　　　郑向敏　博士、教授
　　　　　　2008 年 2 月

前　言

　　酒店是我国最早与国际接轨,也是公共关系引进最早和应用最广泛的领域之一。酒店作为一个稳定的、开放的经济实体,在市场竞争中积极探索与实践公共关系,努力创造"内求团结,外求发展"的社会环境,保证酒店内部凝聚力和外部竞争力在社会公众中塑造良好的酒店形象,公共关系已经成为一种关系到酒店生存和发展的重要因素,从而引起业内人士对酒店公共关系的广泛重视。本书以此出发,针对酒店公共关系工作实际,从酒店公共关系的技能培养入手,剖析了酒店公共关系技巧方法,并提供大量的案例分析,供学习者参考。

　　本书特色:

　　1. 内容先进性:本书更新教学内容,与社会经济发展同步,具有鲜明的时代特色;同时,注意用新思潮、新观点来阐述酒店公共关系的经典内容,适应酒店实际工作的需要。

　　2. 知识实用性:体现以提高学生素质为基础,以职业能力为本位,以应用为核心,兼顾知识传授和能力培养。在各章增加"学习目标",学习目标分列出"知识目标"和"能力目标"两个子目标,兼顾"知识点"和"能力点"。

　　3. 结构合理性:体现"产学结合型"要求,考虑学习者的认知、技能养成规律,本书的知识结构设计采取理论实践交互

进行的编写体例,在相关章节特设教学实践、专题操作训练环节,全书体系完整流畅。

4.案例针对性:加大教材的案例化程度,不仅各章均有章首案例导入,而且节内设置大量微型案例,这些案例都是酒店公共关系实际工作中遇到的案例,案例的题材和范围广泛,问题针对性强。

5.教学适用性:本书追求简洁实用、内容新颖、体例完整、操作性强,符合酒店管理相关专业学生培养目标和课程教学基本要求。

本书由王瑜担任主编,倪莉为副主编。编写人员具体分工为:第1章、第2章由王瑜(福建商业高等专科学校)编写;第3章、第4章、第6章由倪莉(江苏淮阴工学院)编写;第5章由金莉(河北师范大学)编写;第7章由郑琳琳(莆田学院)编写;第8章由龚伟(青岛酒店管理学院)编写;第9章的1,2,3,4,7节由王瑜编写,5,6节由方方(乌鲁木齐市职业大学)编写;第10章由王瑜、郑尖尖(福建商业高等专科学校)编写。全书由王瑜统稿。

本书在编写过程中参阅了大量的国内外书刊资料,得到了重庆大学出版社的大力支持,在此一并致谢。

由于编者水平有限,书中难免有浅陋与错误之处,不当之处,敬请专家学者和广大读者批评指正。

编　者
2007 年 12 月

目 录
CONTENTS

第1章
酒店公共关系导论

【学习目标】

本章通过对公共关系定义、发展历史以及酒店公共关系职能的阐述,既使学生初步知晓酒店公共关系的基础知识,也为学生将来运用公共关系手段工作提供基础技能。

【知识目标】

①了解公共关系发展的 3 个阶段。

②理解酒店公共关系的职能。

③明确公共关系和酒店公共关系的定义和内涵。

④掌握酒店公共关系与酒店营销区别联系。

⑤把握酒店公共关系的特色。

【能力目标】

①具有一定的公共关系知识。

②能够宏观地把握酒店公共关系的职能。

③具有运用公共关系手段树立企业形象的基础能力。

【关键概念】

公共关系　酒店公共关系　酒店营销　酒店企业形象　公共关系状态　公共关系活动　酒店公共关系职能　公共关系学　传播沟通　协调关系

案例导入：

香港半岛酒店有 340 间客房。当客人来到这家酒店时，服务员会及时送上一杯中国茶；客人没有放到柜内的皮鞋，服务员会主动给皮鞋擦油并放入柜内；有下雨的征兆时，服务员会把雨衣送到客房；客房内提供吹风机。此外，客人可以要求住没有烟味的房间。

东京大仓饭店有客房 900 间。电子计算机记录着每位客人的特殊爱好（如对哪类房间式样、食品、饮料、报纸的偏好）；饭店有夜间熨衣服务；设有一个办公服务大厅，可以为客人提供翻译、打字服务等；图书馆里备有商业出版物和录像带；带幻灯机和电影放映设备的会议室可免费使用。

曼谷东方饭店有客房 406 间。客人到达时就端上一杯新鲜橘汁，另外还有数不清的其他细小服务。这些细小的服务包括：每个房间都放一篮当地出产的水果，旁边放有说明；每个房间都有专门播放音乐的音响设备；提供叫醒服务的话务员，会在提供叫醒服务几分钟后再一次用电话询问客人是否真正醒来。饭店经理说，这些服务是使客人感到"宾至如归"的特殊工作方法。

启示：有的企业在经营步入正轨时，往往就忘记了公关为何物，而当企业出现危机陷入困境时，就幻想着公关一到，万事大吉。其实，公共关系应该是"着眼于长远打算，着手于平时努力"。

酒店公共关系是公共关系在酒店企业中的具体应用，因此，在研究酒店公共关系之前，首先应对公共关系这门学科作一基本了解。

1.1　公共关系概念

1.1.1　公共关系与酒店公共关系的定义

1）公共关系定义

"公共关系"的英文为"public relations"，缩写为"PR"，简称"公关"。"public relations"既可翻译成"公共关系"，也可翻译成"公众关系"，两种翻译在内涵解释方面并没有什么差异，但人们习惯于翻译成"公共关系"。需要特别注意的是"relations"是复数形式，表明公共关系是多种关系的集合。现代公共关系发源于美国，被许多人理解为"生存哲学"。

公共关系产生 100 多年以来,人们对于公共关系的认识一直没有统一,随着社会经济发展、技术进步,公共关系的内涵也在不断丰富,体现在对公共关系概念界定上,也是众说纷纭。对公共关系定义的理解,犹如苏轼《题西林壁》所言"横看成岭侧成峰,远近高低各不同",即同一问题,从不同的角度看,会得出不同的答案。

(1)公共关系直观的定义

①公共关系就是 90% 做好 + 10% 说好;

②公共关系是塑造形象的艺术;

③公共关系是免费的广告;

④公共关系就是推销组织的善意;

⑤公共关系就是争取有用的朋友;

⑥广告是让人买我,公共关系是让人爱我;

……

(2)国际著名公共关系专家学者对公共关系的界定

①美国公共关系研究与教育基金会主席克莱斯·哈罗博士,通过征求 83 名公共关系领导人的意见,研究了 472 个定义,提出:公共关系是一种独特的管理职能,它能帮助建立和维护一个组织与其公众之间传播、理解、接受和合作的相互联系;参与问题或事件的管理,帮助管理层及时连接舆论并且作出反应;界定和强调管理层服务于公共利益的责任;帮助管理层及时了解和有效地利用变化,以便作为一个早期警报系统帮助预计发展趋势;并且利用研究和健全的符合职业道德的传播作为其主要手段。

②英国著名公共关系学者弗兰克·杰夫金斯提出:任何社会组织,无论是商业性还是非商业性的,都有其自身的公共关系,因而公共关系的存在是不以人们的意志为转移的,人们不可能随意决定公共关系的或有或无。公共关系工作囊括了一个社会组织与之相关的所有的人们的全部交往,除非完全隔绝和超脱于人类之间的交往。个人也有自己的公共关系。

(3)国际著名公共关系组织对公共关系的界定

①美国公关协会征询了 2 000 多名公共关系专家的意见,提出:公共关系是一个人或一个组织为获取大众之信任与好感,借以迎合大众之兴趣而调整政策与服务方针的一种经常不断的工作;同时,公共关系是将此种已调整的政策与服务方针加以说明,以获得大众了解与欢迎的工作。

②国际公关协会提出:公共关系是一种管理职能,属于一种经常性与计划性

的工作,不论公私机构或组织,均通过它来保持与相关的公众的了解、同情和支持,亦即审度公众的意见,使本机构的政策与措施尽量与之配合,再运用有计划的大量资料,争取建设性的合作,而获得共同的利益。

(4)国内著名公共关系学者对公共关系的界定

①公共关系是一个组织运用各种传播手段在组织和社会公众之间建立互相了解和信赖的关系,并通过双向信息交流,在社会公众中树立良好的形象和声誉,以取得理解、支持与合作,从而有利于促进组织本身目标的实现。(廖为建,《公共关系学简明教程》)

②公共关系是一个社会组织用传播手段使自己与公众相互了解和相互适应的一种活动和职能。(居延安,《公共关系学》)

本书作者认为:公共关系是社会组织运用传播沟通手段,获得相关公众的理解、信任、支持和合作,塑造良好的组织形象,它是一门具有管理职能的科学和艺术。

2)公共关系的本质属性

公共关系的本质属性可以从3个角度来加以说明:

(1)公共关系的"关系"性质

关系是不以人的意志为转移的客观存在。公共关系是组织主体与公众之间的一种关系。这其中社会组织是主体,公众是客体,前者可以是企业也可以是某一社会团体甚至国家政府;而后者则是指与组织主体发生某种联系或者说对主体的生存发展会产生某种影响的其他社会组织或个人。

(2)公共关系的"职能"性质

现代化的管理已不单纯是少数人决定的,只靠规章制度来规范各种活动,主要协调内部关系的规律,而应引进新的管理机制。管理者不仅要依靠少数人的智慧和能力,更要依赖对信息的了解、分析和运用;不仅要处理好本组织与内部员工的关系,而且还要处理好与外部公众的关系;不仅要依靠产品和价格赢得市场,而且要靠良好的形象来赢得公众;不仅要有符合组织长远目标的战略规划,而且要有对公众产生实际影响的实施步骤,这些都是现代科学管理必不可少的,而这些任务的完成都离不开公共关系。

公共关系利用传播和交流的手段,充分了解公众的意向和态度,搜集大量的信息,并对信息进行分析研究,向管理者提供咨询意见和实施方案,用有效的公共关系活动去吸引公众、联络公众、影响公众、争取公众,使公众的态度和行为与组织保持一致,进而促进组织管理目标的实现。这些活动,都是组织管理的有机组成部分。

（3）公共关系的"学科"性质

从理论上讲,公共关系是一门科学。公共关系学是研究公关主体整个社会生存系统中,"主体—公众"这个子系统运行和演变规律的科学。它是从公关体系整体着眼,研究不同体系中各成员、组织和团体之间的关系;从公关主体的需要出发,以互利关系为主线,研究推动和制约公共关系体系演变的各种因素。公共关系还是一门具有很强艺术性的科学,它有定规但无定法,提倡积极创新,大胆想象。

综述:组织、公众、传播是公共关系的3个基本要素。

3) 酒店公共关系定义

酒店公共关系属公共关系的一个行业分支,指的是酒店企业在激烈的市场竞争中,为建立信誉、塑造良好的组织形象,运用传播沟通手段,影响相关公众的科学和艺术,它是酒店企业的一种管理职能。酒店公共关系是一门新的管理科学,它要求酒店企业在发展过程中,应具备良好的公关意识,切实开展各类公关活动,以便保持一个良好的公关状态。

4) 酒店公共关系要素

（1）酒店公共关系主体——酒店企业

公共关系是一种组织活动,而不是个人行为,因此,组织是公共关系的主体,是公共关系的实施者、承担者。要注意区别个人行为与公共关系。如上海黄浦区的"南海渔村酒家",在开业典礼上,由总经理代表酒家为上海一名残疾儿童捐款,并承诺承担她今后的教育经费,招收她父亲为酒家的员工,呼吁全社会都来关心残疾人。这一独特而富有人情味的举动,成为上海各大新闻媒介宣传报道的热点,使酒家在开业之时知名度和美誉度大增。我们可以把这种行为理解为公共关系行为。但如果总经理以个人名义开展这些活动,就是个人行为,而不是公共关系。

（2）酒店公共关系客体——酒店企业相关公众

简单地说,公众就是公共关系的对象。对于酒店业而言,客体——公众具有鲜明的行业特色。酒店企业要生存、发展,必须依靠全体员工的协调合作精神,这就要求酒店企业要正确处理员工之间、员工与部门之间、员工与领导之间、部门与部门之间、部门与决策层之间的关系,这是酒店具备竞争能力的基本保证。同时,酒店企业要立足于现实的经济环境中,就得与社会各方面打交道,建立起良好的关系,如酒店企业不仅要同所在社区和有关组织建立广泛的经济关系,还要同政府、新闻界等发生非经济关系。只有争取各类公众的理解支持,酒店企业才能实现自身的经济效益和社会效益。因此,应充分了解酒店公关客体的种类、特征、态度,尤其是要了解酒店公关客体的各种共性需求和个性需求,有针对性地开展公关活动。

(3)酒店公共关系手段——传播沟通

公共关系中的传播是指组织传播媒介向公众进行信息或观点的传递和交流,是观念、知识、信息的共享过程,目的是通过组织与公众之间双向的交流和沟通,促进相互之间了解、理解、合作。传播作为一种信息交流是人类交往必不可少的形式,特别是在信息社会,要有效地形成和发展各种社会关系更加离不开传播沟通。传播沟通是实现关系的重要机制。酒店企业要协调好内外部关系,一方面要准确、及时、全面地了解公众的愿望和要求,为改善酒店企业的政策和行为提供依据;另一方面,还要迅速、有效地把本企业的各方面信息传递给公众,取得公众的了解、合作与支持。酒店公共关系建立的过程就是一个运用科学的传播手段进行信息交流的过程。

(4)酒店公共关系目的——塑造酒店企业形象

公共关系作为一种现代经营管理的科学与艺术,就是为了树立组织形象。酒店形象是酒店公共关系概念的核心。酒店形象不仅包含了酒店的外部特征,而且还包含了酒店的内在精神,如酒店的总体特征与风格、服务质量与管理水平、员工素质与办事效率等。评价酒店形象最基本的指标有两个,即知名度和美誉度,因此酒店要树立良好的形象,就必须把提高知名度和美誉度作为追求的目标。

1.1.2 公共关系的相关概念

英文"public relations",还可被理解为一种状态、一种活动、一种职能、一门科学,因此,在汉语中就有公共关系状态、公共关系活动、公共关系管理、公共关系学,这些与公共关系相关的概念应该注意辨析。

1)公共关系状态

公共关系从静态的角度看,表现为一种状态,即指一个社会组织同其所处的社会环境中各个公众之间的关系的组合状态。它一方面反映社会公众对社会组织了解、信赖和支持的程度;另一方面表明组织在公众中树立的形象及其相互之间关系发展的程度。比如我们说某个酒店企业公共关系搞得好,就是指这个企业在其所处的社会环境中同它的各个公众之间的关系处得好,它在人们心目中的形象好、知名度高,也就是公共关系状态佳。

2) 公共关系活动

公共关系从动态的角度看,表现为一种活动,即指公共关系主体为了改善自己的公共关系状态所采取的行动。任何一个组织,其关系的建立、维持和发展,都需要采取一系列措施和行为,也就是需要开展公共关系活动。公共关系活动通常分为日常性公共关系活动和专题性公共关系活动。

日常性公共关系活动:日常公关活动是组织为了建立、维护和发展与各类公众的关系所处理的日常事务。如平时的迎来送往、处理消费者来信、收集本单位的新闻报道等。

专题性公共关系活动:专题公关活动是一种经过精心策划和组织,有着明确的公共关系目标的活动。如新闻发布会、开业庆典、大型公益赞助活动等。

3) 公共关系管理

公共关系管理是对公共关系主体信誉和社会关系资源的经营活动,公共关系主体通过对公共关系的管理来达到增进效益、促进组织可持续发展的目的。公共关系管理是维系社会组织内外部良好关系的一种软性的、着眼于人的管理,当然它并不能代替一切管理活动。公共关系利用传播和交流手段,充分了解公众的意向和态度,搜集大量信息,对信息进行分析研究,向管理者提供咨询意见和最佳实施方案,并按管理者的决策付诸实施,用有效的公共关系活动去吸引公众、联络公众、影响公众、争取公众,使公众的态度行为与组织保持一致,从而促进组织管理目标的实现,这些活动都是管理的有机组成部分。

4) 公共关系学

公共关系学是以公共关系作为研究对象的一门科学,主要研究内容有:公共关系的概念、公共关系发展历史、公共关系行为主体、公共关系行为对象、公共关系方法手段、公共关系管理过程、公共关系实务活动等。研究的核心系统是"组织与公众之间的传播沟通"。公共关系学是一门新兴、现代、边缘、交叉、综合性的应用学科,在公共关系学中要综合运用传播学、社会学、心理学、经济学、市场营销学、广告学、管理学等学科的基本原理和最新成果。

1.2 酒店公共关系基本特征

1.2.1 酒店公共关系基本特征

酒店是我国最早与国际接轨、多种经济成分并存的行业之一,也是公共关系引进最早和应用最广泛的领域之一。酒店作为一个稳定的、开放的经济实体,积极探索与实践公共关系,在市场竞争中根据自身的状况,逐步形成了特色独具的酒店公共关系体系。酒店公共关系具有以下几个基本特征:

1)公众至上

公共关系是一个社会组织与其相关公众之间的相互关系,公共关系事实上就是公众关系。主体和客体是相互依存的,没有了客体——社会公众,主体也就不存在。酒店公关活动的客体包括企业外部的顾客、竞争者、生产协作者(如设在酒店的银行、航空公司售票处、邮局以及酒店食品饮料和其他用品的供应厂商等)、新闻界、金融界、政府各有关部门及其他社会公众,又包括企业内部职工、股东。这些关系影响和制约着酒店的经营活动,成为酒店生存和发展的人事环境、社会气候。

可以这么说,酒店公共关系实际上是指酒店赖以生存和发展的整个社会关系网络。如果没有员工,酒店企业就只能是一个空架子,没有满意的员工,何以向宾客提供优质的服务? 如果没有满意的宾客,酒店产品无人消费,何以出现对酒店产品的重复购买? 世界上最成功的酒店公司之一——美国马里奥特公司的董事长比尔·马里奥特先生向许多经理职位的申请者提问:"我们的公司要使三类人满意,他们是顾客、员工和股东。我们应该按什么样的顺序来使其中的每一类人满意呢?"大多数经理职位申请者的回答是:"首先必须使顾客满意。"马里奥特先生却有不同的观点和理由,他说:"首先必须使员工满意。如果员工热爱他们的工作,以在马里奥特酒店工作为骄傲,他们就会很好地为顾客服务,满意的顾客会经常光顾马里奥特酒店。而且,接待幸福愉快的顾客也将使员工更加满意,由此产生更好的服务和更多的回头客。所有这一切都将创造使马里奥特公司股东满意的利润水平。"

因此,酒店企业每一次策划和实施公共关系活动,都要把社会公众放在首要位置。

2）传播为本

传播是公共关系的主体和客体之间的一座桥梁。通过传播，酒店企业把组织的信息送达相关的公众，扩大了企业的知名度；另一方面，通过传播又收集了公众的反馈信息，以调整自身的行为，根据顾客需求和公众意愿去设计自身的形象，使自己的方针、政策、产品和服务等更加符合公众的利益，这是建立良好公共关系的基础。公关的本质就是公关主体与其相关的公众中开展双向的信息沟通活动，因此，酒店企业必须运用各种传播媒介，如新闻、事件特写、新闻发布等进行宣传报道，建立酒店与内外部的信息沟通网络，与自己的公众进行沟通，使得公关目标及时得以实现。如丽都酒店、金陵酒店十周年店庆的经验总结等宣传材料，对于公众了解酒店是十分有益的。再如香格里拉 2005 年推出 www.shan-gri-la.com 中文网站和日文网站，扩展了功能和服务，对 CHI SPA 水疗、目的地信息的特殊网页进行了链接，CHI Spas 网页部分对香格里拉集团的首个豪华 SPA 品牌做出了整体的介绍，包括其治疗理论、现场实景等内容，参加治疗的游客可以通过在线回答一系列的问题来确定自己的个人元素特征并据此进行水疗；后来又对香格里拉网站内容进行改进，增加了酒店导航和一些特殊功能，如新的网上预订引擎配有照片和模拟参观，使预订者更容易比较价格和房间种类，并且可以直接在网上变更日期、价格和个人喜好等资料。这些信息沟通渠道扩大了企业的知名度。

3）形象是根

塑造形象是公关活动的根本目的。形象是公众对酒店的发展史、管理人员、团体气氛、行为准则、物质条件、产品、服务、酒店名称、店徽等的总体认知，反映了公众对酒店的整体特点、总的精神的了解和情感倾向。酒店企业的形象有美誉度和知名度两个指标，即该企业被社会公众知晓及社会影响的程度和该企业获得社会公众赞美的程度。高美誉度和高知名度是理想的良好形象的标志，它是企业生存和发展的出发点和归宿点。当今市场竞争中，良好的形象已经成为一个有力的竞争资本，人们常把良好的形象和信誉称为酒店"无形的财富"。"酒店是船，品牌是帆"，酒店良好的形象是吸引客人的至关重要的因素。因此，公关活动要始终围绕企业形象的塑造而展开工作，以利于最终达到酒店产品销售的经营目的。

4) 平等互惠

在经济活动中,商品交换是基础,商品交换的原则就是相互获利。酒店公共关系的主体和客体之间的联系,也是以一定的利益关系为基础的,以共同的利益作为联系纽带,才能形成牢固的良好的公众关系。酒店企业是营利性公关主体,但在追求自身利益的同时,必须与其他公众平等互利,必须兼顾公众利益和社会利益,才能获得长久稳定的发展。酒店公共关系之所以有成效,之所以必要,就在于它能协调双方的利益,实现双方利益的最大化。

5) 长远方针

公关活动必须具有连续性和计划性。公关不是一项短期行为,它不是为了一时一刻的眼前利益,也不计较一城一池的得失功利,而是经过周密计划、科学运筹而妥善实施的一系列战略战术,是公关主体为了追求长期的、稳定的、战略性的合作关系而进行的长期性的努力。作为营利性的酒店企业,追求利润与效益是必然的、正常的,但是,酒店企业在公共关系策划和实施中,既然是以共同利益为联系纽带,就不能急功近利,企图事事立竿见影;更不能单纯为了追求眼前利益而杀鸡取卵。酒店公共关系的基本方针应当是"着眼于长远打算,着手于平时努力",宜未雨绸缪,通过平时点滴的努力,在公众中确立起总体组织形象,只要持续不断地努力,付出总有回报。如美国的蓝鸟酒店以优质服务形象享誉世界。而它的优质服务形象则是由一件一件小事垒起来的。1867年,蓝鸟饭店开业时,总经理罗伯特立下一个规矩,员工如有优质服务建议被采纳,酒店奖励30美元。100多年过去了,这个规矩仍然保留着,只是奖金增加到100美元。在执行过程中,许多建议被采纳,如服务生早晚对客人礼貌的问候、记住老客户的习惯特点、在大厅设置雨伞取放点、在客房中放置电话簿等。蓝鸟饭店的优质服务形象就是在这一点一滴的积累中树立起来的。

6) 诚实信条

自从"现代公关之父"美国人艾维·李提出讲真话的原则以来,真诚守信一直是公共关系尊奉的不二信条。尤其是当今信息社会,传播手段空前发达,任何组织都很难控制信息,欺骗公众。真诚老实应当成为一个组织的品质,它最终将取信于公众,为酒店企业塑造一个诚实的形象。如果在公共关系活动中和企业经营活动中弄虚作假、坑蒙拐骗,最终是搬起石头砸自己的脚。

7）创意创新

酒店企业公共关系是一门科学,同时也是一门艺术。它注重创意,提倡积极创新,大胆想象,以新、奇、特取胜。1986 年 10 月,高莉莉就任上海金沙江大酒店公关部经理时,该酒店还默默无闻。1987 年秋,她得知著名的日本影星中野良子将偕她的新婚丈夫来北京、上海访问。当时,《追捕》中真由美的形象已经深入人心,她马上意识到这是酒店开展公共关系借以提高知名度的好机会。于是,她直接给尚在北京的中野良子打电话请她来上海时下榻"金沙江",对方应允后,高经理立刻带领工作人员进行策划和准备。客人晚上到酒店,等待他们的是一个洋溢着浓烈的喜庆气氛的"迎亲"场面:在一片热烈的鞭炮声里,中野良子夫妇被 40 多位中外记者及酒店上百名员工簇拥进一个中国传统式的"洞房"——正墙上大红"喜"字熠熠生辉,两旁的对联上写着"富士山紫燕双飞白头偕老,黄浦江畔鸾凤和鸣永结同心",笑声、掌声此起彼伏的"闹洞房"仪式中,新婚夫妇还品尝了象征"甜甜蜜蜜""早生贵子"的哈密瓜、桂圆、红枣等,在异国他乡度过了一个难忘的欢乐之夜。当晚,在场的记者们纷纷报道了这则饶有情趣的新闻,上海金沙江酒店也随着这些报道在一夜之间扬名海内外,这个原本默默无闻的酒店声名鹊起,成了上海公众津津乐道的热门话题。

8）防治结合

酒店企业应具备准确预测未来的能力,在听到歪曲了的"小道消息"前,在发生各种大小纠纷前,积极公关,不要等弄到满城风雨才想到用公关手段来平息,这样,才能使企业长治久安。例如:从 2004 年 1 月份开始,禽流感在亚洲部分地区肆虐,不少国家居民"谈鸡色变",导致以经营炸鸡和鸡肉汉堡为主的肯德基陷入了一场禽流感所引发的危机之中。2 月 5 日,肯德基在北京召开新闻发布会,邀请北京市商务局饮食管理部门领导、农业大学营养专家和畜牧业专家至肯德基店做示范性品尝。鉴于禽流感的发展形势,中国肯德基于 2 月 20 日上午宣布,将从 21 日在北京、上海、广州、深圳、杭州、苏州、无锡 7 个市场同时推出一款非鸡肉类产品"照烧猪排堡"。肯德基还制订了一系列完善的应急计划。供应商的每一批供货都要求出具由当地动物检疫部门签发的《出县境动物产品检疫合格证明》和《动物及动物产品运载工具消毒证明》,并证明所有的供货"来自非疫区,无禽流",同时制订了完善的应急预案。肯德基还约请权威人士现身说法,通过店内招贴画等渠道宣传试图让消费者明白,经过高温加工的肯德基产品没有传播禽流感的可能。通过这一系列公共关系手段,肯德基度过了禽流感

所引发的危机。

1.2.2 酒店公共关系与酒店营销区别联系

现实社会中,酒店企业中有些人既从事公共关系工作,又从事市场营销工作,有些酒店企业公共关系部和市场营销部合在一起,称为"公关营销部"。那么酒店公共关系等同于酒店市场营销吗?其实他们之间既有区别,又有联系。

1)酒店公共关系与酒店营销的区别

(1)任务不同

酒店公共关系目标是通过长期努力,赢得组织的良好形象而并非仅仅是经济利益,还包括社会方面的利益,其基本责任则是建立和维护酒店企业与其相关公众之间的互利互惠的关系;而酒店市场营销的目标是在长期的基础上吸引和满足顾客(客户),以便赢得企业的经济目标,其基本责任是建立和维护酒店企业的产品或服务市场。

(2)对象不同

酒店公共关系涉及范围广泛的各类公众,包括顾客公众和非顾客公众,如员工、投资者、社区、政府等;而酒店市场营销主要聚焦于顾客的交换关系,既满足顾客需要又赢得经济利益。

(3)功能不同

酒店公共关系和酒店市场营销在范围上也不存在谁包含谁的问题,酒店企业有效的公共关系通过维护和谐的社会关系和政治环境,促进酒店市场营销工作;而酒店企业成功的市场营销工作同样有助于建立和维护酒店企业与公众之间的良好关系。酒店公共关系与酒店营销的区别如表 1.1 所示。

表 1.1 酒店公共关系与酒店营销的区别

项目	酒店公共关系	酒店营销
任务	塑造组织形象,优化营销环境	推销产品、技术、劳务
对象	整个公众和舆论	顾客,潜在消费者
方式	公众通过了解组织而认识产品	公众通过接触产品而了解组织
功能	间接促销	直接促销
效果	长远市场影响	近期市场效应

2)酒店公共关系与酒店营销的联系

酒店公共关系与酒店市场营销都是企业在市场经济条件下企业活动的总结,它们相辅相成,共同开启酒店企业市场大门。他们相互之间有一定的联系,具体表现在:

(1)观念的相融

现代酒店的市场营销管理观念可归纳为5种,即生产观念、产品观念、推销观念、市场营销观念和社会市场营销观念。传统营销观念一般是指前三者,后两者是新型营销观念,而新型营销观念具备很强的公关意识。从20世纪70年代开始,公共关系理论与营销观念相互渗透融合,形成全新的公关营销新观念。

市场营销观念以市场为中心、顾客为导向,注重顾客需求,这与酒店公共关系所倡导的公众至上观念是相通的。许多优秀的酒店奉行这样的观念发展壮大了自己的企业。如希尔顿国际饭店公司认为:"顾客的需求便是我们的经营、服务方向。"希尔顿曾经说过:"我们的旅馆向什么方向发展,我们不能边走边看,而要先听听旅客们的意见。他们最明白自己需要什么样的消费。"希尔顿自己不仅时常找顾客聊天,了解他们的消费倾向,而且要求店员们也在不影响、不干涉顾客私生活的前提下,向他们了解酒店服务方面的细节,听取顾客的意见。希尔顿国际饭店集团正是由于奉行"顾客就是上帝"的经营信条,根据顾客的需求,不断变换、更新服务内容和方式,才建立了庞大的连锁式全球旅游网络系统。

社会市场营销观念认为,酒店在确定顾客的需求,实现酒店赢利的过程之中,不能孤立地追求自己的利益,必须使自己的行为符合整个社会与经济发展的要求,以保护或提高顾客和社会利益的方式,比竞争者更有效、更有利地向顾客提供能够满足其需求的产品或服务,它要求市场营销者在制定市场营销政策时,要统筹兼顾三方面利益即企业利润、顾客需求的满足和社会利益。这些观念与酒店公共关系所倡导的平等互惠、长远方针等观念也是相通的。如一些国际酒店集团为了减少森林砍伐而节约纸张,他们提供的卫生纸是用再生纸做的;办公室的一些非正式文件使用电传纸的反面;在客房里放置小册子,宣传保护环境与资源的日常方法;为节约水资源而减少棉织品的洗涤次数,取消一次性牙具;组织员工参加植树活动等。

(2)策略的相融

美国学者菲利普·科特勒将公共关系从"促销策略"中独立出来,成为一个单独的"公共关系策略",这样,传统营销策略"4P"组合转变形成了现代公关营销策略"6P"组合,即:产品(product)、价格(price)、渠道(place)、促销(promotion)、政治权力(political power)和公共关系(public relation),这是一种强调公关方法的营销策略。公关营销策略将销售产品的过程变为塑造形象、传播信息的过程,将单纯地销售产品转变为产品、企业的全方位的整体营销。公关营销策略不仅使顾客得到满意的服务,而且在心理、思想上认同产品、认同企业,形成对某项产品、某个企业的心理定势,从而成为该产品、该企业的忠实顾客(公众)。

酒店公关营销策略在工作中具体表现在酒店企业更注重产品的整体质量;更注重培育个性化的企业文化和塑造企业品牌;更注重广结人缘,与公众情感交流,争取公众支持;更注重传播手段的多样化;更注重全员公关营销,将企业所有服务都纳入企业整体销售环节中。

(3)方法的相融

酒店营销部门经常进行以客源市场为中心的市场调查,强调应持续研究酒店营销环境的特征和变化,从而在市场中占据有利位置。酒店公共关系工作首先着手的也是对环境的调查分析,通过调查,了解市场环境的变化,及时调整经营策略,使企业立于不败之地。可以这么说,分析环境,捕捉市场信息,是酒店营销人员和公关人员共同的工作方法。

1.3 酒店公共关系的职能

酒店公共关系的主要对象是"公众",它包括内部公众和外部公众两方面,这些关系的处理直接影响到酒店的发展,甚至影响到酒店的生死存亡。因此,在现代化的酒店管理中,从总经理、部门经理到服务员,都应该树立正确的公共关系意识,必须将公共关系意识变成全体成员的意识,并贯穿到经营管理的全过程中去。充分发挥公共关系的管理职能,树立企业的良好形象,达到企业经营管理目标。

公共关系是一门"内求团结,外求发展"的经营管理艺术,它在经营管理的各个环节上都能够发挥作用,尤其是现在,酒店公共关系越来越多地注重酒店外部开拓与内部管理的结合,特别是注重酒店的内部管理,这对于提高酒店知名度,树立与发展酒店形象,提高酒店管理和处理问题的能力,以及在维系人心,提高酒店的凝聚力等方面都起着重要的作用。酒店公共关系具有以下3个职能:搜集信息,咨询建议;传播沟通,协调关系;建立信誉,树立形象。

1.3.1　搜集信息,咨询建议

现代酒店经营的最终目标是为了获得理想的经济效益和社会效益,在酒店经营过程中,无论是消费决策还是投资决策,无论是生产还是销售,都离不开信息服务。信息服务越充分、越及时、越全面,越能强化企业的生存与竞争的地位,因此,搜集信息就成了公共关系工作的重要内容。

1)搜集信息

(1)搜集信息的内容

信息,通俗解释为消息。信息是战略资源,是酒店提高竞争力和占领市场的前提条件。酒店公共关系搜集信息的重点是与酒店形象有关的信息。所谓酒店形象,是社会公众对酒店的总体评价,是酒店的表现与特征在社会公众心目中的反映。

①酒店硬件形象信息。所谓硬件形象,即酒店的设施水平、装饰工艺、建筑艺术、布局安排等给公众留下的感性印象,它往往成为公众对酒店规格、档次进行评判的依据。因此,酒店公共关系人员要关注公众对酒店内外部建筑、装饰总体特征和风格等方面的评价。如北京的明苑宾馆,其外观是典型的明代装潢,黄砖红墙琉璃瓦、水榭楼阁和亭台,一副皇家气派。它鲜明的硬件形象特色,与长城、十三陵交相辉映,形成了中华民族古文化的氛围,深刻地影响着游客的心境与情绪。

②酒店软件形象信息。所谓软件形象,是酒店内在的总体特征和风格。一般搜集以下内容:

第一,服务质量。服务质量是酒店工作的中心,经营酒店就是推销服务。酒店销售的商品是有形的设备和无形的服务感受。有形的设备是指酒店的硬件形象;无形的服务感受则是对顾客无微不至、真诚亲切、周到细致的服务的一种心理体验。

第二,管理水平。酒店公关人员主要应关注:酒店管理者决策是否正确,是否符合市场发展的规律;目标是否符合酒店的实际情况;决策方案有无创新,是否满足了员工的理想和需要;选才、用才标准是否符合现代酒店管理对人员素质的要求;管理者是否具有科学态度、创新精神、开拓意识和民主作风;酒店机构是否健全、设备是否合理、人员安排是否恰当等。

第三,酒店信誉。知名度和美誉度构成酒店的信誉。良好的信誉是酒店的无形资产,是酒店员工自信心、自豪感、凝聚力的源泉,它在公众心目中树立起了一座形象的堡垒,构成公众的特殊心理定势,对新的竞争者具有强大的威慑力。酒店公关人员应了解本酒店被公众知晓的程度和获得公众赞许的程度。

其四,酒店文化。酒店文化客观上显示了员工的精神风貌,表现了酒店的凝聚力、向心力,是组织实力强弱、组织形象优劣的最好体现。因此,酒店公关人员可以通过了解公众对酒店人员素质的评价从而了解酒店文化。酒店人员素质包括:酒店人员工作能力、业务水平、精神面貌、工作效率、思想道德等。

③市场信息。酒店的经营决策必须在了解自己的公众、了解客源市场动态的基础上进行。搜集市场信息,就是要摸清消费者的各种心理,了解由于心理变化而产生的消费动机;预测客观环境变化可能造成的消费趋势,并将这些有价值的市场信息反馈给决策者,为酒店根据市场动态调整经营方向提供依据。

④政治环境信息。主要包括两个方面信息:一方面是了解党和国家的方针、政策、立法信息,预测对酒店产生的影响,并根据国家的大政方针,制订酒店的长期目标和近期措施;另一方面,还要了解国际政局变化的情况,尤其是旅游客源国的经济政策、对华方针以及法律的变动情况,以便决策者及时掌握由于政治形势变化所导致的国际市场的变化情况,及时确定相应的对策。

⑤竞争者信息。主要包括竞争者情况、投资者动态、合作者意向等。

(2)搜集信息的方法

①现场收集法。酒店公关人员参加消费者座谈会、旅游产品展销会、公众代表恳谈会、重大庆典、新闻发布会等,直接搜集公众对服务质量、酒店信誉等关系酒店形象的信息。这样做可以真实、全面,不受信息传递过程中多种因素的干扰,直接了解公众对酒店的评价与看法,了解事情发展的来龙去脉,成为酒店经营决策的依据。不足之处是搜集信息的数量多少、是否具有代表性,受公关人员的经验、阅历、知识水平等因素影响。

②问卷征询法。通过请公众回答与公共关系有关的问题,广泛了解民意和社会舆论。如:询问公众对酒店服务质量的意见;询问公众对酒店的要求与建议;还可以根据某一服务项目,对需要层次不同、经济状况不等、宗教信仰有差异的人进行询问。

③调查专访法。公关人员对某一类或某一个被访问者进行有目的的访谈,调查了解酒店公共关系状态的一种方法。调查专访法有面谈和电话访谈。面谈方式的主要优点是:有利于感情交流,具有人情味,使被访问者心理上容易接受。电话访谈方式的主要优点是:速度快、范围广,有时还可以获得虽闻其声、犹见其人的良好效果。恳谈会是一种特殊的面谈方式,具有传播面广、传播速度快、增

进情感交流的效果。

④资料摘录法。即从报纸、杂志、档案和各种报告中搜集所需信息资料。如:广州中国大酒店公关部就设专人负责搜集有关本酒店的一切新闻报道、图片、资料,并按日期剪贴成册,成为本酒店形象评价的重要参考资料。这种方法一是要注意信息的真实性与准确性,二是要注意时机。

2)咨询建议

公关人员就是酒店的"智囊"。酒店公关人员搜集信息的目的,是利用获得的信息,提供咨询建议,为酒店决策者作出正确判断和决策起重要的参谋作用,为酒店的经营服务。一家酒店要保证经营决策的正确,就需要大量的信息,进行多方面、多角度、多层次的论证。公关咨询,即从公共关系角度出发,站在组织全局的高度,向组织决策者提供预测、评议和建议等信息的活动过程。

(1)公关咨询的主要内容

①向酒店决策者提供社会环境和主体形象的信息与建议(指内外公众情况、组织形象状态、组织所处的社会环境等)。

②对酒店企业的大政方针,从公关的角度提出建议和评议。

③对酒店公关活动进行设计、预测和评议(对实施效果进行分析,预测可能出现的问题,提出解决措施)。

(2)咨询建议的基本过程

咨询建议的大致过程如下:搜集信息、分析研究、咨询评议、评估决策方案。

第一步,搜集信息。信息是决策的依据,帮助酒店搜集和整理信息,开拓信息渠道,从而获取全面、系统、真实、客观的第一手资料。

第二步,分析研究。经过分析整理后的信息,能帮助决策者准确地判断酒店内外环境和企业自身的实际能力,并根据公众需求和社会利益,确定既反映酒店发展,又兼顾社会环境的科学、完善的组织目标。

第三步,咨询评议。经过各类公众认真咨询评议、专家们的多方论证而拟订的决策方案,必定强调优化标准、效能标准和价值标准,这时的决策方案应该是科学、完善的。还应制订相应的灵活应变措施,以防社会环境的变化。

第四步,评估决策方案。它可以帮助酒店督查实施方案的步骤及要求,对实施的效果进行观察、分析、评议。发现新问题、找出新差距,随时反馈给酒店决策层,可使酒店经营决策更趋完善,还可为新决策提供新的信息。

(3) 咨询建议的方法

①编写酒店企业动态专刊。酒店公共关系部门可派专人整理各信息网络反馈回来的各类信息，分门别类，汇集成册。内容可包括：国内外政治动态、党的方针政策、经济发展状况；市场动态、客源及竞争对手的信息；员工思想状况、人员流动状况；管理状况、设施设备变更、服务质量状况、财务状况等。

②组织视听材料。酒店公关人员可以将搜集来的材料运用幻灯、录像、照片、录音等视听手段直观生动地展现出来，有声有色，起到感人肺腑的作用，这种咨询方式，比枯燥的数据和文字更能说明问题。

③定期举行信息反馈会。酒店公关人员可适时举行信息反馈汇报会，请决策层领导和中层管理人员参加。在信息反馈汇报会上，可运用计算机等手段将信息分门别类整理进行陈述，同时可依据准确数据，对酒店形象、酒店发展或酒店重大决策作出有理、有据的评价。

④论证会与论辩会。可以请有关专家就其决策方案进行可行性论证，还可请酒店相关部门员工参加评议，这样集思广益，多方论证，保证决策的科学性。

1.3.2　传播沟通，协调关系

现代酒店是一个开放型的组织，它既有一定的内在联系，同时又受到外部环境的影响，因此，酒店内各部门之间以及酒店与外部环境之间的协调是非常重要的，这种协调能使酒店内所有部门的活动同步化、和谐化，并使酒店与环境相适应。公共关系在现代酒店管理中能够恰到好处地发挥这种协调作用，使酒店在和谐稳定的环境中健康发展。

公共关系在酒店管理中的协调作用，对内包括管理者与员工之间的沟通、各职能部门之间的沟通；对外有酒店与客人之间、与社区之间、与新闻界之间、与政府之间的沟通等。

1) 协调内部关系，增强组织的凝聚力

重视内部的协调和沟通，即通过建立和完善组织内部的各种传播、沟通渠道和协调机制，促进组织内部的信息交流。协调内部关系包括协调管理层与全体员工的关系，协调组织内部各个职能部门之间的关系。公共关系在酒店内部的信息沟通方面起着十分重要的作用，它可以及时向员工传达和解释酒店的政策、决策、指令和意向；向各级部门反映员工的建议和要求；提高员工的参与意识和参与管理的热情。在信息交流的基础上，使组织内部保持和谐状态，以促进思想上和行为上的一致,提高组织的向心力和凝聚力。

(1)协调管理层与员工的关系

管理者与被管理者,客观上是一个既矛盾又统一的联合体,产生隔阂是不可避免的。如果管理层作出的重大决策,得不到员工的理解和支持,那么决策也很难得到真正实现。因此,协调酒店管理者与员工的关系是酒店总体目标得以顺利实现的关键,公关人员应在管理层与员工之间随时沟通信息,切实发挥桥梁作用。

(2)协调酒店内部各部门之间的关系

协调好酒店内部各个管理环节之间的关系至关重要,因为只有酒店内部各部门之间做到密切配合,酒店整体才能达到有效的管理。酒店各个部门如果沟通不够,往往会引发这样那样的矛盾,矛盾化解不及时,就可能使酒店形象受损。要协调好酒店内部各管理部门之间的关系,首先应明确职责、权限,严明规章制度,既分工负责又协调配合,避免产生不必要的误会。

2)协调外部关系,建立和谐的公众环境

酒店公关人员要运用各种交际手段和沟通方式,热情地迎来送往,积极地对外联络,为酒店拓展关系、广结人缘,为酒店的生存和发展减少各种社会障碍,抓住各种有利契机,创造和谐的公众环境。协调酒店与外部环境的关系,主要包括以下内容:

(1)协调酒店与宾客的关系

酒店公共关系的协调作用对外部公众而言,首先是与宾客沟通,这种沟通工作既是大量的,也是极为重要的,必须始终树立"顾客第一""客人总是对的"的经营思想,尽力根据客人的要求建立和完善服务项目和服务设施,真正与客人做到相互沟通,彼此信任,互促互进。

(2)协调酒店与政府部门的关系

政府是国家的职能机关,是酒店的权力公众。公关人员要协助酒店经营者理解、领会、掌握国家的政策、法令和法规,争取主管部门的支持,最大限度地用足、用活、用好政策。要不断地将酒店信息反馈到有关政府部门,争取支持。要善于把握时机,加强与政府部门的感情联络,以加深他们对酒店工作的了解,使之成为酒店发展的积极支持者。

(3)协调酒店与竞争者的关系

竞争者之间既是同行,又是合作伙伴,遇到问题应通过诚挚的协商来解决。

冤家宜解不宜结,要尽量避免产生不必要的误会,善于取人之长补己之短,不断完善自己。竞争的规律是优胜劣汰,同行之间既是对手又是朋友,竞争中应避免使用不正当的手段。

3)沟通协调作用的表现

公共关系在酒店管理中的沟通协调作用主要表现在与公众沟通信息、建立感情、取得理解和支持等方面,如图1.1 所示。

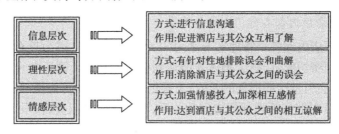

图1.1   公共关系在酒店管理中的沟通协调作用

1.3.3   建立信誉,树立形象

酒店的企业形象是社会公众包括酒店员工心目中对酒店整体的评价。它是公众对酒店的发展史、管理人员、团体气氛、行为准则、物质条件、产品、服务、酒店名称、店徽等的总体认知,反映了公众对酒店的整体特点、总的精神的了解和情感倾向。企业形象有两个重要指标:知名度和美誉度。

1)扩大知名度

所谓"酒香也怕巷子深",一个酒店无论它的设施多么豪华,服务多么热情周到,如无人知道,无人光顾,酒店的生存和发展都会受到影响。因此,酒店发展的首要因素是让宾客了解酒店,知道酒店,从而光顾酒店,使用和享受酒店的设施与服务。提高酒店的知名度,让公众了解酒店,知道酒店,扩大酒店的影响,这是酒店公关人员的一个重要工作内容。在提高酒店知名度上,公共关系的机遇很多,关键是要抓住时机和采用有效的方法。

(1)抓住时机

酒店的开业庆典就是开展公共关系的一个最好的机会。因为酒店新开业,还没有与社会各界建立广泛的联系,它的知名度几乎等于零,这就需要通过公共关系工作的开展,扩大酒店的影响,提高酒店的知名度。例如,武汉大观园夜总会,在开业之初就广纳贤言,致力于独特企业形象的设计。他们以红楼12钗为主线,以宝、黛两人的爱情故事为轴心,在开业庆典上,由外到内,从服务小姐至服务项目,均贯穿于《红楼梦》的故事情节,并组织了一场热热闹闹的红楼歌舞。新颖、独特、具有民族特点和古典文化氛围的企业形象,立即吸引了公众,使夜总会成为武汉三镇消费者踊跃前往的好去处。

（2）有效传播

制造新闻,先声夺人,出奇制胜地进行强有力的宣传,努力造成"轰动效应",主动、积极地向公众"亮相",给公众留下深刻、强烈的印象,形成人们的某种心理定势。良好的心理定势一旦形成,公众就会对酒店产生好感和信心,客观上使酒店具有吸引力,而吸引力正是争夺市场、招揽人才、树立形象、提高声誉的重要前提。例如,1986年,南京金陵饭店首次举办大型公关主题活动,名为"江南水乡大型自助餐系列主题宴会",邀请了所有住店客人和当地有关人士参加。客人在品尝美食的同时又欣赏了金陵饭店苏州园林式的美景,都十分高兴、赞不绝口。当地新闻单位报道了这次活动,传播了金陵饭店的美名,收到了较好的社会效益。

2）提高美誉度

人们常把良好的形象和信誉称为酒店"无形的财富"。公共关系的根本目的就是通过深入细致、持之以恒的具体工作,树立与发展酒店的良好形象,建立良好的信誉,以取得社会公众的理解和接受,进而赢得信任和支持,促进酒店目标的实现。要提高美誉度必须做好以下几方面的工作:

（1）形成特色硬件形象

硬件形象是酒店外部的总体特征和风格,犹如外包装,既可让人"一见钟情",也可以使人"望而生厌",是酒店形象特色的直观反映。酒店外观形象设计要多层次、多风格,具有独特性;还要考虑客源的特点、客源国的风俗人情,以及对颜色、数字、图案等方面的禁忌。在规划布局时,努力使酒店外观形象既适应国际游客的品味,又符合中国民众的审美情趣,还要具有"仅我一家"的独特风格,竭力给公众留下鲜明、生动、独特的直观印象。如西双版纳的傣国酒店,把当地的民族风情、地理风光与现代建筑巧妙结合,构成一件艺术品。海南亚龙湾具有独特的海水、沙滩、阳光、空气和绿色,浓郁的椰风、海韵构成南国风情,素有"天下第一湾"之称,亚龙湾有近10家酒店,各具特色:凯莱酒店具有简洁高雅的欧式风格,天域酒店以夏威夷风格坐落在滨海椰林之中,天鸿酒店是具有东南

亚特色的度假豪宅。

（2）形成特色软件形象

软件形象，包括酒店的管理形象、服务形象、员工形象和企业文化等，是酒店内在的总体特征和风格。

如：法国巴黎的里兹大饭店有这样一条制度，凡是到该饭店居住的客人，接待生在帮顾客打开车门时，都必须为顾客记住每一辆搭载的出租车号码。为什么？经理解释：巴黎有14 000辆出租车，如客人有物品遗忘在车上，这是帮助客人找回失物最佳的方法。经理还说：接待生还必须记下客人大件行李数目，一旦客人短少行李，能很快查出行李是遗失在机场或是出租车上。结果：凭借这类公关制度，里兹大饭店在顾客中赢得了良好的形象，在竞争激烈的同行中，一直保持很高的入住率。

又如：北京圆山大酒店在高手如林的北京高星级饭店中，却以微笑服务树立起自己的品牌。圆山大酒店的300名员工都经过严格的训练，友善亲切的微笑是该酒店最突出的特点，只要你进入酒店，你就会从每个员工亲切的微笑中感受到一种家的温暖。正是因为该酒店的这个特点，它多次被北京市政府指定为国际重要会议的定点餐饮住宿点，并获得入住者的好评。

（3）支持社会福利事业

支持社会福利事业主要指为贫困地区、残疾人、孤寡老人、荣誉军人等提供帮助。这些体现了酒店企业高尚的品德和主动承担社会责任的精神，社会效果最好，因此能迅速提升组织知名度和美誉度。

能否参与和支持社会福利事业，直接关系到酒店的社会声誉。因此，很多酒店或通过开展助民活动，或通过资助慈善事业，或赞助抢险救灾等活动来扩大自己的影响。如1995年5月25日，天水延安酒店用一个特殊的活动迎来自己5周年的生日。上午9点，4个天水特困家庭来到饭店，酒店叶总经理向他们问好，扶着他们走向会场。会议在《爱的奉献》乐曲中开幕。叶总代表饭店全体员工首先发言，他说：比较幸运的人有责任帮助不幸的人。然后亲自将酒店原来准备搞庆典的钱送到4个家庭手中。最后，大会在"只要人人都献出一份爱，世界将变成美好的明天"歌声中闭幕。天水电视台作了全程直播。这次店庆后，酒店公关部又适时在员工中掀起做好事、献爱心的活动，他们经常带领员工扶贫助残，开展公益活动，员工的服务意识普遍得到提高，酒店的美名也响遍天水市，以至当酒店员工戴着"延安人"的胸牌外出公务时，都会迎来市民尊敬的目光。

（4）参与社会公益活动

参与社会公益活动主要指赞助体育活动、文化活动、教育事业等。这些活动社会关注者多，影响大，容易培养公众的感情，因此能快速提升组织的知名度和美誉度。如上海美仑大酒店一贯热心支持公益慈善事业，2007 年 4 月，酒店为中国儿童少年基金会"亲情中国"大型公益活动提供了价值 10 万元的场地使用，7 月通过在酒店大堂放置募捐箱，在客房内设置宣传、募捐卡的形式，动员在酒店住宿的客人关注"亲情中国"活动，并慷慨解囊，为贫困儿童奉献爱心，成为一家"公益爱心企业"。（注："亲情中国"是中国儿童少年基金会发起的，以帮助贫困儿童改善教育环境、提高整体素质为目的的大型公益活动。旨在通过义演、主题公益活动、义卖等各种活动形式，动员社会各行各业、各界人士积极参与，筹募善款，改善中国贫困地区，特别是西部贫困地区儿童的阅读状况，帮助他们提升智力水平和整体素质。）

（5）妥善处理突发事件

突发事件是酒店经营管理过程中由于工作的疏忽或其他原因而产生的一些特殊情况，主要包括火灾、食物中毒、停电停水、自然灾害以及大的劳资纠纷等，所有这些都会给酒店的信誉带来极为不良的影响，因此，正确处理各种突发事件，对维护酒店的形象和信誉具有十分重要的意义。

公共关系在处理酒店突发事件中起着举足轻重的作用。一方面，通过公共关系活动，建立一套完整的检查制度，通过科学的调研与预测，防患于未然，避免各种事件的发生；另一方面，当事件发生以后，必须充分听取公众的意见，设法查清事实真相，与公众进行必要的沟通，相互之间达成谅解，从而妥善解决矛盾，维护酒店的信誉和形象。

现代酒店管理离不开公共关系，公共关系贯穿于酒店经营管理全过程，正确处理好两者关系，充分发挥公共关系的积极作用，是推动和促进酒店向前发展的重要保证。

1.4　酒店公共关系的发展

1.4.1　现代公共关系的起源与发展

客观意义上的公共关系（"准公关"）可追溯到中国的古代和古希腊时期；主

观形态的公共关系,始于 1888 年的美国总统竞选。公共关系职业的创始人是美国人艾维·李(被誉为"公共关系之父");公共关系学科的奠基人是爱德华·伯内斯。美国是现代公共关系的发祥地,也是公共关系走向世界的策源地。

1)公共关系的思想萌芽阶段

公共关系思想萌芽的基础:对民众形象的认识。具体经历了 4 个过程:

(1)组织对公众力量的认识

公关思想最早萌芽于古代政治家对公众力量的认识,而这种认识最初是从政治领域开始的。荀子曰:"君者,舟也;庶人者,水也。水则载舟,水则覆舟";"得民心者得天下"。苏秦运用游说手段,来影响公众和社会舆论,以对付秦国的吞并。张仪则四处交游,离间各国,以社会手段来实现自己的政治理想。卧薪尝胆、报仇复国的越王勾践,运用"激励的理论"来搞好内部公共关系,使全军上下产生了强大的凝聚力,从而达到了同仇敌忾、克敌制胜的目的。

欧洲、古希腊伯里克利提倡民主政治;亚里士多德的《修辞学》探讨了演讲的方法和技巧,目的是对公众施加影响,被公认为是最早的公共关系著作。

对公众力量的认识,是公共关系学的最早萌芽,没有对公众力量的认识,就没有必要研究公众与组织之间的关系,也就不会产生"公共关系学"。

(2)组织对自身形象价值的认识

其实,早在古代,政治家就十分重视培养自身形象的价值。商鞅变法中"立木求信"的故事,讲的就是商鞅如何在公众中树立自己形象价值的事情。在我国古代的商品买卖中,商人们也很重视在客户中树立自己的形象。例如古语中的"童叟无欺""诚信是金"等,讲的都是商人重诚信的事情。

(3)组织对传播作用的认识

例如,"立木求信"中,商鞅是通过人与人之间的语言传播而提高自己的形象价值的。又如:古希腊的政治军事家恺撒采用了文字作为传播媒介,他每次率军远征,都用报告的方式,坚持把自己每天的情况写成战报,告诉国内民众,他的一言一行成为民众关注的焦点,他的形象也在传播中不断丰富和高大。胜利后,人民建立了凯旋门迎接他,后来又拥立他做了皇帝。

(4)组织对协调关系的认识

我国古代著名思想家荀子这样论述人:"力不如牛,走不如马,而牛马为用,何也? 曰:人能群,彼不能群也。人何以能群? 曰:分。分何以能行? 曰:义。故义以分则和,和则一,一则多力,多力则强,强则胜物。"(荀况《制王篇》)。可见,先人对人类社会人与人的关系本质、人类和谐的关系已经有了深刻的认识。人之所以成为万物之王,在于人懂得如何正确处理彼此之间的相互关系。

刘备三顾茅庐,感化诸葛亮,诸葛亮为了搞好边区关系,对孟获七擒七放,终使孟获归顺汉室。这些妥善处理各种关系的方法和技巧,在公共关系史上都传为佳话。

上述内容只能算公共关系意识的萌芽,真正意义上的公共关系学,作为一门学科,则是产生于19世纪中叶的美国。

2) 现代公共关系的形成阶段

现代公共关系的形成主要经历了以下几个阶段:

(1) 巴纳姆时期——现代公共关系的发端

19世纪中叶在美国风行的报刊宣传活动,被认为是现代公共关系业的"前身"。当时最有名的代表人物叫巴纳姆,故将公共关系发展史的这一段时期称为巴纳姆时期。

报刊宣传活动是指某公司、某组织所雇佣的人员为了本公司、本组织的利益在报刊上进行的宣传活动。报刊宣传活动是以世界上第一份廉价的大众化报纸——美国《便士报》的诞生而开始的。《便士报》是美国《纽约太阳报》的别称,因只卖1便士(美分)而得名。因价格低和信息量大,发行量很快超过其他报纸,到1883年达到纽约所有报纸发行量的总和。便士报的成功得益于广告收入,企业家在《便士报》上刊登大量广告,宣传形象和产品。但当时的传播带有强烈的美化宣传成分,只宣传好的,甚至不惜弄虚作假,后被称为"公众受愚弄时期"。当时的《便士报》上充满了虚假传播,如有记者为了提高自己的知名度,杜撰了一则新闻,说科学家发现月球上有一种能飞的、状如蝙蝠的月球人,成千上万的读者信以为真,该记者也因此成名。一些受雇于企业的广告代理人,也步新闻记者的后尘,弄虚作假,为其老板编造一个个虚假的广告。菲尔斯·巴纳姆就是其中的一个,他是美国最善于创新和最受人赞赏的游艺节目演出经理人,其信条是"凡宣传皆好事",他编造的最著名的广告是:某马戏团中的一位黑人女奴,100年前曾经养育过美国第一任总统乔治·华盛顿,结果大量观众到马戏团观看演出。这个宣传为该马戏团每周带来上千美元的票房收入,但则使成千上万的公众受骗。

这一时期的报刊宣传活动,不考虑公众利益,不择手段欺骗公众,与公共关系宗旨背道而驰,因此历史上的巴纳姆时期是愚弄公众的不光彩时期。此时,有一个人开始致力于改变这种状况,他就是被后人誉为公共关系之父的艾维·李

（Ivy Lee）。

（2）艾维·李时期——现代公共关系职业化的开始

无原则的美化宣传愚弄了公众,导致公众对广告的不信任,于是在19世纪末,社会上发起了一场揭露广告的虚假和阴暗面的运动。据统计,当时几乎每天都有揭丑的文章刊登在报纸上,并持续了将近10年。揭丑文章沉重打击了当时新兴的广告业和用广告作宣传的企业本身,迫使他们进行反思。1903年美国人艾维·李与乔治·帕克合办起一家新闻宣传事务所,成为世界上第一位职业公关人士。在当时混乱的舆论中,艾维·李提出"讲真话"的公共关系思想,认为组织唯有对公众讲真话,才能使组织真正在公众中树立良好形象。

艾维·李毕业于普林斯顿大学,曾是《纽约时报》和《纽约世界报》的记者,被后人誉为"公共关系之父"。他的贡献主要有:提出工商组织应把自己的利益与公众利益联系起来,而不是对立起来;与新闻媒体应保持畅通的真实的信息交流;讲事实,讲诚信。他的核心公共关系思想是:"公众必须迅速被告知"——对公众要"讲真话",才能使组织真正在公众中树立良好形象。当然由于时代的局限,艾维·李的公共关系主要还是凭经验进行,缺乏对公众舆论进行严密、大量的科学调查,但艾维·李作为公关职业的先驱,其地位是无可争议的,如图1.2所示。

图1.2 艾维·李

（3）爱德华·伯纳斯时期——现代公共关系学科化的成熟

爱德华·伯纳斯毕业于美国康奈尔大学,曾从事过新闻工作,1913年担任福特汽车公司公关部经理,在任期间,他开创了企业承担社会责任的先河。第一次世界大战,他为美国政府的公共关系机构工作,取得了卓有成效的业绩。战争结束后,他和夫人在纽约开设了一家公共关系公司,为社会提供公共关系咨询服务。1923年,他出版了历史上第一部公共关系专著《舆论明鉴》。在书中,他首先详尽阐述了"公共关系咨询"这一概念,而且提出了公共关系的原则、实务方法和职业道德守则等;当年他又在纽约大学开设了"公共关系学"一课;1952年,他编写了《公共关系学》教材,使公共关系形成较为完整的体系。

爱德华·伯纳斯对公共关系发展的最大贡献是:将公共关系从新闻领域中分离出来,并对其原理及方法进行系统研究,使其成为人类科学殿堂中的一门学科,对于公共关系学科的形成和进一步发展具有划时代的意义和里程。伯纳斯公共关系思想的一个重要组成部分就是他提出了"投公众所好"的主张。

爱德华·伯纳斯一生的努力，为他自己也为公关界赢得了崇高的荣誉。20世纪末，《生活》杂志把他评选为20世纪最有影响的100位美国人之一，如图1.3所示。

20世纪50年代，美国两位著名的公共关系专家卡特利普和森特博士，对公共关系学进行了更深入的研究，出版了以《有效公共关系学》为代表的一大批著作，它强调"双向沟通、双向平衡、公众参与"。此书不断再版，成为畅销书，被誉为"公共关系的圣经"。他解决了公共关系学中的一系列理论性问题，使公共关系学走向成熟。从此，公共关系学有了一套严整的理论体系。

3）现代公共关系的发展阶段

图1.3　爱德华·伯纳斯

第二次世界大战后，公共关系的发展具有世界意义，公共关系不仅在美国得到了进一步发展，公共关系的意识和活动也开始在主要资本主义国家传播和推广，继而在一些发展中国家也产生了影响。1955年国际公关协会（IPRA）在英国伦敦成立，总部设在日内瓦，会员来自欧、美、亚、非各大洲60个国家和地区，标志着公关已具有世界性意义。1978年8月，世界公共关系协会在墨西哥城召开大会，一致同意公共关系的定义为："分析趋势，预测后果，向领导机构提供意见，履行一连串有计划的行动，以服务于本机构和公众利益的艺术和社会科学。"

（1）公共关系在美国的发展

第二次世界大战后，美国公共关系的发展进入现代化时期，其标志有3个方面：公共关系行业规模化、公共关系理论研究系统化、公共关系人才培养专业化。

1948年，美国全国公共协会（PRSA）宣告成立，同时制订了作为行为法规的《公共关系人员职业规范守则》。据美国《商业周刊》统计，1960年全美有公共关系从业人员10万，大公司中75%设立公共关系部，专业咨询公司1 350家。到1980年，美国最大的500家企业中有436家设立公共关系部，出现一些大型公共关系公司，如伟达公司拥有2 000名雇员，在世界19个国家设立51个分支机构，1987年收入达到1.18亿美元。

这一时期，理论研究也较深入系统。1975年还出版了半学术性的杂志《公共关系评论》。此后，出现了一些公关理论方面具有重要影响的代表性人物：如20世纪90年代后期马里兰大学教授詹姆斯·格鲁尼格（James E Grunig）主持的"卓越公共关系和传播管理"的课题研究，"卓越研究"衡量测定卓越公共关系和传播管理的程度,其分布在涉及卓越传播的三个层次里(传播核心层、知识核心层和文化核心层),并有包容性,还提出了一种"普遍原则,特殊运用"的公共关系全球化理论。此外,目前在美国不仅出版了5 000多种公关著作,还有不少行业杂志。

在专业人才培养方面,1978年,美国有292所大学开设公共关系课程,其中93所设立学士学位,23所设立硕士学位,10所设立博士学位。公关教育家的代表人物卡特利普和另外一名公关专家森特共同编写的公共关系教科书《有效的公共关系》,给公共关系构筑了一个完整的体系,到1996年该书已经出版了第7版,对公关教育产生了重要的影响。

(2)公共关系在主要发达资本主义国家和地区的发展

公共关系在欧洲的出现要晚于美国。1948年英国成立公关协会。1949年法国成立公关协会;到20世纪50年代末期,法国已经出现了大量的公共关系公司;20世纪60年代初,一些专门的机构包括专门的公共关系学院开始致力于公共关系专门人才的培养;1969—1972年,法国政府还专门设立了公共关系部。法国公共关系的历程反映了欧洲公共关系的大致状况。

公共关系在亚洲资本主义国家的发展以日本为代表。1947年公共关系进入日本,公共关系机构举办了多种训练班,掀起公共关系热。日本电通广告公司便是一个突出的代表:电通把公共关系运用于广告、服务和销售,不仅把消费者利益放在了一个重要的地位,而且开创了一种新的广告形态——公共关系广告。20世纪80年代,CI战略在日本企业界蔓延,公共关系也开始向战略型转变,一些企业进一步把传统的强调内聚力的企业文化与强调辐射力的公共关系活动结合起来,体现企业的社会责任,这种做法对公共关系的发展是一个贡献。

(3)公共关系在发展中国家和地区的发展

公共关系在发展中国家和地区的发展,非洲国家具有典型意义。非洲是世界上最不发达的地区,但公共关系的发展也有30多年的历史。1975年国际公共关系协会在肯尼亚首都内罗毕召开理事会,当时,来自非洲各个国家的公关界代表聚集一起,成立了非洲公关协会联盟,从此,公共关系不仅成为商业企业建立和保护信誉的工具,也广泛地运用在政府政治活动中。

1.4.2 现代公共关系产生发展的社会条件

从公共关系生长的社会土壤看,一个社会只有具备了以下一些重要条件以后,公共关系才会有它健康成熟的市场,这些条件包括民主政治、市场经济、传播技术。

1）政治条件

社会政治生活的民主化是公共关系赖以产生和发展的社会政治条件。大工业社会后，民主政治的典型特点是依靠代议制、纳税制和选举制实现其管理。在这样的民主政治下，政府与公众的关系，更多地表现为民主协商、民主对话、民主监督，而且经常使用的手法是通过传播媒介促进沟通与交流。民主政治取代专制政治，为公共关系提供了孕育生长的温床，加之社会环境与政治制度对公共关系产生了迫切的需求。

2）经济条件

公共关系产生的经济条件主要表现为社会生产分工的细化、商品经济的高度发展，特别是买方市场的形成。20世纪初，美国经济得到飞跃发展，大工业的商品经济社会逐渐形成，又称市场经济。在商品经济发展过程中，美国的市场经济经历了由"卖方市场"向"买方市场"的转变，社会现实迫切需要用公共关系去增进企业与公众的相互理解与合作，需要用公共关系去塑造组织形象，提高组织声誉，从而去争取市场、争取顾客、争取方方面面的支持。

3）科学技术条件

公共关系产生的科学技术条件主要是大众传播与现代通信手段的发展，这为公共关系提供了物质手段。社会的不断发展，各种各样的传播沟通技术与理论突飞猛进，印刷技术日益普及并提高；报纸杂志遍及千家万户，传递到世界的每一个角落；电子技术的不断进步带来了广播、电影、电话、电视等电子传播媒介的普及；电脑进入人们的日常生活，人造通信卫星使地球变小了。交通与信息传播手段的日新月异，为人们进行大范围的交往提供了可能性，也为现代公共关系的产生与发展提供了技术条件。

4）人性管理背景

19世纪以来，随着人文主义、人本主义思潮在许多领域的广泛深入，人们越来越重视自身存在的价值和选择，追求人的自由与平等。在这种情况下，企业管理领域爆发了一场由重物的技术管理转向重人的人性管理的革命。人性管理的主导思想就是把人看做"社会人""动机人"，强调管理要从人的情感入手，使劳动者在心情舒畅的人文环境中充分发挥主体能动性和生产积极性，提高劳动效率。在这种人性管理广泛兴起的背景下,强调"公众是上帝"的公共关系学说就应运而生了。公共关系是一种重人的学说,公共关系引入管理的重点就在于必须紧密围绕内外公众来搞好经营管理。

1.4.3 公共关系与中国酒店业

1)公共关系在中国的发展

公共关系在中国的发展最早是在中国香港和台湾地区,这些地区公共关系早在 20 世纪六七十年代就已经发展起来,但由于当时政治原因,港台地区的公关发展并没有对内地产生任何影响。公共关系引进内地是在 20 世纪 80 年代初期,随着中国政府实行改革开放政策,当时深圳等一些特区在引进外资时,也引进了西方的管理方式,包括管理中的公共关系职能和公共关系部门的设置。公共关系在特区的出现产生了积极的示范和辐射效应。

1984 年我国国有企业白云山制药厂成立公共关系部。

1985 年世界最大的公共关系公司伟达公司和博雅公司先后进入中国,其中博雅公司与新华社下属的中国新闻发展公司于 1986 年共同组建中国第一家公共关系公司——中国环球公共关系公司。

1985 年深圳大学传播系创办第一个公共关系专业。到 20 世纪 80 年代末期,通过各种渠道接受公关培训的人员已经达到 10 万之多;全国有 408 所各类院校开设公共关系课程,13 所高校设立了公共关系专业。

1986 年中国第一个公关组织——广东地区公共关系俱乐部成立。

1987 年中国公关协会宣告成立;此后不到 5 年的时间,几乎每一个省级以上的行政区都成立了公共关系协会、学会或研究会。

1988 年中国公共关系第一家专业报纸——《公共关系报》在杭州创刊。

1989 年中国公共关系第一份国内外公开发行的专业杂志——《公共关系》在西安创刊。

1994 年中国国际公关协会成立,促进了中国公共关系理论研究与社会实践的国际化。

1997 年 11 月 15 日我国成立了全国公共关系职业审定委员会。1999 年初,经国家劳动和社会保障部正式批示,成立了国家职业资格工作委员会公关专业委员会。1999 年 12 月 26 日上午在广州举行了"1999 年公关员职业资格全国统一鉴定广东分考场"试点统考。它标志着我国公共关系已开始走向行业化、职业化的道路。

2）公共关系与中国酒店业

从实践领域来看，公共关系在中国的发展首先是在一些中外合资、合作、独资的三资企业中立足，特别是在改革开放最前沿的酒店中出现，迄今为止，90%以上的酒店都设立了专门的公关部或公关销售部。可以这么说，中国的公共关系事业，是在对外开放中与中国酒店业同步发展兴盛起来的。早期比较有代表的事件有：

1982 年，深圳竹园宾馆成立公共关系部，开展以招徕顾客为目标的、扩大影响的服务性公共关系活动。

1983 年，中外合资北京长城饭店成立公共关系部，并因成功策划接待美国总统里根而名扬海内外。

1984 年广州的中国大酒店成立后，特别从香港招聘公共关系部经理，主持酒店的公共关系工作。之后，广东电视台以宾馆、酒楼的公共关系活动为题材，拍摄了中国第一部反映公共关系理论和实践的电视连续剧《公关小姐》。

中国酒店企业在 20 多年的管理实践中，逐步形成特色的酒店公共关系：

（1）以塑造形象为宗旨

酒店既是服务行业又是窗口行业，它是以讲求自身形象为宗旨的企业，不仅对代表"硬件"的外观形象十分讲究，而且对提供给客人的、形成客人服务感受的"软件"要求更为严苛。从塑造形象到维护形象到完善形象，每个酒店都有自己独特的一套方法，如：由于酒店具有窗口性、劳动密集性和无中介性等特点，酒店形象要靠员工素质来维护，因此，绝大多数酒店都设有专门的培训部，将员工培训作为企业重要的工作。

（2）以改善环境为目的

酒店是为客人提供食、宿、娱、购功能的企业，让客人满意，培养客人的信任感、忠诚感是酒店的宗旨。协调好各方面的关系，建立一种和谐的生存环境，有利于酒店的生存和发展。因此，酒店将改善环境、建立人际关系网络作为酒店公共关系的重要内容来抓。酒店公关部要与媒介经常联络；要与政府加强往来；要与社区保持良好关系并承担社会责任；要在企业内部激励员工，挖掘劳动潜能；要与股东保护良好合作，为企业争取财源。

酒店经常利用年终联谊会、舞会、重大事件召开记者招待会、新闻发布会及平时工作餐等，对外进行信息交流；举办员工生日晚会、节日聚餐、奖励优秀员工旅游等，表达对员工的关心，从而达到"内求团结，外求发展"的公共关系目的。

（3）以促进销售为目标

酒店销售除了把销售系统化、网络化之外，还巧妙地利用公共关系的促销功能。目前，绝大多数酒店企业都设有公关销售部，通过公共关系为酒店和酒店产品塑造形象、开拓市场，常常是公关鸣锣开道，营销粉墨登场，公关搭台，营销唱戏。在酒店企业中，公关营销理念早已生根开花，酒店公关营销的工作内容主要包括：立足优质产品、塑造品牌文化、美化企业声誉、开展造势传播、进行全员销售等方面。

（4）以注重策划为途径

酒店公共关系分为日常公共关系和专题公共关系。日常公共关系包含以下内容：酒店公共关系部的日常接待、参观、沟通、传播、拜访等；酒店前厅部、餐饮部、房务部、行政楼层、商务中心等部门，在日常工作中要时时注意塑造酒店形象、维护酒店形象、传播酒店形象。专题公共关系往往是酒店公关部为了配合企业组织目标的完成，有目的、有计划、有准备地认真策划的活动，如到了圣诞节、中秋节、春节等，酒店都要策划各种为提高酒店经营效益为目的的公共关系活动，这些公关专题活动不仅具有鲜明的旅游特色，而且花样翻新、五彩缤纷。

（5）以建立关系为基础

酒店最突出的特点就是服务性，其服务对象是人。酒店企业为了自身的生存与发展，不仅重视协调好内外关系，更看重广交朋友，重视在政界、传播界、商界等各个社会领域为酒店精心编织关系网，使企业左右逢源、畅通无阻。酒店经常与政府联系，使政府了解酒店，争取政府对酒店的政策支持和信息传递。酒店会借助不同的媒介，针对不同的受众群体，利用各种机会联络感情，不失时机地传播酒店形象。因为社区是酒店的邻里，做一个模范公民很重要，这既是酒店员工生存的保障，又是传播酒店形象最有说服力的口碑，因此，酒店十分注重与社区搞好关系。酒店还很重视与同行、商界往来，经常举行联谊会、工作餐会和周末沙龙等，交流信息，争取合作机会。

（6）以重视传播为特色

公共关系的中介是传播。酒店对传播的重视和对信息双向沟通的利用应该超过其他任何企业。酒店不仅与大众传播媒介关系密切，还十分注重企业内部自控媒介的传播，四、五星级酒店一般都有自己的报纸，有的还有自己的电视台、杂志。这些酒店自控媒介不断地、持续地对酒店目标、方针、典型事例、英雄人物进行宣传，以此传播企业文化，激励员工。酒店对外宣传资料也极为详尽，不仅内容丰富、解说明确，而且服务项目和服务特点介绍详细。酒店还十分注重对员工服装及酒店徽章、标志的设计。另外,酒店对员工的行为举止、服饰仪表都有严格的要求,让客人通过员工的语言、肢体动作、微笑等无声语言来感受酒店服务的温馨。例如:美国希尔顿饭店创始人希尔顿十分注重员工的文明礼仪教育,倡导员工的微笑服务。他每天至少到一家希尔顿饭店与饭店的服务人员接触,向各级人员(从总经理到服务员)问得最多的一句话,必定是:"你今天对客人微笑了没有?"1930年是美国经济萧条最严重的一年,全美国的旅馆倒闭了80%,希尔顿的旅馆也一家接着一家地亏损,一度负债达50万美元。希尔顿并不灰心,他召集每一家旅馆员工向他们特别交代:"目前正值旅馆亏空靠借债度日时期,我决定强渡难关。一旦美国经济恐慌时期过去,我们希尔顿旅馆很快就能进入云开月出的局面。因此,我请各位记住,希尔顿的礼仪万万不能忘。无论旅馆本身遭遇的困难如何,希尔顿旅馆服务员脸上的微笑永远是属于顾客的。"

(7)酒店员工的全员公关意识

酒店区别于其他企业的显著特点是任何一个服务环节都需要人工去完成,每一个服务人员的服务质量都直接影响客人对酒店服务和管理水平的评价,直接影响酒店形象在社会公众中的反映。现在酒店行业也充分认识到把全员公关意识的培养放在第一位的重要性,在贯彻公关思想、强化公关意识、培训公关技能方面,酒店企业远远走在其他行业的前面。走进酒店,每个员工都是一个公共关系人员,都是酒店形象的维护者和推销者,他们在自己的岗位上兢兢业业,以实际行动构建企业的形象。

教学实践

组织学生举办一场模拟自荐会,让每一位同学充分展现自己的魅力,由自我介绍、同学提问、回答问题3个环节构成,最后,由同学评出最佳印象同学。

本章自测

1.什么是公共关系?它具有哪些内涵?
2.构成公共关系的基本要素是什么?
3.公共关系的产生经历了哪些阶段?
4.公共关系的基本职能是什么?

5.酒店公共关系与酒店营销有哪些区别与联系？

小知识链接

艾维·李简介

艾维·李生于1877年,是美国佐治亚州一位牧师的儿子,毕业于普林斯顿大学,又在哈佛大学学习过一段时间。他早期受雇于《纽约时报》,后在《纽约世界报》当记者,潜心研究公共关系学。1906年,他提出了"说真话"的公共关系基本思想和"公众必须被告知"的公共关系基本原则。他还和朋友合作开办了世界上第一家真正的公关公司——新闻宣传事务所,成为世界上第一位职业公关人士。

改变他人观点的4种途径

一个人想要别人同意自己的观点,只有为数不多的几种方法可供选择:

1. 采取某种强制手段,诸如诉诸法律或进行恐吓,施加压力;

2. 采取补偿、奖励、提拔、默许、当众褒扬或其他类似方法;

3. 劝说,说服别人相信自己所提出的观点与他们的利益是相一致的,或者让他们相信,他们应该让个人的利益服从更多人的利益;

4. 无为,然而却可以很有效,如一个正直廉洁的公关人员本身比什么都灵验,他扬名在外,随之带来了无形的影响。

大盛魁的故事

清朝中期,我国北方最有名的商号是"大盛魁",它是由王相卿、张杰、史大学三位晋商创立的。大盛魁的发展与壮大,与大盛魁坚持"信誉为重"的经商道德有密切关系。大盛魁的发展中有这样一则故事:清朝末期,大盛魁在香港与一个英商做了一笔生意,后因种种原因,大盛魁曾一度破产,欠英商300银圆。大盛魁的掌门在去世前把这事告诉了儿子,嘱咐儿子在有钱时一定要还上这笔钱。儿子一辈子没有发迹,临死前又将这事托付给自己的儿子。后来,孙子发迹了,重新光大了大盛魁。孙子到英国,打听英商消息,英商已死,就将3万英镑还与英商之孙。这事被英国媒体报道。因此,大盛魁在公众中的美誉度更高,生意也更红火了。

第2章
酒店公共关系主体

【学习目标】

通过本章的学习,要求熟悉酒店公共关系机构设置模式,把握公共关系人员应具备的素质条件,充分认识酒店公关机构和公关人员对做好酒店公关工作的重要性。

【知识目标】

①把握现代酒店企业的特点。

②了解酒店公共关系机构设置模式。

③掌握酒店公共关系机构工作内容。

④明确酒店公共关系人员素质要求。

【能力目标】

①具有酒店公共关系机构的基本知识。

②具有一定的酒店公共关系机构工作能力。

③能够把酒店公共关系人员素质要求与酒店公共关系工作具体实践相结合,逐步形成从事酒店公关工作的实际能力。

【关键概念】

酒店公共关系部　酒店公共关系人员　公关意识　服务性
专业性　协调性　直属型　并列型　从属型　职业道德

案例导入：

一家酒店准备聘用一名公关部长，经笔试筛选后，只剩 8 名应试者等待面试。面试限定他们每人在两分钟内对主考官的提问作出回答。当每位应试者进入考场时，主考官说的是同一句话："请您把大衣放好，在我面前坐下。"

然而，在进行面试的房间中，除了主考官使用的一张桌子和一把椅子外，什么东西也没有。有两名应试者听到主考官的话以后，不知所措，另有两名急得直掉眼泪；还有一名听到提问后，脱下自己的大衣，搁在主考官的桌子上，然后说了句："还有什么问题？"结果，这五名应试者全部被淘汰了。

剩下的 3 名应试者，一名听到主考官发问后，先是一愣，旋即脱下大衣，往右手上一搭，躬身致礼，轻轻地说道："这里没有椅子，我可以站着回答您的问话吗？"酒店对这个人的评语是："有一定的应变能力，但创新开拓不足。彬彬有礼，能适应严格的管理制度，可用于财务和秘书部门。"另一名应试者听到问题后，马上回答道："既然没有椅子，就不用坐了。谢谢您的关心，我愿听候下一个问题。"酒店对此人的评语是："守中略有攻，可先培养用于对内，然后再对外。"最后一名考生听到主考官的发问后，眼睛一眨，随即出门去，把候考时坐过的椅子搬进来，放在离主考官侧前约一米处，然后脱下自己的大衣，折好后放在椅子背后，自己就在椅子上端坐着。当"时间到"的铃声一响，他马上站起来，欠身一礼，说了声"谢谢"，便退出考试房间，把门轻轻地关上。酒店对此人的评语是："不着一词而巧妙地回答了问题；性格富有开拓精神，加上笔试成绩佳，可以录用为公关部长。"

启示：酒店公关人员所需具备的专业技能是多方面的，多才多艺才能更好地胜任公共关系工作。实践证实，酒店公关人员必须掌握 6 种能力：组织能力、交际能力、策划能力、应变能力、表达能力和创新能力。

公共关系活动是由一定的社会组织来具体组织和实施的社会活动，它由主体、客体和传播 3 个基本要素组成。酒店公共关系的主体是酒店企业，酒店企业要有效地开展公关活动，就必须科学设置机构，配备高素质的公关人员，以使公关工作经常化和职能化。

2.1　酒店企业分类和特点

2.1.1　酒店企业分类

由于市场的多层次和多元化,市场对酒店的需求也有多种类型。适应市场需求,根据投资者的投资意向和能力、经营者的经营思路和构思,酒店必然是多样性的。酒店分类不管国际还是国内都没有统一的规定和标准,各国都根据本国酒店业的情况作一个大致的分类以便市场选择,每一个酒店所属类别也不是一成不变的。这里对酒店分类作一个大概的介绍。

1)按酒店的功能分类

(1)商务型酒店

商务型酒店也称暂住型酒店,通常是一个国家酒店业的主体。酒店靠近城区或商业中心区,设施设备齐全,服务功能较为完善,主要以接待从事商务活动的客人为主,是为商务活动服务的。这类客人对酒店的地理位置要求较高,消费水平较高,重视服务质量,对价格敏感度不高。其客流量一般不受季节的影响而产生大的变化。

商务客人多为散客,除通常的销售渠道外,酒店应加强与商业企业及政府机构的联系,力争扩大客源市场,针对商务客人重住率较高的特点,酒店应注意完善客人的档案制,并提供发放 VIP 卡等。

(2)度假型酒店

它以接待旅游、休假、度假的宾客为主,兼接待会议宾客。酒店以娱乐、休闲、餐饮、康乐及野趣为主要经营项目,传统的度假性酒店多兴建在海滨、温泉、风景区附近,而现代度假性酒店越来越靠近城市。度假性酒店经营的季节性较强。

(3)长住型酒店

为租居者提供较长时间的食宿服务,此类酒店客人与酒店之间有特殊的法律关系,二者通过签订协议或租约,对居住时间、服务项目等事项作出明确的约定。此类酒店客房多采取家庭式结构,以套房为主,房间大者可供一个家庭使用,小者有仅供一人使用的单人房间。它既提供一般酒店的服务,又提供一般家庭的服务。酒店只需营造温馨的家庭氛围,使客人感到"有家庭生活之乐趣,无家庭生活之累赘"即可。

(4)会议型酒店

它是以接待会议旅客为主的酒店,除食宿娱乐外还为会议代表提供接送站、会议资料打印、录像摄像、旅游等服务。要求有较为完善的会议服务设施(大小会议室、同声传译设备、投影仪等)和功能齐全的娱乐设施。

(5)旅游型酒店

又称观光型酒店,主要为观光旅游者服务,多建造在旅游点,经营特点不仅要满足旅游者食住的需要,还要求有公共服务设施,以满足旅游者休息、娱乐、购物的综合需要,使旅游生活丰富多彩,得到精神上和物质上的享受。观光旅游者,特别是团队,逗留期短,行动统一,时间上安排紧凑,因此酒店接待入住、行李服务、叫醒服务、就餐安排等工作就显得尤为重要,酒店要特别注重与旅行社保持密切的联系。

2)按酒店建筑规模分类

目前对酒店的规模旅游行政部门还没有一个统一的划分标准。一般是以酒店的房间数、占地面积、酒店的销售数额和纯利润的多少为标准,来衡量酒店的规模,其中主要是房间数,区分为大、中、小型 3 种。

(1)小型酒店

客房数在 300 间以下。

(2)中型酒店

客房数为 300 ~ 600 间。

(3)大型酒店

客房在 600 间以上。

3)按酒店计价方式分类

(1)欧式计价酒店

这类酒店的房价就是单纯的房租,房价里不含其他消费。世界各地绝大多数酒店都采用欧式计价。

(2)美式计价酒店

美式计价酒店的房价包括房租以及一日早、午、晚三餐的费用。国外一些度假型酒店属此类。我国一些城市由于酒店供过于求,市场竞争激烈,于是酒店推出房价包含三餐的举措,这些酒店的计价方式也属此类。

(3)修正美式计价酒店

修正美式计价酒店的房价包括房租、早餐再加一个正餐的费用。

(4)欧陆式计价酒店

欧陆式计价酒店的房价包括房租及一份简单的欧陆式早餐,如:比萨、咖啡、面包、果汁。此类酒店一般不设餐厅。

(5)百慕大计价酒店

百慕大计价酒店的房价包括房租及一份美式早餐。我国很多酒店采用这种计价方式,不过这些酒店的早餐是丰富的中西式自助餐而非简单的美式早餐。

2.1.2　酒店企业的特点

酒店企业是旅游业的支柱之一,酒店是旅游业发展的物质基础,是向旅游者提供食宿、购物、休息、娱乐和其他服务的场所。酒店产品与一般物质产品不同,有其特殊性,这些特殊性使得酒店企业具有自身的特点。

1)经济性

酒店是经济组织,它不同于政府组织、社团组织、学术组织等非经济性组织,酒店只有获取了利润,才可能维护其自身的运转,进而扩大经营范围,发展再生产。因此,经济性是酒店区别于其他非营利性机构的主要特征。

2)竞争性

市场经济的主要特征是竞争,优胜劣汰是竞争发展的普遍规律。酒店作为经济性的赢利机构,竞争的成败与其生存发展密切相关,任何一家酒店都有竞争的压力和动力。

3)自主性

酒店决策人是自主经营、自负盈亏的商品生产者和经营者,具有独立的法人地位,拥有人、财、物、产、供、销等生产经营的自主权,也对酒店经济活动负完全的法律责任和经济责任。

4)服务性

酒店与其他企业的显著区别是它的服务性。酒店是以提供服务设施、出售服务劳动而赢利的企业。虽然酒店也有生产实物形态的产品,但这些产品都是要通过服务来进行销售。酒店实际上是通过出售客房、餐饮及综合性的服务设施,以及员工的服务态度、服务技能和技巧,在公众中形成独特的服务感受,塑造优良的服务形象,从而赢得经济效益和社会效益的企业。

5)文化性

酒店接待的旅居者来自全国乃至世界各地,他们都带有本民族的文化色彩,适合他们的旅居,酒店也要有一定的文化色彩。所谓文化,是由地域、民族、历史、政治所决定的人类知识、信仰和行为的整体,它包括语言、思想、信仰、风俗习惯、禁忌、法规、制度、工具、技术、艺术、礼仪、仪式及其他有关成分。

旅行者对异地文化的需求有两个方面:一是探求与自己永久居留地不同的文化;二是在某些方面又要求有适合自己习惯的文化。例如,欧美宾客到中国来,他们既要了解中国,探求中国式的东方文化,同时在生活环境及设施方面他们又希望能有适合他们原生活环境的条件。他们在饮食方面也如此,中、晚餐他们喜欢用中餐,而早餐则喜欢用西餐。酒店正是为了适合宾客对文化的需求而营造自己的文化特色,因此,酒店提供给宾客的产品既要使宾客深切地感到他们是身在中国,同时又要使他们感到在旅居生活中很多方面那样的似曾相识,和家里是那么的接近,从而有一种亲切感和轻松感,油然而生"宾至如归"的感觉。

6)协调性

酒店向宾客提供的是旅居生活各方面的满足,它使宾客在住、食、购、乐、游、公务、休闲、社交等方面的需求都能得到满足。酒店在同一时间能提供宾客在旅居中不同需要的各种独立的产品使用价值,这些使用价值从形式上看都是由前台各部门独立生产的,如客房部提供住宿服务,前厅部提供商务、通信服务,餐饮部提供饮食服务,康乐部提供休闲服务等。然而前台各部门的各种生产过程、宾客的消费过程都离不开后台部门的支持。况且后台部门供应的电、水、冷暖,财务部门的宾客账务处理,保安部门的安全保卫等都直接成为酒店产品的组成部分,直接供宾客使用,于是,酒店的前后台也就有了密切的广泛的联系,前后台之间也要经常协调双方的业务。

7)情感性

酒店服务的对象是人,人有思维,有感情,有人性,有复杂的心理。酒店产品的生产过程包含着大量员工直接向宾客提供的劳务服务,这种劳务服务不是对一种产品追加劳动,它是作为一种直接生产品供宾客消费的。酒店劳务服务的这一特点,使宾客十分关注劳务服务本身,这种形式使得宾客和员工之间有较多的接触和交流,也就使酒店业务带有情感内涵。

酒店参与市场竞争主要是服务质量的竞争,酒店服务质量虽然也有评判标准,但主要是靠宾客对服务质量的感受而产生的主观评价来评判质量水平。酒店通过自身的努力,总希望宾客从感情上接受并偏爱酒店产品。比如在宾客客房放上名贵的花卉不如放上宾客喜爱的花卉,餐厅服务员在了解宾客口味的情况下直接给宾客配置他喜爱的菜肴等,都能使宾客备感亲切而产生感情上的融合。宾客认同并偏爱这一酒店品牌,就会成为酒店的回头客和口碑,回头客无疑是酒店的基本客源,口碑又会给酒店带来更多的客源。因此,酒店的质量评价、市场品牌、客源多少都跟宾客的情感有关。

2.1.3 酒店企业公共关系目标

酒店的业务活动不是盲目的,而是有计划、有组织地开展的,没有计划目标就谈不上酒店的管理和发展。在酒店的计划目标中,一类是由客房出租率、营业收入、人均消费额等组成的量化指标体系;另一类是由服务质量、管理水平及酒店的社会知名度等组成的定性指标体系。酒店公共关系目标作为酒店发展总体目标的组成部分,主要是通过积极、主动的公关工作来协调内外部关系,在公众中树立企业良好社会形象,增加知名度,提高竞争力,以求得企业生存和发展。在确定酒店公关目标时,应处理好与酒店总体目标之间的关系,明确以下基本原则:

①酒店企业的总体目标决定着酒店企业的公关目标。

②酒店公关目标从属于酒店总体目标,是为酒店企业总体目标服务的。

③酒店公关目标的制订应有自己的特点,要强调实现公关目标的可操作性,注重公关活动的连续性和科学性。

2.2 酒店公共关系机构

公关工作是一项有计划的工作,为了使酒店公关工作更有预见性,更加经常化和职能化,就必须有专门的机构从事这项工作。

2.2.1 酒店公共关系机构设置模式

1)酒店公共关系机构设置的作用

一个组织要想实现自己的管理目标,就要建立起能够保证目标实现的组织机构,机构的设置是目标实现的组织保证。酒店要实现自己的整体目标和公共关系目标,必须建立专门的公共关系工作机构,才能发挥酒店的公共关系职能。酒店公共关系机构具有酒店其他部门所不能替代的重要作用,主要体现在以下3个方面:

(1)协调内部公共关系,提高酒店整体凝聚力

酒店要生存、发展,必须依靠全体员工的协调合作精神,这是酒店具备竞争能力的基本保证。要做到这一点,就必须进行相应的工作,来协调和处理员工之间、员工与部门之间、员工与领导之间以及部门与部门之间、部门与决策层之间的关系。因此,公共关系工作无论对提高整个酒店工作的效率,还是对公共关系进行科学化、规范化的管理,都具有重要意义。酒店设置公共关系机构,开展公共关系工作,可以对酒店内部各个阶层起到协调作用,能将传统的分散型"公共关系"活动,集中统一在一个职能部门中进行,以适应现代企业发展的要求。这是酒店搞好内部管理的一个重要内容,也是处理好酒店内部公共关系,消除内部隔阂,避免矛盾冲突,提高酒店凝聚力的重要条件。

(2)协调外部公共关系,塑造酒店良好形象

从酒店与外部环境的关系来看,酒店不是独立存在的经济实体,酒店要立足于现实的经济环境中,就得与社会各方面打交道,建立起良好的关系。如酒店不仅要同所在社区和有关组织建立广泛的经济关系,还要同政府、新闻界等发生非经济关系。特别在现代开放的社会条件下,酒店必须对外塑造良好的形象,争取社会公众的理解和支持。所有这些因素,必将直接或间接地影响酒店的经济效益和社会效益。因此,在现代酒店经营管理中,为适应外部环境的要求,需要建

立一个专门从事公共关系活动的机构,来全面协调和处理酒店对外公共关系事务。

2) 酒店公共关系机构设置的原则

酒店公共关系机构,通常称为公关部。酒店公关部的设置,一般要遵循专业性、协调性、权威性、服务性和适应性的原则。

(1) 专业性

酒店公关部是贯彻酒店公关思想,实现酒店公关目标的专业性机构,因此,必须从组织上和工作内容上保证其专业化性质。首先,酒店公关人员,必须由受过专业训练的人员来担任,一个由公关专职人员组建的工作班子,是酒店公关部有效运转的基础。其次,酒店公关部一定要从事与实现酒店公关目标有关的活动或事务,不能把公关部当做"办公室""销售部""接待部",要体现公关部的专业性质。

(2) 协调性

酒店公关工作是一项整体性工作,实现公关目标要靠酒店各个部门的相互配合、共同努力,公关部在其中起重要的协调、组织和沟通作用。因此,公关部必须与酒店各部门保持密切、良好的工作关系,依靠各部门的相互配合,来实现酒店的公关目标。要选择熟悉酒店各部门业务和情况的人员组建公关部,才能在组织上保证这种协调性。

(3) 权威性

公关部是酒店的参谋部、智囊团,因此要使公关部具有一定的权威性。公关部的负责人,应有直接向酒店决策层汇报情况、提出建议和参与决策的权利。酒店公关人员可以作为酒店领导的发言人,代表酒店对外发布消息、处理问题。

(4) 服务性

酒店公关部的主要工作,是为了实现酒店的公关目标,为酒店创造良好的经济效益和社会整体效益服务的,因此,公关部既不是领导部门,也不是直接的经营部门,而是具有服务性质的高层次经营管理部门。

(5) 适应性

酒店客观上存在着规模大小、星级高低、所有制性质不同和经营范围不同的情况,因此酒店公关部的设置要与本酒店的实际情况相适应,这样,酒店的公关工作才更实用、更有效。

3）公共关系部在现代酒店中的地位

从管理作用上看,公共关系职能部门在组织总体中扮演一种"边缘""中介"的角色,即处于决策部门与其他专业职能部门之间、组织与外部环境之间,担负着建立联系、沟通信息、咨询建议、辅助服务、策划组织、协调行动等责任,它的作用是酒店其他职能部门所无法取代的。

（1）公共关系部在酒店内部管理中的地位

从系统论的观点来看组织的管理结构,公共关系部门作为一个子系统,它的位置介于管理子系统与其他非管理子系统之间。公关部门介于高层决策中心与各个执行部门之间,介于各管理、执行部门与基层人员之间。

（2）公共关系部在酒店内部管理中的角色

①信息情报部角色。公共关系的首要职能就是采集信息。酒店要适应复杂多变的社会关系,灵活地应变各种偶发情况,以求在激烈的竞争中取胜,就必须有专门的机构充当酒店的耳目,负责监察社会环境的变动,搜集市场信息,调查民意,预测外界政治、经济、时尚潮流和各种关系对象的变化,将经过分析评价的各种情报,提供给酒店的最高决策层和各职能部门参考。这使得公共关系部成为酒店决策的信息情报部。

②决策参谋部角色。由于公共关系工作关系到酒店的信誉和形象,关系到酒店与公众的沟通,关系到酒店总体目标的实现,因而,酒店公共关系部要站在酒店目标实现和社会公众需要相一致的基点上,协助酒店决策者分析和权衡各种决策大案的利弊得失,预测酒店行为将产生的社会影响及其后果,督促和提醒决策者及时修正会导致不良结果的酒店行为,协助酒店决策层进行决策。这使得公共关系部成为酒店决策的参谋部。

③宣传、外交部角色。一个酒店要获得公众的了解、理解和信任,取得公众的支持与合作,需要不断地向公众宣传酒店的政策、解释酒店的行为,增强酒店的透明度。随着酒店与外界交往日益密切,对外联络和应酬交际的任务越来越重,酒店与外部的各种摩擦和纠纷也随之增多,需要进行协调。公共关系部作为酒店的对外机构,必然要担负起这些工作,从而使公共关系部成为酒店的"宣传部""外交部"。

（3）公共关系部在酒店外部经营中的地位

公关部介于组织与公众之间,对外代表组织,对内代表公众,通过传播活动保持组织与公众环境之间的双向沟通。

可以这么认为,公共关系部是酒店的 5 个"中心",即:公众联系中心,它承担酒店与内外公众进行沟通、接待和协调的任务;信息发布中心,它是酒店的"喉舌",负责酒店对外信息发布的任务;环境监测中心,它集中观察和监视对酒店有影响的社会环境变化;趋势预测中心,它分析和预测与本酒店有关的各种发展趋势;资料储存中心,它搜集、储存和处理同酒店密切相关的各种信息。

4)公共关系部在酒店中的隶属关系

一般来说,酒店公共关系部按部门在酒店组织机构中的隶属关系可以分为 4 种,即"直属型""并列型""从属型"和"兼职型"。

(1)直属型公关组织

公共关系部直接隶属于酒店的最高领导,有的还由副总经理兼任公共关系部经理,适合于大型企业,如图 2.1 所示。

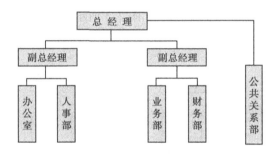

图 2.1 总经理直接负责型公关机构设置图

特点:直接处于酒店的中枢位置,与该酒店最高领导关系密切,参与组织决策活动(提供公关信息、制订公关方案、预测决策后果,但没有决策权)。

优点:因直接参与酒店决策活动,故可在酒店决策中全面渗透公关思想,还能直接根据酒店目标策划公关活动,减少了中间环节,加快了工作效率。

缺点:该机构地位凌驾于其他职能部门之上,不利于与其他职能部门之间建立融洽的伙伴关系。

(2)并列型公关组织

公共关系部与其他部门处于平等的地位,适合于中型企业,如图 2.2 所示。

优点:既保留了直接与决策层对话的地位,又理顺了与其他职能部门之间的平等关系,有利于相互协调地开展工作。

缺点:因离决策层距离稍远,所以不能站在全局高度上行使参谋作用,不能在组织决策中全面渗透公共关系的思想。

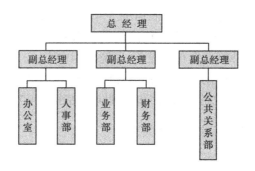

图 2.2　部门并列型公关机构设置图

（3）从属型公关组织

没有独立设置公共关系部，但有专人负责酒店公关事务，在行政上隶属于总经理办公室、销售部管理，有些酒店还将公共关系部归属于前厅部，突出公共关系的礼宾接待功能，适合于小型企业，如图2.3所示。

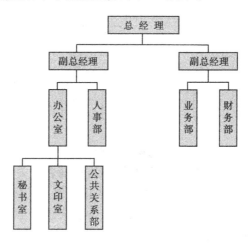

图 2.3　部门所属型公关机构设置图

优点：组织小巧，灵活机动，放到哪个部门，就能强化该部门的公关能力。

缺点：受部门限制和影响，不能立足全局开展公关活动；远离决策层，参谋、情报官、外交官和形象设计师的作用难以得到发挥，公关思想难于渗透到决策之中。

（4）兼职型公关组织

该类型公关部实际上采取一个班子两块牌子的做法，将职能相近的部门合并,达到精简机构的目的。国内酒店目前比较广泛的做法是将公共关系部和销售部合在一起,定名为公关销售部。

优点:精简了机构和人员。从酒店销售任务来看,离不开协调酒店内外的公共关系,因此,销售中的公共关系十分重要;同时,搞好酒店的公共关系,就需要把酒店的经营思想、经营目标以及酒店的优质产品向公众和潜在公众传播,树立良好的形象和信誉,吸引更多的顾客。因此,将公共关系部和销售部合在一起,必将促进酒店产品销售。

缺点:很难形成完善的公关部内部组织结构,因此,很难开展专业化较强的工作;受其他职能部门干扰,其工作的主动性受到一定限制。

5)酒店公共关系部内部机构设置模式

酒店由于公共关系活动多,工作量大,对公共关系活动的要求高,因此,酒店公共关系机构内部应有较细的分工,以便更有效地开展公共关系活动。按工作特点,酒店公共关系部内部机构模式可分为3类,既技术型、对象型和区域型。

(1)技术型

所谓技术型,即按公关技术手段(工作特点)来命名下属机构,如图2.4所示。

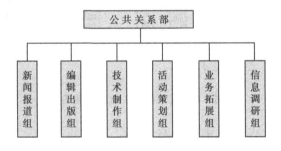

图2.4 技术型公关机构设置图

(2)对象型

所谓对象型,指公关部的下属机构是以工作对象的名称来命名,如图2.5所示。

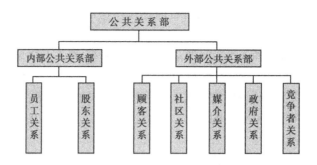

图 2.5　对象型公关机构设置图

(3)区域型

所谓区域型,是指公关部的下属机构是以工作区域的名称来命名的,如图2.6 所示。

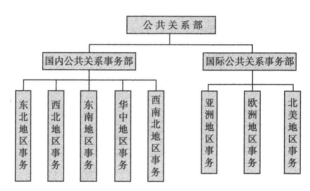

图 2.6　区域型公关机构设置图

2.2.2　酒店公共关系部工作内容

1999 年国家劳动部组织编写了《中国职业大典》,其中对公共关系职业工作描述为:负责组织的公众传播计划,编辑、制作和发行组织的各种宣传材料,负责组织的新闻发布、形象传播工作;监测、搜集、整理和分析组织的公众信息,向组织的领导人提供管理咨询建议;制订组织和产品(服务)的形象管理计划,策划和实施各种专题性公众活动,并对其进行评估;沟通、协调组织与内外公众的关系,参与处理组织的公众咨询、投诉和来访接待事务;协助组织发现、处理并监控其与公众之间的矛盾、问题和突发(危机)事件;对组织的其他有关人员进行上述工作的专业培训和指导。

酒店公共关系部的工作内容极为丰富。一般而言,酒店公共关系部的工作内容,包括日常工作、定期工作和专门活动3个方面。

　　1) 公共关系部的日常工作

　　公共关系部有大量的日常工作,这些日常工作完成的好坏,直接关系到公共关系部的定期工作和专门活动能否顺利进行。其日常工作有以下10个方面:
　　①随时搜集酒店内外公众的各种意见。
　　②编写并向新闻界散发新闻稿、照片和特写文章,汇编有关报刊目录。
　　③协同摄影制作人员拍摄、整理、保存资料图片。
　　④同各种传播媒介的新闻记者保持紧密的联系。
　　⑤同有业务往来的公共关系顾问公司保持联系。
　　⑥同主管部门、政府有关人员保持联系。
　　⑦对酒店在公众中的形象作出评价。
　　⑧设计、筹划、监制酒店的各种宣传品和赠品。
　　⑨接待国家、政府代表团和重要宾客时,落实各项迎接和服务措施。
　　⑩代表酒店接受公众对酒店的各种投诉和有关咨询,对合理的要求通知有关部门协助解决。

　　2) 公共关系部的定期工作

　　公共关系部的定期工作是系统完成公共关系工作目标的主体工作。定期工作的反复开展,可以确保酒店分步骤地完成任务,不断积累工作成果。公共关系部的定期工作主要有以下10个方面:
　　①组织记者招待会,接待参观访问。
　　②编辑出版以旅行社、旅客为对象的对外刊物。
　　③编辑出版供酒店员工阅读的报纸和刊物,组织其他各种形式的内部宣传。
　　④编写并提供各种资料,诸如酒店历史、年度报告、酒店介绍等。
　　⑤参加各种管理会议,了解酒店内部的管理状况。
　　⑥参加市场营销调研活动,了解酒店同业的竞争情况。
　　⑦为管理部门安排各类媒介记者的采访。
　　⑧同酒店所在社区的公众代表进行定期接触。
　　⑨组织安排酒店员工的集体娱乐活动。
　　⑩分析、反馈、评估为实现既定目标所作努力的结果。

3）公共关系部的专门活动

公共关系部的专门活动,是为达到若干特定目的而集中人力、物力和经费所安排的活动。每一次公共关系专门活动,都应取得一些明显的效果。公共关系部的专门活动主要有以下 10 个方面:

①设计并委托制作酒店的店徽、标志和吉祥物等。

②筹备和组织酒店的开业典礼、店庆活动,力求使这些活动产生强烈的社会影响。

③委托制作有关酒店情况的影视作品,诸如纪录片、配音幻灯片、录像带,并负责编目和播放等。

④筹划和监制广告,编制广告预算,监督广告的实施,测定广告的效果。

⑤在酒店内组织各类展览和演出活动。

⑥组织酒店新的服务设施、服务内容,以及酒店产品的推广和介绍。

⑦代表酒店参加社会公益活动,力求给社会公众留下深刻印象。

⑧代表酒店与社会知名人士建立和保持密切联系,主动邀请他们参加酒店的重要活动,并突出他们在酒店活动中的地位。

⑨预防并及时处理酒店的意外事件和危机事件。

⑩策划专题性的公共关系活动并组织实施。

2.3 酒店公共关系人员的素质和职责

通常,公共关系人员英文称为 PR Practitioner。在欧、美国家,对公共关系人员的称呼有 PR Practitioner(公共关系从业人员)、PR Man(公关人员)、PR Officer(公关官员),指的是以从事公共关系理论研究、教学活动和实践工作为职业的人员。我国国内学者喜欢把这些人员统称为公共关系工作者。

2.3.1 酒店公共关系人员素质要求

公共关系人员作为酒店的形象代表,对于开展卓有成效的公共关系活动起着决定性的作用,公众对公共关系人员有很高的角色期望,因此,酒店对公共关系人员的素质必然有很高的要求。根据酒店公共关系工作的实际要求,酒店公共关系人员的基本素质应包括公关意识、心理品质、知识和能力等 3 个方面。

1）公关意识

公共关系意识也称公共关系思想或公共关系观念,公关意识是公关人员最基本的素质。

公共关系意识主要包括:形象意识、公众意识、协调意识、传播意识、互惠意识、服务意识和信息意识等。形象意识指组织在自身的行为中高度重视声誉和形象,自觉进行形象投资、形象设计、形象塑造、形象传播和形象维护;公众意识指组织重视公众利益,将满足公众的意愿作为自己的经营准则,按公众的需求修正自己的经营方针和经营决策;协调意识指组织重视和善于协调与方方面面的关系,广交朋友,为自身创造一种和谐的生存与发展空间;传播意识指组织具备强烈的传播欲望,持续不断地将组织的信息经统筹归类后传播给社会,积极利用一切机会去影响公众、感染公众、引导公众,争取公众的合作;互惠意识指组织与相关公众的交往中,将平等互利、互惠合作当成处理一切关系的准则,谋求与相关公众的共同发展;服务意识指组织应当对社会有责任感,通过对社会的奉献来获取信誉;信息意识指组织应当重视对信息的采集。

服务意识举例:

某宾馆在招聘大堂接待员时考问一应聘者:当所有客房都已住满,有一新来客人要求入住,你应怎样回答?

两种典型的回答:

①先生,真对不起,我们酒店已经住满了,请您到别的酒店去看看吧。实在抱歉。请慢走。

②先生,您需要哪种条件的客房?（问清客人要求后,打听别的饭店,告诉客人信息。）先生,真对不起,我们酒店已经住满了,××酒店能够满足您的需要,我能帮您订购和叫车吗?

请你对两者的回答做一评论。

沟通交流意识举例:

两位经营管理很差的饮食店老板受央视激情创业栏目之邀,到杭州"不老神鸡"连锁店做一天见习服务员。一顾客买鸡后,以家人不满意,加之该店有"无因退货"承诺,要求退货。两者分别回答:

①对不起,食品出店后,是不能退货的,请您原谅。

②请把手机给我,我向你家人解释,这种食品在全国都有名气。听了我的解释,他们一定会改变主意,夸奖您买得好。

请你对两者的回答做一评论。

2）心理素质

科学研究证实,人的心理素质和事业成功之间有密切的关系。作为组织管理者之一的酒店公关人员,也应该具备相应的心理素质。根据实践经验,酒店公关人员应具备 3 种心理素质。

（1）热情的心理

热情的人人缘广,容易被公众接受,沟通工作容易展开。成功的公关常常是长期作用的结果,要实现公关目的,就需要有一种持久的激情,保持热情和创新,能够面对可能出现的挫折,有百折不挠的坚持和耐力。同时,热情的心理,能使公共关系人员兴趣广泛,对事物的变化敏感,充满想象力和创造力。

（2）自信的心理

自信是对公共关系人员职业心理的最基本要求。古人云:"自知者明,自信者强。"一个人有了自信,才会产生自信力,并进而激发出极大的勇气和毅力,才能超水平发挥。具有自信的心理,才敢于开拓新局面,并能在危机中处变不惊。这样的公共关系人员塑造的企业形象,必然是良好的形象。当然,自信应建立在周密调查、全面了解情况的基础上,并非是盲目的自信。

（3）开放的心理

公共关系工作是一种开放型的工作,从事这种工作的人,需要有开放的心理,宽广的胸襟。开放的心理能很快接受新事物、新知识和新观念;有更多的容人情怀,善于容纳不同性格的人,与各种类型的人建立良好的关系;能冷静地对待和处理工作中所遇到的困难和挫折,而不会计较一时一势的得失。

3）知识和能力

（1）思想政策水平

思想政策水平决定着公关活动的方向和质量。它包括:思想觉悟,即要有明确的政治方向和高度的政治觉悟,善于分析形势,把握社会环境的变化发展的趋势,能从普通的资料和数据中看出趋势,从平静的表象中看出潜伏的危机,帮助组织把握时机,运筹帷幄,作出科学决策;政策水平,即要熟悉掌握党和政府的各项政策、法规、法律,与本组织相关的政策法令,在开展公关活动中用对政策、用好政策、用活政策。

（2）职业道德

在公关界流行一句话:"以人品看产品。"公关人员必须具备实事求是、遵纪守法、诚实可信的职业道德,由此,才能在公关行为中获得良好的信任度、支持度。相反,唯利是图,以欺诈及贿赂手段追求工作业绩积累的行为,只能使所代表的企业在公众心目中信誉扫地。

(3)知识结构

酒店公共关系工作是一项具有艺术性的科学工作,要处理对内、对外错综复杂的关系,必须以广泛的科学知识为基础,酒店公关人员的知识结构包括基本理论知识和基本实务知识两方面。基本理论知识主要指公共关系学、心理学、组织行为学、传播学、市场营销学、广告学、经济学、社会学等方面的知识。基本实务知识主要指一定程度掌握写作、摄影、演讲、编辑、外语等知识,同时对风土人情、风俗习惯、礼貌礼节、外交政策等有所了解,对文学、音乐、绘画等艺术领域有所涉猎。总之,酒店公关人员文化素养越高,社会知识越丰富,在开展公共关系工作时就越得心应手。

(4)能力结构

酒店公关人员所需具备的专业技能是多方面的,多才多艺才能更好地胜任公共关系工作。实践证实,酒店公关人员必须掌握6种能力:组织能力、交际能力、策划能力、应变能力、表达能力、创新能力。

①组织能力。公关工作的本质属性是管理,通过公关工作促进组织目标的实现。酒店公关工作千头万绪、具体繁杂,没有良好的组织能力是很难顺利做好工作的。为此,公关人员应具备激励员工积极性,协调各类公众关系,搜集信息,制订公关计划与方案,组织实施各类公关活动及大型专题活动,进行有效传播沟通等能力。例:广州中国大酒店开业一周年之际,很多在这家酒店住过的宾客都惊喜地收到了酒店公共关系部寄送的一张特制的明信片,上面印的是酒店2 000余名员工的团体照,代表着全体员工的心意,向宾客表示问候。这个团体照构想十分别致,2 000余名员工集合在一个运动场,然后分成28排,排列得整整齐齐,其中一部分员工穿着白色制服,形成一个"中"字。据该酒店公关部经理介绍,拍摄这张照片总共花了两个小时。可见,其组织能力是很强的。

②交际能力。酒店公共关系就是要为组织广结良缘,广交朋友,在组织与公众之间架起沟通的"桥梁",形成"人和"的氛围和环境。为此,它需要公关人员正确认识公众,把握交往的技巧、艺术、原则,了解公众的行为特点,学会与各种类型和特点的公众友好相处。

③策划能力。公关人员是组织的宣传员,要善于周密策划、精心设计组织形象,善于运用各种传播方式、传播媒介展现组织形象,宣传推广组织形象。

④应变能力。公关活动中经常会出现一些突发事件和事先难以预料到的问题,需要公关人员根据实际情况,灵活从容地应对,以有效地解决问题。

⑤表达能力。公关工作是通过传播沟通与公众建立良好的关系,能写会说,能很好地运用语言传达组织的有关信息,与公众有效沟通,是公关人员的一项基本素质要求。它主要有口头语言表达能力、文字语言表达能力、体态语言表达能力。口头语言用于与公众的直接的面对面的交往中;文字语言用于与公众的文章、书信、宣传资料等的沟通中;体态语言用于与公众的直接交往中,它能在一定程度上补充口头语言的不足,并和口头语言相得益彰。

⑥创新能力。公关工作是一项极富挑战性和创造性的工作,公关人员是组织与公众的中介者,但绝不是"传声筒",必须以自己的想象力和创造能力来影响和感染公众。不满现状、不断超越、追求卓越、追求创新是公关人员的应有素质。

2.3.2　酒店公共关系人员职业训练

公共关系在酒店中地位举足轻重,而一名合格的公共关系人员应具备热情开放的心理品质、丰富的知识、多才多艺的本领,要达到这些要求,则必须经过一定的专业教育和训练。

1)酒店公共关系人员的职业训练目标

酒店公共关系人员的培训目标:一是培养通才式公共关系人才,二是培养专才式的公共关系人才。

(1)通才式的公共关系人才

通才式的公共关系人才,可视为领导型人才。这种人才需要具有企业家的头脑、宣传家的技能、外交家的风度。其定位是:懂管理、会策划、善传播。

(2)专才式的公共关系人才

专才式的公共关系人才,可视为具体公共关系工作人才。这样的人要求精通新闻写作、广告设计、市场调查、美工摄影、编辑制作、绘画书法等某一方面的公共关系技术。

2)酒店公共关系人员职业训练途径

(1)学校培训

国外一些著名酒店公共关系部经理与高级公共关系专业人员,一般都是正规大学本科毕业,或大学毕业后再接受一两年的公共关系专业研究生教育。有志于从事公共关系工作的人士在大学里所学的专业不限,以专修社会科学、管理科学及人文科学类专业居多,也有学习理工科的。在美国,从事公共关系的人有的拥有双学士、三学士甚至双硕士学位,他们知识面广,业务能力强,是理想的公共关系人选。

(2)短期培训

由于我国公共关系工作起步较晚,培养专职公共关系人员的学校、专业不多,现在从事公共关系工作的人员大都没有经过专门训练,而是先干后学或边干边学,因此,开办短期公共关系培训班是提高公共关系人员素质的一个比较有效的办法。

(3)业务学习

利用业余时间阅读、钻研公共关系学的理论书籍和普及读物,并依据实践经验来加以理解和验证,这也是提高公共关系人员素质的一条途径。

3)公共关系人员职业训练内容

公共关系人员职业训练内容,可分为公关意识培养、价值观和职业道德培训以及职业知识素质教育课程 3 个部分。

(1)公关意识培养

公关意识作为一种深层次的思想,引导着公共关系的一切行为。没有公共关系意识的人,即使有再好的心理条件,也干不了公共关系工作;没有公共关系意识的公共关系人员,即使他有很好的公共关系专业知识和能力结构,也不可能成为一个合格的公共关系人员。

酒店公关工作的成功,不仅需要依靠专职的公关部门和公关人员的不懈努力,而且有赖于一个组织各个部门和全体人员的整体配合。一个酒店上至最高领导,下至每一个成员,都是有形无形的公关人员。

①领导的公共关系意识。一个酒店的领导,必须对自己组织的声誉和形象承担直接责任,因此,应该具备强烈的公共关系意识,关注酒店企业的公共关系状况,在经营管理中提出公共关系方面的要求,在实际工作中支持和指导公共关系的工作。公共关系业务的特殊性在于,它渗透到日常的行政、业务工作的各个环节,必须从全局和战略的角度加以协调管理。

②全员的公共关系配合。要将公共关系的经常性工作与全体管理人员、职工的日常行政、业务、生产工作结合起来。各职能部门在自己的工作范围内作决

策、订计划时,都应该自觉地配合组织公共关系的目标。公共关系的好坏,也成为对各部门业务工作进行评价考核的一项标准。相应地,应该在有关的规章制度中明确每一部门或岗位对公共关系应负的责任。因此,需要经常在管理人员、职工中进行公共关系的教育,开展公共关系方面的评比和奖励(如酒店中评选"微笑大使""礼貌使者")。

③组织的公共关系氛围。全员公共关系有赖于在组织内部形成一种浓厚的公关风气、公关氛围。应该在酒店企业内部普及公共关系教育,使全体管理人员、职工认识到:一个组织的形象、信誉等无形资产比有形的资金、设备更为珍贵,更为难得,良好的形象能使一个企业组织所拥有的实物资产增值,恶劣的形象会使一个企业组织的有形资产贬值。

(2)价值观和职业道德的培训

根据国外公共关系人员培养的经验,在公共关系人员正式工作以前,必须补上组织的历史和文化这一课,通过对组织背景资料的了解,来逐渐形成公共关系人员的职业价值观。假如公共关系人员形成和掌握了正确的价值观,酒店将受益很大。

酒店公共关系人员在工作中应遵循下列道德规范:公正、正派、对社会负责、真实、保密。

附:中国公共关系职业道德准则(条款)

①公共关系工作者应当坚持社会主义方向,自觉地遵守我国的宪法、法律和社会道德规范。

②公共关系工作者开展公关活动首先要注重社会效益,努力维护公关职业的整体形象。

③公共关系工作者在公共关系活动中,应当力求真实、准确、公正和对公众负责。

④公共关系工作者应当努力提高自己的政治水平、文化修养和公关的专业技能。

⑤公共关系工作者应当将公关理论联系中国的实际,以严肃认真、诚实的态度来从事公共关系学教育。

⑥公共关系工作者应当注意传播信息的真实性和准确性,防止和避免使人误解的信息。

⑦公共关系工作者不能有意损害其他公关工作者的信誉和公关实务,对不道德、不守法的公关组织及个人予以制止并通过有关组织采取相应的措施。

⑧公共关系工作者不得借用公关名义从事任何有损公关信誉的活动。

⑨公共关系工作者应当对公关事业具有高度的责任感,不得利用贿赂或其他不正当手段影响传播媒介人员真实、客观的报道。

⑩公共关系工作者在国内外公共关系实务中应该严守国家和各自组织的有关机密。

(3)职业知识素质教育课程设置

日本公共关系专家池田喜提出学习内容:一般公共关系理论、公共关系的组织与运用、公共关系的手段以及理论与实际、传播的理论与实际、心理学与人事关系、广告传播、形象学(企业与产品个性与象征的形成)、深层心理、SD法(Semantic Differential Test)以及其他调查法。

美国管理协会(AMA)制订的"公共关系新手短训班"的必修课程包括写作、摄影、出版、礼宾、演说、市场调查、财务分析等15种基本技能。

参考国外公共关系专业的学习计划,根据酒店的特点,酒店公共关系人员职业知识素质培训可以考虑以下几方面的课程:

①社会科学类,包括政治学、社会学、心理学、经济学、历史学和统计学方面的内容,旨在掌握基础知识。

②新闻学类,包括新闻学、新闻写作以及如何宣传等应用性内容,还要学习摄影、摄像,编辑报纸、杂志,旨在增加工作手段。

③酒店管理学类,包括旅游经济学、市场营销学、酒店管理、客房总台管理、餐饮管理、旅游接待知识、各国旅游概况等。

④人文科学类,包括文学、戏剧、美术、音乐等基础知识。

⑤外语类,掌握一两门外语,包括写作与口语。

⑥专业课类,包括公共关系学原理、公共关系实务、公共关系案例分析、组织环境学、动作语言学、广告管理学等。

2.4 专题操作训练——语言表达能力训练

【训练目标】
培养学生的口头语言表达能力。
【训练方法】
①课前5分钟即兴主题演讲。
②绕口令练习。

【知识背景】

语言与文字是孪生姊妹,人们一般所指的语言文字,其狭义的理解是口头语言和书面语言。公共关系学中的"语言"概念,是一个超越自然语言界限的广义的"语言"概念,归纳起来大约有自然语言、体态语言和实物语言三类。自然语言,包括口头语、书面语,以及书面语言口头表达的朗诵语言和广播语言等;体态语言,是指传递包含影响组织形象公关信息的肢体动作和眼神表情等;实物语言,即经过装饰、布置、陈列展览的实物(包括样品、试销品等),也可以传递某些特有信息。这些语言的表达技巧多种多样,公关人员要善于掌握。

在公共关系实务活动中,演讲是较为常用的一种口头语言表达方式,也是一种人际传播方式。公关人员除了在某些专题性的活动中进行演讲外,还必须代表酒店,经常在接待会、展览会、欢迎会、联谊会、宴会、座谈会上致词。这些欢送词、开幕词、贺词、祝酒词等,可以传递酒店信息,塑造酒店形象。因此,公关人员必须掌握演讲的技巧。

1)演讲的一般技巧

要使演讲成功,必须注意以下问题:

①一场好的演讲一定要经过充分的准备,充分了解并准确把握听众的特点、兴趣,结合本次公关活动的内容选择能引起听众兴趣的话题。

②认真准备演讲稿,可根据自己的情况,采取写出演讲稿全文、列出演讲提纲、打腹稿三种方式。

③演讲前进行演练,通过演练使演讲内容、重点、要点娴熟于心。

④演讲要围绕设置气氛、制造悬念、激发情感、引导情绪四方面因地、因时进行,灵活机动,不可生搬硬套。

⑤演讲要注意开好头,开头必须引人入胜,如果开头能引人入胜,演讲就成功了一半。因此,高明的演讲者都要精心设计开头。一般采用的方式为设问式、开门见山式、比照式、倒叙式等。

⑥演讲要注意结尾,结尾要留有余地。一个好的结尾不仅能使一场演讲打上圆满的句号,而且能制造又一次高潮的迭起,给人留下深刻的印象。常用的结尾方式有赞颂式、呼吁式、总括式、幽默式、引用式等。

⑦演讲过程中,要注意适当掀起高潮,使演讲阐述的思想内容升华到"顶点",伴随着激越的语言,使情和理喷发而出,产生巨大的感召力和感染力。

⑧演讲者要注意自己的仪态风度,这不仅是个人形象的塑造,更是演讲形象的升华,良好的仪容、举止、表情与风度可为演讲增色。因此,演讲时要注意自己

的"包装",以稳重端正为主旋律,努力塑造整洁大方的外观形象,切不可因为外观形象的"衣着不慎",使演讲"功亏一篑"。

2) 演讲的语言特点

(1) 准确性

演讲成功的前提是准确表达思想感情,因此,必须按照逻辑思维顺序合理地组织材料,并用恰当的语言把思想内容准确地表达出来。

(2) 生动性

语言表达需要大量借助修辞手法,充分调动听众的视觉、味觉、听觉等感觉器官,引发听众的合理想象,使之如临其境、如闻其声、如见其人。例如:"石油工人一声吼,地球也要抖三抖"(夸张手法)、"祸起新闻爆炸,得福爆炸新闻"(反复手法)、"漫山遍野的腊梅,犹如一床巨大的花毯"(比喻手法)。

(3) 通俗化

将深奥的道理用简单明了、浅显通俗的词句表现出来,语言平实无华、道理深入浅出,才能使听众听得明白、理解深刻。在演讲中,通俗化的语言是抓住听众、获得成功的关键。

(4) 情感化

以情动人、以情捕人,是演讲者必须具备的语言素质。演讲者以饱含深情的语言表达思想,感情越真挚、越强烈,就越能激发听众的情绪,产生共鸣。

(5) 精练性

演讲的时间不宜过长,一般 5~15 分钟为宜。时间太短,无法表达演讲的内容;时间太长,听众的注意力很难集中。因此,必须在有限的时间内把握最大语言输出量,以言简意赅的语言蕴含深刻的哲理,发人深省,耐人寻味。

教学实践

以"世界旅游日"为话题,组织一场演讲比赛,以培养学生收集资料能力、口头表达能力和应变能力。

本章自测

1. 简述酒店公共关系主体特征。
2. 公共关系部在酒店中的隶属关系主要有哪些类型?
3. 酒店公共关系部内部机构设置模式主要有哪些?
4. 酒店公关人员应具备的公关基本素质有哪些?
5. 简述演讲的语言特点。

小知识链接

谈判的技巧

谈判的技巧可分进攻型技巧(如引鱼上钩,鸡蛋里面挑骨头,红脸白脸同时唱,找薄弱环节为突破口,先严后松,先苦后甜……);防守型技巧(如软磨和原地踏步,避重就轻,佯装糊涂,小步后退,迂回战术,退一步进两步,另辟蹊径,忍字头上一把刀……)。

微笑

被人们誉为商界巨子、"旅游帝国"国王的希尔顿,当他母亲问他发大财的诀窍时,他的回答仅两个字"微笑"。微笑传达的信息能促使双方沟通,融洽服务员与客人之间的感情,产生心理愉悦,从而形成"共振效应"。因此,微笑是服务中的"常规武器",更是公关工作中的"常规武器"。

色彩的象征意义

红色象征着热烈、奔放、热情、喜气洋洋;白色象征着纯洁、素雅、高尚;黑色象征着稳重、端庄;蓝色象征着生命、活力;绿色象征着恬静、自然;黄色象征着富有、高贵等。五环图案构成的奥运会会徽,就分别用五种色彩,蓝色象征欧洲,黄色象征亚洲,黑色象征非洲,绿色象征大洋洲,红色象征美洲,这五种色彩都是根据各大洲的人种或文化特点而联系起来的。

第3章
酒店公共关系客体

【学习目标】

　　本章介绍了酒店公众的概念、特征和分类,分析酒店公众的心理特点,使学生学会分析酒店企业的公众环境,并具备观察公众行为、分析公众需求的能力。

【知识目标】

①掌握酒店企业公共关系公众的概念、特征和分类。

②了解酒店公众的心理特点。

③掌握酒店企业公众的心理定势和应对技巧。

【能力目标】

①学会分析酒店企业的公众环境。

②具备一定的观察能力。

③能通过观察酒店公众的外显行为,对公众的心理需求进行分析和把握。

【关键概念】

　公众　同质性　相关性　首要公众　独立公众　潜在公众
知觉偏见　态度　心理定势　公众舆论

案例导入:

广州大厦最初定位为商务酒店。由于广州商务酒店竞争激烈,酒店陷入困境,只好寻找新的市场定位。于是他们创立了全国首家以规范化的酒店服务为基础,以鲜明的公务接待为特色的"公务酒店"。这一全新的公务酒店形象拥有独特的优势:占有独特的公务酒店市场;有一套完整的适应政务接待、公务活动的人员、设备和程序;依靠与政府职能部门的密切关系,为客人提供更多的政治、经济等方面的咨询服务;承担着政府对外联络的职能,其"窗口"和"桥梁"作用,商务酒店是无法替代的。

酒店为了塑造"公务酒店"的品牌形象,采取了一系列公关策略:①创造良好的人际传播渠道,确定了以公务客人为主、商务客人为辅的目标公众群,制订出一整套密切联系目标公众的方法,以保证酒店与目标公众的双向沟通;②强化公务公共关系,争取政府支持,拓展公务市场,重点做好政府职能部门的公关工作,使其以主人的姿态扶持酒店,并通过政府公众的特殊影响力,拓展公务市场;③在服务中传播,在传播中营销,以实际行动宣传自身特点,通过口碑宣传自身形象,通过新形象的不断深化,使目标公众对酒店产生识别和认同,从而创造顾客的忠诚度,提高酒店的社会效益和经济效益。

启示:正确认识和理解公众是开展酒店公关活动的前提条件。找准目标公众,就找到了市场,找到了本酒店的发展空间。

3.1 酒店企业的公众

3.1.1 公众的概念和特征

公众是酒店公共关系的客体,正确认识和理解公众是开展酒店公关活动的前提条件。

1) 公众的概念

"公众"是公共关系学中最基本的概念之一。所谓公众(the public),特指公共关系的对象,具体来说,是指与特定的酒店公关主体相互联系及相互作用的个人、群体或组织的总和。

公众作为公共关系学的概念,有其特定的解释:公众是与某一特定的社会组织相联系的、所处的地位相同或相似,具有共同的目的、共同的利益、共同的问题、共同的兴趣、共同的背景、共同的意识或共同的文化心理等"合群意识"的社会群体。可见,酒店的公众是与特定酒店企业相关联的具有"合群意识"的社会群体。

2) 公众的特征

(1) 同质性

公众不是一盘散沙,而是具有某种内在共同性的群体。当某一群人、某一社会阶层、某些社会团体由于某种共同性而发生内在联系时,便成为一类公众。这些公众存在着某些相同的地方,比如共同的需求、共同的利益、共同的问题、共同的目的、共同的兴趣、共同的意向、共同的背景等。这些相同的地方,使一群人或一些团体(组织)具有相同或相似的态度和行为,构成特定酒店企业所面临的特定公众。由于有同质性,公众便是具体的、特定的、可以量化的、可以划分的。同质性的存在,为我们确定公众提供了根据。

(2) 群体性

酒店公关工作是与公众群体打交道的,而不是仅仅与一两个人发生关系。酒店企业在运行中面对复杂多样的社会关系和公众舆论,其生存和发展离不开形形色色的公众,包括各种各样的与酒店相关的社会组织、初级社会群体组合(即由面对面互动所形成的、具有亲密的人际关系的社会群体,如家庭、邻里、同龄群)和其他同质群体。酒店公关工作不能只重视某些公众而忽略其他公众,致使公众环境恶化。在开展公关活动时,应该将酒店面对的公众当做是一个整体网络系统,要用系统的、全面的观点来分析酒店所面对的公众。

(3) 相关性

公众与特定的公关主体具有相关性。酒店公关的目的是要维持和处理酒店与公众的良好关系。公众与酒店既是相关的,又是互动的。公众的意见、观点、态度和行为,对酒店的目标和发展具有现实的或潜在的影响,甚至决定酒店的兴衰成败;同样,酒店的政策和行为也会对相关的特定公众施加实际的或潜在的影响,制约着公众利益的实现、需求的满足、问题的解决等。这种互动的依据在于双方在需求上有所差别,在利益上要求平衡。利益的相关性导致了互动,这种互动是通过酒店与相关公众之间的双向信息沟通来实现的。酒店开展公关活动,首先就必须寻找、分析、确认这种相关性与互动性,从而确认公众,制订酒店的公关工作目标。

（4）多样性

酒店公众是复杂多样的,牵涉人际关系、群体关系、团体关系、组织关系,即便是同一类公众,也可能有不同的存在形式。例如,酒店消费者作为一类公众,其中包括无组织消费者市场中的个体与家庭,也有组织市场中的购买者,以及一些特殊的利益团体(如消费者委员会)。酒店与公众的关系,可能在利益上是一致的、互补的(如酒店企业集团与子公司的关系,股份公司与股东的关系等),也有可能是冲突的(如销售劣质饮食品的酒店与抱怨的顾客之间的关系)。公众的多样性决定了公关活动的复杂性。酒店在处理公众关系时,必须充分考虑公众的多样性,采用多种传播媒介与沟通方式,提高沟通效果。

（5）可变性

公众是一个开放的系统,是不断变化发展的。今天是某个酒店的公众,明天就可能不是了,到后天又可能变成另一个酒店的公众。因为公众的形成取决于共同问题的出现,一旦问题解决了,公关意义上的公众便不复存在。实际上,任何酒店面对的公众都是可变的。有的公众关系在成长,有的公众关系则在消失;有的公众关系越来越强大,有的公众关系则越来越微弱;有的公众关系越来越稳固,有的公众关系则越来越动荡,甚至在性质上都发生了改变——竞争变为合作,冲突变为妥协,友好变为敌对等。公众的范围、公众的组成及公众对酒店的态度都在不断变化。公众的变化会导致酒店企业的变化,酒店的变化也会导致公众的变化。这种可变性与前面讲到的互动性是相联系的。在开展酒店公关活动时,我们要以发展的、变化的观点来对待公众、研究公众,既要考虑公众的确定性,又要考虑公众的可变性。

3.1.2 酒店公众的分类

科学的公众分类可以为公关工作明确对象,可以为制定公关政策、设计公关方案、调查研究、评估酒店形象明确方向,可以为公关活动的运作奠定基础,可以为评价公关工作效果提供依据。下面着重讨论几种酒店常见的公众分类。

1）按关系的重要程度分类

按关系的重要程度,可将公众划分为首要公众和次要公众。

酒店的首要公众是指关系到酒店生死存亡、决定酒店成败的那部分公众。任何组织的主要服务对象,都属于该组织的首要公众,例如工厂的产品用户,影剧院的观众,报社的书刊购买者,宾馆酒店的旅客(尤其是 VIP,即特别贵宾),都是该组织的首要公众。酒店企业内部的员工(包括股份公司的股东)通常也划入酒店首要公众的范畴。

酒店的次要公众是指对酒店的生存和发展有一定影响,但没有决定性影响的那部分公众。首要公众与次要公众的划分是相对的,也是可以改变的。酒店企业资源有限,公关投资(预算)应有节度,要考虑投入、产出问题。首要公众虽然数量小,但对组织影响很大,因此,酒店企业往往要投入较多的时间、人力、财力、物力,去维持和改善与首要公众的关系,以取得较大的效益。而次要公众虽然数量大,但影响力较弱,即使酒店投入巨大的力量,也可能得不到较大的效益。因此,公关工作的主攻对象是首要公众,但同时要兼顾次要公众。

2) 按公众对酒店的态度分类

根据公众对酒店的态度,可将公众划分为顺意公众、逆意公众和独立公众。

顺意公众指那些对酒店的政策、活动、行为、产品或服务持赞成意向、支持态度的公众;逆意公众指那些对酒店的政策、活动、行为、产品或服务持否定意向、反对态度的公众;独立公众指那些对酒店持中间态度、观点与意向不明朗的公众,这类公众介于顺意公众与逆意公众之间,属于公众中的中间派。

任何组织的内部公众、外部公众都可以划分为顺意公众、逆意公众、独立公众3种。事实上,顺意公众和逆意公众常常只占相关公众的少数,而独立公众则占多数。酒店公关工作的策略应该是:努力巩固和发展与顺意公众之间的友好关系;坚持少树敌、多交友、争取大多数的原则,注意做好逆意公众的感化转变工作,使其由敌对走向友善、支持或中立;同时,要加强与独立公众的沟通联系,引导其转化为顺意公众,防止其变成逆意公众。

3) 按公众构成的稳定程度分类

根据公众构成的稳定程度,可将公众划分为临时公众、周期公众和稳定公众。

临时公众指因某一临时因素、偶发事件、专题活动而形成的那些公众。例如上街参加花车巡游的队伍,足球场闹事的球迷,名人发表即兴演说时的听众,偶尔到酒店住宿或吃饭的旅客等。面对临时公众,酒店企业要紧急应对,随机应变。

周期公众指按一定规律和周期出现的公众。例如旺季时入住酒店的观光旅客,举行商品交易会期间到酒店住宿的商贸顾客,高考时的考生,春节前后涌向车站回家探亲的旅客,重阳节去登高祈福的市民等。

稳定公众指具有稳定结构、与酒店企业有着稳定关系的公众。例如酒店的常客,酒店所在社区的人士等。稳定公众与酒店企业的关系十分亲密,是酒店的重要公众,应常常给予额外的优惠和关注,不断加强联系,巩固关系。

4) 按酒店对公众的态度分类

根据酒店对公众的态度,可将公众划分为受欢迎的公众、不受欢迎的公众和被追求的公众。

受欢迎的公众指完全迎合酒店的需要并主动对酒店表示兴趣和交往意向的公众,例如自愿的投资者,酒店的常客,从正面宣传酒店的记者等。因为双方都采取积极交往的态度,酒店与受欢迎公众之间的沟通常常都很顺畅。

不受欢迎的公众指违背或损害酒店的利益,对酒店持不友好态度或提出过分要求,给酒店制造麻烦和阻力,对酒店构成潜在或现实威胁的那些公众。酒店为了维护自身合法权益,往往对这类主动进攻型的公众采取躲避的态度,以减少对酒店的威胁。

被追求的公众指很符合酒店的利益和需要,但对酒店不感兴趣,缺乏交往意愿的、酒店求之不得的那些公众,如社会名流、著名记者等。酒店要想方设法把握传播时机,与他们建立沟通渠道和亲密关系。

5) 按公众发展过程的不同特点分类

根据公众发展阶段,可将公众划分为非公众、潜在公众、知晓公众和行动公众。

非公众指处在酒店公关工作视野内,并在一定时空条件下,与酒店之间不存在任何关联和相互作用的社会群体。这些“非公众”的观点、态度、行为不受酒店的影响,也不对该酒店产生任何作用和后果。这些“非公众”应被排除在公关工作对象之外。在开展公关活动之前,首先要区别非公众,以避免人、财、物和时间资源的浪费。比如,一个特定的酒店,可以将那些根本不购买酒店产品和服务的人们看做是酒店的非公众。

潜在公众是指处在酒店公关工作范围内,并在一定时间内面临由酒店某种行为引起的潜在共同问题,但是又尚未明确意识到问题的存在的一个社会群体,也叫潜伏公众、未来公众、隐蔽公众。潜在公众由于没有意识到公关问题的存在,因此不对酒店产生直接的现实的影响。潜在公众进一步发展便转化为知晓公众。酒店必须重视“问题管理”,预见、发现、关注潜在公众,积极主动地与潜在公众加强沟通联系,灵活应变,防患于未然。

知晓公众是由潜在公众发展而来的,是指处在酒店公关工作范围内,并在一定时间内面临由酒店行为引起的共同问题,且已明确意识到问题的存在的社会群体。知晓公众基本明确某个问题的性质、发展趋势以及对自身利益的影响,并开始注意寻求有关信息,构思相应对策,向酒店提出权益要求,这样,便由潜在的公众发展为现实的公众。这时,酒店应采取积极主动的公关姿态,及时与之沟通,主动传播并控制舆论局势,防止小道消息的扩散,满足公众"被告知"的心理要求,使公众对酒店产生信赖感。

行动公众是由知晓公众发展而来的,是指处在酒店公关工作范围内,并在一定时间内面临由酒店行为引起的共同问题,并且针对问题采取相应行动,以获取或捍卫自身利益的社会群体。行动公众对酒店构成压力(当然也是动力),迫使酒店必须采取相应的实际行动。

当酒店与公众之间关系和谐时,行动公众的存在一般有利于酒店的生存和发展,因为酒店与公众频繁接触,双方能充分地相互了解和信任,友善关系逐渐强化并呈现酒店与公众浑然一体的状态。当酒店与公众之间关系不和谐时,行动公众的存在通常对酒店正常运行构成威胁,双方关系呈现对抗或竞争的状态。

公众可以看做是一个从非公众到行动公众的发展过程。

6)按酒店公众关系的内外对象的差异分类

根据酒店公众关系的内外对象的差异,可划分为内部公众和外部公众。

内部公众是酒店内部员工构成的公众系统,包括酒店内部的管理人员和被管理人员(正式的、合同制的人员或聘任制人员、临时雇用人员),也包括股东、管理顾问。从广义上说,员工的家属也可以归入内部公众。可以这样说:上至酒店的最高行政首脑、董事、经理,下至一般干部、工人,都是酒店的内部公众。股东作为内部公众,是就股份制酒店企业而言的。内部员工因为工作特征和面临的问题不一样,又可以再分为多种内部公众,例如女职工、老职工、中层管理人员、新员工、离退休员工、知识分子、具有中高级专业技术职务任职资格的人员、未婚职工、外省籍临时工等。内部公众是公关工作的首要公众之一。

外部公众是酒店外部那些对酒店的生存与发展有现实或潜在影响力的公众。例如政府机构、社区、新闻媒介、服务对象、合作者、竞争者等。不同的酒店企业有不同的外部公众。相关组织之间又会形成互为外部公众的特殊关系。例如新闻媒介是政府机构的外部公众,而政府又是新闻媒介的外部公众。

划分公众的方法很多,不管对公众怎样分类,酒店在开展公关活动时都应注意:第一,不要随意扩大酒店公众的范围,公众的分类要有针对性和有效性;第二,要辩证地看待公众范围的确定性与公众的不确定性问题,如股份制酒店的股东是该酒店的公众,这是确定的,但随着股票的买卖、转让,股东又会变化,变得不确定;第三,对应该知道事实真相的公众一定要让他们知道,对于不应该知道事实真相的公众最好不让其知道。比如,对于已介入危机事件的公众一定要让其知道危机事件的真相、趋向与对策,而对未介入危机事件的公众就不必让其知道该事件的前因后果,以免增加负面效应。

3.2 酒店公众心理分析及应对技巧

3.2.1 酒店公众心理分析

了解、认识公众心理,是帮助酒店与公众进行心理沟通,有效调节公众行为,实现酒店企业目标的基础。

1)酒店公众一般心理过程分析

心理过程,即人的心理活动的过程。心理学家把人的心理现象划分为认知过程、情感过程和意志过程3个方面。

认知过程包括感觉、知觉、记忆和思维。感觉、知觉是认知过程的起点,但如果酒店形象给公众造成一种良好的感觉,这将是开展公关活动的最好基础;记忆是比较复杂的认知过程,如何引导公众对酒店形象由瞬间记忆到短期记忆,再到长期记忆,并留下深刻印象,这是公关活动的重要内容之一;思维属于认知的高级阶段,在思维活动中,客观事物的一般属性和内在联系,在人脑中产生概括的、间接的反映,进而产生想象。

情感过程是人们在认识客观事物时表现出来的一定态度或体验,如满意、喜欢、厌恶、愤怒等。情感过程有两种表现形式——情绪与情感:情感是人较高级、复杂的心理体验,具有较强的稳定性和深刻性;情绪是人直接的生理体验,具有较强的外显性、情景性,如热烈、冷淡、激动、沉闷等。公关人员是酒店与公众之间的纽带,要善于察言观色,了解公众的情绪动态,时刻使自己言谈举止符合酒店企业和活动情景的要求,努力促使公众对酒店产生心理认同。

意志过程是调节人的行为的重要杠杆。它是人们在与周围事物相互作用时,为达到目的而积极想办法、找对策、采取措施、克服困难的心理过程。

掌握公众一般心理过程的规律,是公关人员所应具备的素质,因为这是使酒店公关活动在公众中产生良好效果的基础。

2) 酒店公众个性心理特征分析

个性心理是个体倾向性、本质性和相对稳定性的心理特征的总和。研究酒店公众的个性心理，一般包括对酒店公众的气质、性格和能力的分析。

（1）气质

气质是一个人典型的、稳定的心理特点，它主要表现为心理活动的动力特征。气质作为个体稳定的心理动力特征，一经形成便会长期保持下去，并对人的心理和行为产生持久影响，使个体的心理活动染上个人独特的色彩。气质随着生活环境的变化、职业的熏陶、所属群体的影响以及年龄的增长也会有所改变，但这一变化是相当缓慢的、渐进的过程。

希波克拉底的四分法分类学把人的气质分成多血质、黏液质、胆汁质、抑郁质，这一理论被视为经典的气质类型理论。但在现实生活中，气质的类型是很复杂的，只有少数人是某种气质的典型代表，而大多数公众的气质是介于四种类型之间的中间型或混合型。

气质的差异和影响存在于酒店公众的各种活动中。比如，每个客人都会以特有的气质风格出现于他所从事的消费活动之中，而不依赖于消费的内容、动机和目的。购买同一商品或服务，不同气质类型的客人会采取完全不同的消费方式。此外，作为一种心理动力特征，气质还可以影响个体活动的效率和效果。不同气质的公众由于采取不同的行为表现方式，如态度热情主动或消极冷漠，行动敏捷或迟缓，往往会产生不同的活动效率和效果。这一特性，正是我们在公众心理研究中关注气质研究的意义所在。酒店公关人员为了取得良好的公关效果，在公关实践中要学会认识公关对象的气质特点，因人而异，采取不同的工作策略；同时也要掌握和控制自己的气质，力求达到最佳的公关状态。

（2）性格

性格是一个人在对现实的稳定的态度和习惯化了的行为方式中表现出来的人格特征。性格是在社会生活实践中逐渐形成的，一经形成便比较稳定，会在不同的时间和情况下表现出来。性格的稳定性并不是说它是一成不变的，性格也是可塑的。一个人生活环境的重大变化，会带来他性格特征的显著变化。

性格不同于气质，它受社会历史文化的影响，有明显的社会道德评价的意义，直接反映一个人的道德风貌。所以说，气质更多地体现人格的生物属性，性格则更多地体现人格的社会属性。个体之间人格差异的核心是性格的差异。在

酒店公关工作中,我们可以大体将公众的性格类型作以下分类:

①按占优势的心理机能,可分为理智型、情绪型、意志型、中间型。理智型性格的公众,其行为受其理智支配,往往经过周密思考,反复权衡各种利弊因素之后才作决定;情绪型性格的公众,其行为往往是在喜欢、赞赏、愤怒等各种感情支配下进行的,感情形成的时间可能较长,也可以较短,可能受当时现场的气氛影响,也可能受过去经验的影响,总之,感情左右着他们的行为;意志型性格的公众,其行为受其意志支配,做事情目的明确,积极主动,决策时迅速果断,并且能克服各种干扰和困难,完成各种活动;中间型性格的公众是三种类型的过渡类型,如理智—意志型等。

②按心理活动的倾向性,可分为外倾型、内倾型、内外平衡型。外倾型公众的性格特点是心理活动倾向于外部,热情较高,喜欢提问题、征询意见,不掩饰自己的喜怒哀乐,喜欢与人交往,能较快适应各种环境,比较容易和他人交流信息,这种类型的公众虽然决策果断,但比较轻率,缺乏自我分析;内倾型公众的性格特点是稳重、谨慎,喜欢自己观察体验,自己分析判断,不轻易提出问题、发表意见,也不轻易相信他人的意见,这种类型的公众不善于与人交往,不善于沟通信息,但往往有自己的独立见解和主张;内外平衡型的公众介于内倾型与外倾型之间,属于这种类型的人,由内部过渡到外部与由外部过渡到内部比较容易而且平衡。

③按个体活动独立性的程度,可分为顺从型、独立型。顺从型公众缺乏独立主见,易受暗示,作出决策时经常犹豫不决,需他人帮助才能促进决策,决策过程时断时续,持续时间较长,而且碰到突然情况时应变能力差;独立型公众善于独立思考,并且有个人信念,判断的坚定性和行动的独立性较强,他们在活动中往往处于主动地位,积极提出问题、思考问题,自信心较强,谨慎从事,不盲从,但难免带有一定的主观片面性。

公众在酒店公关活动中所表现的性格特征是受多方面因素影响的,其性格类型和表现也不一定典型,大多数人的性格属于中间型或混合型。因此,在观察、判断、分析公众性格特征时,必须充分考虑性格的稳定性、整体性的特点,而不能凭一时的态度和偶然的行为来判断。我们研究公众的性格类型,是为更好地了解和掌握公众性格表现的某些特点,把握公众的各种心理和行为产生、发展、变化的一般规律,从而提高酒店公关工作的水平。

(3)能力

能力是人们顺利完成某种社会实践活动所必需的本领,可分为一般能力和特殊能力。一般能力是人在各种社会活动中必须具备并表现出来的基本能力,如观察力、记忆力、想象力、判断力等；特殊能力是从事某项专门活动必须具备并表现出来的特长能力，如歌唱、舞蹈、绘画、书法等。影响能力发展的因素包括所受教育和社会实践程度，以及素质、知识、技能等，也与个体的兴趣密切相关，这就形成了能力的个别差异。能力的形成源于社会活动，并直接影响活动的效率，进行公关活动时，既要考虑到公关主体的实际能力，也要考虑到公关对象的反馈能力，只有这样才能提高公关活动的质量。

公共关系心理注重的是个性与行为的联系，酒店公关人员在公关活动中，可以通过对公众对象个性的了解，认识其现实的行为，并预测其未来的行为指向，从而调整工作步骤，使酒店公关活动取得最佳效果。

3）酒店公众需求与动机分析

酒店公关工作的目的是调动公众的积极性，以取得公众与酒店之间的相互理解、支持与合作。了解公众的需求就是为了掌握公众的心理和行为规律，从而达到调动其积极性的目的。

需求是人们对某种目标的渴求与欲望，是一种心理的不平衡状态。动机是在需求的基础上产生的一种动意。动机与行为紧密相连，但却不是行为，动机只是行为的一种起始状态。需求、动机与行为之间是一种推进式的关系，即：需求→动机→行为→目标。

（1）酒店公众需求分析

需求是形成动机的基础，动机是行为的本源，因此，要调动人的积极性，就要分析人的需求。美国心理学家马斯洛提出的"需求层次论"，较为深刻地分析了人类需求的内在结构与发展层次，为我们在酒店公关工作中探索公众心理提供了宝贵的启示。"需求层次论"指出，人的需求从低到高分为5个层次：①生理需求，是人类赖以生存的本能的需求，如饥则觅食、渴则思饮，遮体需要衣，睡觉需要床，这是人类生存的基本需求。②安全需求，人类希望得到保护，在丧失劳动能力时，生、老、病、死有所保障；财产不受侵犯，没有失业的威胁等。③爱与归属的需求，也叫社会需求，人类有从属于某一组织或团体的需求，有渴望良好人际关系的需求，有亲情、友情与爱情的需求。④受尊重需求，人有被尊重的需求，希望得到承认、赏识，希望有一定的声誉与社会地位。⑤自我实现需求，希望自己的潜在能力能充分发挥，实现自己的抱负与理想，实现自己的社会价值。

"需求层次论"认为，人只有在低级需求得到满足后，才会产生高一级的需求，对需求的满足的追求，是需求继续发展的原动力；高层次的需求虽不与生存直接相关，但其愿望却更强烈。高层次需求的满足，将使人产生极大的心理上的幸福感和精神上的愉悦感。人们可能在一定时期内同时存在几种需求,但其中只有一种是优势需求。

上述对公众需求的分析对开展酒店公关工作是十分有益的。认真做好内外公众的需求分析,在一定时期内把握好公众的优势需求,并为满足其优势需求创造有利条件,这是酒店增强凝聚力与向心力,同时做好外部公关工作的重要的思想方法与运作手段。

(2)酒店公众动机分析

动机是推动人的行为活动的原动力,它产生于需求,但并不是所有的需求都能成为动机。需求只有在看得见目标,并且有实现目标的可能性时才可能形成动机。动机的强度,对人的行为程度的深浅起决定作用。按照动机强度一般可分为优势动机和辅助动机:优势动机支配人的行为;辅助动机对行为有影响但不起支配作用。动机强度随需求强度的变化而变化,而需求强度的变化又可随着时间和条件的变化而变化。

比较需要与动机可以看出,动机是在需要的基础上产生的,是人的活动的基本动力的源泉,而动机是推动这种活动的直接力量。那么酒店公众的需要和动机与酒店公共关系是如何相互影响的呢? 心理学家认为,人的心理和行为取决于内在的需要和周围环境的相互作用,或者说人的行为是个人与环境相互作用的结果。人们总是在需要的激励之下形成动机、作出决定和行动,从而使需要得到满足并产生新的需要。而在这个过程中,个体本身的心理特质是产生何种需要和需要的程度的内在因素,外界环境将以此作为标尺或参照体系,诱发需要的产生——这里的外界环境就是酒店公共关系介入的舞台。酒店企业通过公关活动影响或改变公众的外界环境,从而与公众心理产生互动。因此,酒店企业必须了解公众的需要和动机,才能为其公关活动提供依据。

4) 酒店公众知觉分析

知觉是人脑对直接作用于它的客观事物的整体反映。知觉状态直接引发人的行为。人们处于不同的立场,往往对同一事件产生不同的知觉,从而导致不同的行为。为了使公关活动达到预期目的,我们应重视研究公众知觉,掌握公众知觉的动态,根据公众的知觉状态来设计酒店公关的活动内容和方式,对公众的知觉过程施加影响。

知觉会左右人们对客观世界的看法,出现变形和歪曲现象,因此有必要对这些特点加深认识和了解。

（1）知觉的选择性

面对客观世界的众多事物，人们总是有选择地以少数事物作为知觉对象，形成清晰的知觉，对其他事物却听而不闻、视而不见。

当今社会正处于信息爆炸的时代，人们不可能对社会环境中的所有事物都形成清晰的知觉，出于自我防御的需要，人们只会对其中的一部分事物有所关注。因此，酒店公共关系信息的传递应精心策划、设计，使本酒店的公关信息能从大量信息中脱颖而出，成为人们知觉选择的对象，并留下深刻而美好的印象。

（2）知觉偏见

知觉偏见，是人们在知觉事物时所形成的片面看法，也称知觉成见。如对长得尖嘴猴腮的人印象不好，认为其必定阴险狡猾；对长相英俊、高大魁梧的人则认为其相貌堂堂，今后必成大器。常见的知觉偏见有以下几种：

①第一印象。也称首因效应，是与社会知觉对象第一次接触后形成的印象。初次见面时对方的仪表、风度给人的最初印象，往往形成日后交往时的依据。一般人通常根据最初印象来将交往对象加以归类，然后再依据这一类别系统对这个人加以推论、作出判断。第一印象是人际交往中值得重视的现象。第一印象好，往往影响人们对事物的整体评判，并对其今后的发展形成一种长期的、牢固的看法；第一印象不好，则需要付出十倍的努力，才可能消除人们原先固有的看法。

②刻板印象。刻板印象是人们对以往知觉过的事物的一种僵化概念。人们往往自觉不自觉地凭借以往的知识、经验来评价人和事物。如认为姜是老的辣；年轻的医生肯定不如老医生；老太太根据旧社会对交际花的理解来评价公关小姐等。这种刻板印象一旦在头脑中定了型，就很难改变，并会使人在新的认知过程中出现偏差，妨碍对人、对事的正确判断。

③需要歪曲。人们由于个人需要或主观兴趣，往往对客观事物产生不同的知觉，倾向于对客观存在的现象作出更符合自身需要的解释。如腹中饥饿的人，很容易把天上飘浮的云彩想象成面包、蛋糕和烧鸡；需要休息的人，则把知觉的重点放在赖以休息的家具上，如床、躺椅等。在公关信息传播过程中，一些公众为了满足自己的需要，经常有意或无意地对信息内容添油加醋，甚至更改和歪曲，以符合自己的期望，造成小道消息的传播。

④知觉组织结构。知觉组织结构是指事物之间的相互关系，以及它们同背景的关系所造成的错误知觉现象。如愉快地交往，使人感觉时间过得很快；相对无语时，人们就会觉得"度日如年"；盼望某个重要的日子，人们便不珍惜眼前这

分分秒秒可贵的时间;而处于暮年的老人则感觉人生短暂,光阴似箭等。

上述几种知觉现象都是人们常见的心理状态,有时,它们有积极的定向作用、稳定作用,有时,它们却有消极的误导和妨碍作用。在酒店公关工作中,必须分析、研究影响公众知觉的原因,分析其主、客观因素,设法根据知觉的特征来策划公关活动,提高酒店公关活动的针对性和效能性。

5)酒店公众态度分析

了解酒店公众对酒店的态度,通过公关活动影响和改变公众的态度,使公众理解、认同酒店所倡导的立场,这是酒店公关活动的重要内容。了解公众的态度与特征、态度形成的机制,掌握影响和改变公众态度的方法和技巧,是酒店公关人员应具备的基本素质之一。

(1)态度的概念和构成

心理学家罗森伯格认为,态度由3个要素构成:

①认知,指个体对态度对象所具有的知觉、理解、信念和评价。态度的认知成分常常是带有评价意味的陈述,即不只是个体对态度对象的认识和理解,同时也表示个体的评判、赞成或反对。如"吸烟有害健康,人不应该吸烟"。

②情感,指个体对态度对象所持有的一种情绪体验,如尊敬和鄙视、喜欢和厌恶、同情和嘲讽等。

③行为倾向(也称意向),指个体对态度对象所持有的一种内在反应倾向,是发生行为之前所保持的一种直接准备状态,是由认知因素、情感因素所决定的对于态度对象意欲表现出来的行为,即当个体对态度对象必须有所表示时,他将怎样做。

在态度的三因素中,认知因素是基础,情感是至关重要的,是决定行为取向的主要因素。通常人们所说的"情人眼里出西施",其实就是情感调节认知的例证。

(2)态度的功能

态度一旦形成,就会对主体的认知和行为发生不同程度的影响。其功能主要有认知、适应、表达评价以及自卫等4个方面。

①认知功能——态度影响主体对外界刺激的判断和选择。例如,人们从广告中了解到某商品的各种优点,产生对该商品的好感,当人们带着这种态度到市场上去选购商品,便倾向于对这种商品尤其青睐,而对其他商品视而不见。因此,态度类似于认知结构中的一个筛选器,它对外界的各种刺激予以筛选处理,

从而影响个体知觉的选择与判断。

②适应功能——态度预定个体对事物的反应模式。态度的适应功能表现为促使主体指向于为达到目的服务的客体,表现出态度的奖励性,或者通俗地说,人们往往采取社会接受的态度,以便从他人那里获得良好反应。

③表达评价功能——态度影响人的价值表现。态度的表达评价功能表现为通过自我调节,使主体摆脱内部紧张,表现出自己的个性。人们有自我表现的心理需要,人的态度往往表达了自己的价值观,反映了一定的价值标准和人生情趣。例如,人们在就业或升学志愿选择上,购买商品时所采取的态度上等方面,都可以充分地反映出主体的价值观。

④自卫功能——态度促使主体自我防卫。自我防卫是在面临外界威胁的情况下,由于心理紧张不安和冲突而引起的,是力图抵抗威胁、保护自己的心理状态。比如,对于外界的批评和攻击采取反抗的态度,看到自己所不喜欢的广告采取怀疑和抵制的态度等,都是态度自我防卫功能的表现。

(3)态度的形成与改变

态度的形成和发展是一个由量变到质变的心理过程。态度变化一般经历3个阶段——服从阶段、同化阶段和内化阶段。人们为了达到某种物质或精神的满足或为了避免惩罚而表现出来的行为叫做服从,服从行为并非出于个体的内心意愿,并且是暂时性的;同化是指人们自愿接受他人的观点、信念,使自己的态度与他人要求相一致,此阶段能否顺利,取决于他人或团体的吸引力;内化则意味着把他人的观点、态度完全纳入自己的价值体系中,成为自己人格的一个组成部分。态度改变进入内化阶段以后,个体就完全从内心相信并接受了他人的观点,彻底改变了自己的态度。一个人的态度只有到了这一阶段,才是稳固的。

当然,并不是所有的人对所有事物的态度都能全部完成这个过程。有人对一些事物的态度可能完成了整个过程,但对另一些事物可能只停留在服从或同化阶段。有人即使到了同化阶段,还要经过多次反复才有可能进入内化阶段,也可能一直停止在同化阶段徘徊不前。

在态度变化的不同阶段,态度都是有可能发生改变的,酒店公关活动的目的归根到底是为了对公众的心理施加影响,巩固、改变或发展公众的某些态度和行为。了解公众的态度倾向,诱导公众态度,是酒店公关工作的重要内容。

6)其他个体倾向与公众行为

(1)兴趣与爱好

兴趣以需要为基础,可分为直接兴趣和间接兴趣。一般来讲,直接需要引发直接兴趣;间接兴趣是个体对某事物本身并无兴趣,但在实践中,间接需要引发了兴趣。比如,想出国留学就必须学好外语,为了达到出国深造的目的,人们就会表现出对外语的兴趣。兴趣与认识、情感相联系,人们只有对事物有深刻认识,才会对该事物产生浓厚的兴趣;认识越深刻,情感越强烈,兴趣才会越深厚。兴趣与爱好既有联系又有区别,兴趣反映人们认识中的某种倾向,爱好则是人们在活动(行为)中的倾向。两者有时一致,有时并不一致,如有人对音乐有兴趣,但并不一定亲自去实践。

兴趣、爱好都可能会对动机和行为产生重大影响。人们只有对某项活动或技术产生浓厚兴趣或迫切需要时,才可能产生与此相关的种种行为。因此,激发公众的兴趣,引起公众情感的转变,是酒店公关工作应予关注的重要问题。

(2)价值取向

价值取向表现为人的人生态度和思想观念,它对人的行为和动机具有重要的影响。所谓价值观是人们对是非、好坏、善恶的评价体系和系列看法。比如对幸福的理解、对荣辱的认识、对金钱的评价、对平等的解释等,在每个人的心目中都有固定的认识体系,有好与坏、轻与重、主与次之分,这就是个人的价值观。这种价值观反映在行为的取舍上,就形成了个人的价值取向。

(3)抱负水平

抱负水平是个人对自己预期达到的目标所规定的标准。规定的目标越高,抱负水平就越高;目标越低,抱负水平就越低。一个人的价值观决定其行为方向,而抱负水平则决定其行为所要达到的程度。

抱负水平与人的实际活动紧密交织,如何提高公众的抱负水平,是公关心理研究的一项重要内容和任务。

3.2.2　酒店公众心理定势及应对技巧

公众心理定势是一种大众心理现象,是人们主观心理特征的表现,具有较强的主观性。但公众心理定势并非主观随意性的产物,它具有客观存在的必然性和一定的客观表现形态。这种神秘的心理状态,对人的行为所产生的影响是巨大的。因此,把握公众的心理定势及其基本规律、基本特征,是酒店企业与相关公众建立良好关系的前提。

1)公众心理定势的成因和基本形态

心理学将"心理定势"解释为:由心理操作形成的模式所引起的心理活动的

准备状态,即人们受过去经验的影响,在解决问题时的一种倾向性。心理定势在人们的认知和情绪活动中起着决定性的作用。它影响人们的信息接收、态度形成和行为变化,使人们不自觉地沿着一定方向或模式去感知事物、思考问题和解决问题。因此,心理定势既是人们心理活动的定向标,又是一种心理活动的催动力。那么,心理定势是如何产生的? 它有无规律性可循呢?

(1)公众心理定势的成因

①团体成员之间观点、情绪和意向的相互影响。人生活在群体之中,团体中的情感因素左右着个人的情感倾向,甚至迷乱理智;团体中的观点和意向潜移默化地影响着人们,使之在观念和行为上自发地趋于一致。如在教师团体中,对学生的爱、对教育事业的投入,以及为人师表、以身作则的行为影响着每一个加入教师队伍的年轻人,久而久之,年轻人因受团体观念的影响与作用,自然抛弃那些不符合教师团体的思想、行为与观念,从而成为教师这个崇高职业的捍卫者。

②团体间"团体参照"的制约与影响。所谓"团体参照",是指人们在社会组织或团体中,按照共同的奋斗目标、行为准则、伦理观念、理想和信念来知觉客观世界并自我约束的思想准则和行为规范。如知识分子团体与农民团体对事物有不同的看法和行为规范。处于某一团体中的个人往往依照"团体参照"来支配自己的行为。当然,非个人所在团体的"团体参照"也可以对个人产生影响,如"经商"热潮对知识分子和农民、工人都产生影响,使之以商业团体的"团体参照"作为自己思想和行为的参照,从而形成一种特殊的心理定势。

③不同类型公众心理定势的差异性。人们的心理定势存在于社会的各种关系中,它不可能脱离具体的公众类型而独立存在。心理定势的具体特性依赖于各种不同的公众类型而存在。如工人公众心理定势、农民公众心理定势、商人公众心理定势、男性公众心理定势、女性公众心理定势,乃至国民心理定势等。由于公众有不同的类型,公众之间的心理状态就必然存在着某种差异性。

(2)公众心理定势的基本形态

公众心理定势不仅是一种个体心理现象,也是一种群体心理现象。根据其性质,我们把公众心理定势分为以下几类:

①个体心理定势,指人在认识特定客体之前,先入为主地将认知对象的某些特征固着于自己的意识中,使个体心理不自主地处于一种有准备的心理状态。个体心理定势是记忆、经验、情感和意志等心理特征的表现方式,它能动地影响人的认知过程,既有意识性,又有无意识性。

②群体心理定势,是一定范围的人群在共同生活的基础上所形成的一种人

数众多、积淀深厚、作用广泛的心理定势,具有广泛的社会性。

③流行心理定势,是个体或群体在一定的时间范围内,受社会影响或相互作用而产生的一种短时间的心理定势。这种心理定势虽然时间短,但作用巨大,能迅速蔓延,在一定时期内形成强烈的震撼与轰动,产生"轰动效应"。

对公众心理定势原因的分析,有助于我们清醒地认识公众心理定势的客观性和不可避免性;对公众心理定势特征的分析,可以帮助我们把握公众心理定势的规律性,进而提高开展酒店公关活动的效率和效益;对公众心理定势基本形态的分析,有利于我们针对不同的心理定势,采取不同的对策。总之,了解和认识公众心理定势,是我们制订积极有效公关策略的依据,是有效开展酒店公关活动的基础。

2)公众心理定势对公众行为的影响

公众心理定势客观上起着左右人们朝着既定目标去感知事物、思考事物、理解事物、解决问题的作用。

①它以先入为主的观念影响人,即用一种习惯的模式、一种自以为符合逻辑的方式去思考问题。如认为文静、端庄的女孩一定是个好姑娘,那些活泼、浪漫的女孩就可能不是好女孩。这样知觉事物,势必不自觉地歪曲了客观事物的本来面目,产生认知偏差。

②它通过人的知觉习惯起作用,每当遇到具体事物,人们往往根据以往的记忆、感觉来判断眼前的事实。如认为凡是商人都有铜臭味,都缺乏同情心和社会责任感,因此,在商家进行大型促销活动时,便不自觉地用"只有错买的、没有错卖的"心理去抵制各种商业信息。用以往的固有观点、态度来判断现实的事物,难免产生以偏概全的认知偏差。

③它通过情绪和心境来制约人的心理和行为。这种情感体验反映到处理人际关系上,便使人带有一种主观情绪。如认同的人或事,不管好、坏、优、劣,一律凭情感投赞成票;而对那些本来正确的东西,却因为不喜欢或不感兴趣而一概冷淡地加以排斥。

公众心理定势具有两重性:一方面,它是人们认识问题、解决问题以及行为活动的动力,对人们的行为结果起着积极的推动作用;另一方面,它先入为主、以知觉和情绪来判断事物,也可能阻碍公众正确地认识问题,产生消极影响。酒店公关人员应了解并掌握公众心理定势,认识到它是一种固定化了的公众心理状态,在公关活动中,只有顺应公众心理定势的指向性并因势利导,才能诱发和促成有利于酒店企业的公众心理定势的形成,使公关活动顺利开展,更好地为实现酒店企业的目标服务。

3）常见公众心理定势及应对技巧

（1）情感效应

情感效应，是指人们在现实生活中对某人或某事的情绪状态，是影响人们对客观对象进行评价的一种心理倾向。

人之所以具有情感倾向，是因为人毕竟有七情六欲，在从事一切活动时，都带有一定的情感因素。人的爱、恨、喜、怒等情绪必定会影响人们的心理活动状态，从而使其在评价客观对象时带有一定的感情色彩。例如，人们对喜爱的东西会"爱屋及乌"；对不喜欢的人或物，则憎恶甚至否定他们的优点；对不熟悉的事物则采取冷漠的态度。可以说，情感倾向影响着人们生活的方方面面。"情感效应"有扩展性，在人际交往中，由于对交往对象的好感，也会对其周围的人表现出善意；同时，"情感效应"还具有交互感染性，人们的各种情绪会影响和感染身边的人，进而产生群体效应。如某女士对某种化妆品的偏爱情绪，会影响她的女友们也纷纷购买。

酒店企业开展公关活动，要善于运用"情感效应"这一心理活动规律，积极、充分地调动公众良好的情感体验，与公众保持和谐的心理气氛和融洽的情感沟通。

（2）经验效应

经验效应是指人们在认知客观现象时，凭借自己的经验对认知对象进行认识、判断和归类的心理定势。经验效应之所以在日常生活中广泛存在，是因为人的认识具有连续性。人们总是在已有的认知结构基础上，对周围事物进行理解和思维。以往的认知结构，如思维方式和对内容的理解程度等，不可避免地被带入新的认识过程中，从而产生经验效应。

经验效应既是财富，也是障碍。在某些情况下，经验可以帮助人对认知对象作概括性的了解，能使人较准确地推理和归类，迅速作出反应和判断。但在日新月异的现代社会，用老观点、旧经验去对待人和事，就可能使人的认识陷入僵化和停滞，有时还会闹出笑话。

酒店企业在公关宣传中要注意公众经验效应的影响，了解公众已有的认识水平和认知习惯，提高公关传播效果。

（3）时尚与流行

①时尚与流行的概念。时尚是一定时期内在社会上或某个群体中产生的某

种非常规的流行现象;流行是时尚得以普及、扩布、发展的必要手段。时尚则是流行的必然结果。

时尚可以表现在公众的整个生活方式上。它既可以发生在一些日常生活的琐碎小事上(如衣着、发式),也可以发生在社会互动和交往的内容与方式上(如语言和娱乐形式),还可以发生在价值观和人生追求上(如婚恋对象和职业的选择)。时尚表现出的是对某种行为模式的遵从和追求,涉及的范围极广,从现代社会生活来看,就有流行语、流行歌曲、流行色、流行服装等,数不胜数。体现时尚的某种行为模式是为相当一部分人共同追求的,起码为某一类人中的大多数所追求。而且,时尚有着明显的时间或时代特征,如果一种社会风尚经久而不衰,就会被人们吸收和同化,从而成为一个社会或民族的习惯与传统。如中山装这种现在被视为"传统"的服装,在民国初年就是一种时尚。

②时尚、流行与公共关系。时尚的传播是一种自上而下、越来越大的"瀑布式"传播,即从社会上层的始作俑者开始,按层次向下,逐渐流行于社会下层的一般公众。传统社会的时尚流行方式大抵如此,由于社会交往基本凭借的是人际沟通,因此社会上的某一时尚只能逐渐地流行开来。它必须经历从社会上层到中层再到下层的纵向传播和同一阶层中的横向传播两个过程。

随着社会的发展,社会生活的多元化,交通的便捷,尤其是大众传播媒介的无所不在,时尚的传播形式也发生了变化。除了那些和社会地位、经济收入、教育水准有密切联系的时尚仍以传统的"瀑布式"方式传播以外,一般的时尚都开始以一种"漫水式"方式,从时尚的传播中心在一般社会大众之中横向传播开来。

当今社会,借助时尚元素,将品牌以及企业理念进行广泛传播,已成为一种必不可少的公关宣传方式。无论是产品外观、功能设计,或是代言人的形象,"时尚"已经在某种程度上成为一种趋势或追求。

作为一种社会心理现象,时尚、流行对公众行为的影响及其产生的后果相当大,因此在酒店公关工作中应认真加以对待。实践表明,根据时尚、流行的特点及形成的原因,因势利导、有的放矢地开展公关活动,就能更好地顺应公众的心理需要,从而实现酒店本身发展的目的。为此,酒店公关人员应做到:

第一,根据时尚、流行迅速性的特点,酒店有意识地对本企业的形象进行集中性的公关宣传,使酒店的形象能在较短时间内"风靡"起来,尽快在社会公众中创造酒店的良好声誉。

第二,根据时尚、流行时代性的特点,酒店企业根据不同的时间,不同的政治、经济、文化发展水平,适时地通过公关手段"制造"流行,并促使公众感到"这是大家所追求的"而加以模仿,这样获得的公关效果往往十分理想。

第三,根据时尚、流行"瀑布式""漫水式"传播的特点,社会组织在一定时期内,应设计出符合人们潜在需要的时尚、流行的产品和服务,并首先在政治、经济、文化较为发达的地区,或者在较有地位、较有影响的社会公众中进行"试点",往往会使一般社会公众群起而仿效。这就是通常所说的引导消费。

(4)公众舆论

社会组织要想获得生存和发展,必须赢得公众的支持。要想赢得公众的支持,首先要使自己的政策、措施符合公众的意愿。能够做到这一点的唯一方法,就是运用各种科学手段,从公众意愿的表达形式"公众舆论"入手,了解公众的意愿。

①舆论的概念和分类。

舆论又称公众意见,是社会中某一阶层的众人对共同关注的事物公开表达的、带有情绪色彩的一致性意见或评论。舆论由问题形成,或由社会上公众所普遍关注的一些事件所引起。舆论与流言不同,流言以传播信息为主,而舆论不仅传播信息,更主要的还表达了大众对某一事件的态度。

依据形成的方式,舆论可划分为自发形成的舆论和自觉形成的舆论。前者指非官方的由公众自然而然形成的舆论,这种舆论多以口头形式表达,又叫潜在性舆论。它的产生大多表现为自下而上的方式,即首先由群众或群众团体发出,经过逐渐传播,可能会影响到官方组织的决策,而成为一种有价值的群众意见;后者又叫显在性舆论,是指由官方有目的的、有组织和有计划地通过正式的宣传媒介形成的舆论。自觉形成的舆论由于动用了正式宣传媒介,舆论的内容和传播方式经过了精心安排和计划,故其传播速度快,影响范围广,效果较好。

②舆论的功能。

舆论对于社会生活及经济活动具有广泛而复杂的影响。对舆论功能的研究以及对舆论特点的了解,对于我们从事公关活动具有很大的帮助。公众舆论主要有下述功能:

第一,导向作用。社会舆论可以通过宣传对公众的行为起导向作用,即舆论的导向可以指导、影响人们如何行动,对人的日常行为规范和日常生活有指导作用。如通过一些名人或权威人士的舆论宣传,可以使人们获得对某产品的信赖感,使人们在消费行为中有一种目的性。

第二,整合功能。舆论往往能通过某些舆论焦点,把社会中特定的人群聚在一起,满足个体交流信息、表达思想和感情的需要,丰富精神生活,强化人们对特定社会组织的归属感和认同感。

第三,教化功能。社会舆论往往暗示着特定社会的价值规范和行为准则,个体在舆论中能够获得某种态度,接受某种教育,使教育进一步社会化。因为公众既是舆论的主体,又是舆论的客体,舆论潜移默化地影响公众的观念和行为准则,具有社会教化功能。

第四,控制功能。社会舆论往往代表着社会中的大多数人或权力机构对某一事件的立场和态度。它通过从众的压力,迫使持不同意见的人在行为上与多数人或权威人士保持一致。此外,社会道德规范要发挥作用,必须借助舆论的力量才能实现,违反道德规范的人,会受到强大的舆论压力。因而,舆论可使道德规范得到维持和执行。

著名美国政治家林肯说过:"得到民意的支持,任何事情都不会失败;得不到它的支持,任何事情都不能成功。"舆论代表着大众的呼声,反映出大多数人的需要、态度和意见,甚至可以反映出一种社会思潮,具有很强的社会影响力。因而,酒店公关人员应随时注意公众舆论,利用积极舆论,化解消极舆论,开展必要的舆论攻势,以提高酒店的知名度和美誉度。

③社会舆论与公共关系。

舆论这根主线,连着组织,连着社会,涉及社会生活的各个领域,政治的、经济的、文化的变动,无不通过这根主线导入组织,公关人员正是通过这条主线,触摸公众的脉搏,把握社会的变动。公共关系的传播内容只有融入社会舆论的潮流之中,才能真正获得公众的理解和信任,起到塑造酒店形象,建立信誉,提高酒店知名度的作用。从这个意义上讲,公关活动的实质内容就是制造良好的社会舆论;而良好的社会形象,就是形成一种良好的社会舆论氛围。因此,酒店企业必须做到:

第一,尊重舆论。公众作为社会舆论的主体,是酒店企业的生存基础和基本力量,因此,酒店的生存和发展不能不奠基于对舆论、民意的尊重之上。

第二,倾听舆论。以往酒店企业了解自身的形象,了解公众对酒店的意见、要求及希望的主要途径是新闻媒体的宣传报道,上级对酒店运行的个人印象等,由这些途径了解和反映的情况往往不够真实、不甚完整,缺乏普遍性和代表性。因此,应认真倾听代表大多数公众意愿的舆论,便于及时获知反馈信息,了解公众对酒店企业的印象和反应,并以此作为决策的依据。

第三,顺应舆论。公众舆论是标志社会运行情况的晴雨表,也是衡量一切社会组织的政策和措施正确与否的试金石。任何组织及个人,如果不顾舆论的向背,一意孤行,不但难以与公众结成良好的公众关系,而且会破坏自身的生存环境,甚至走上绝路。所谓"民心不可侮""民意不可欺",顺应舆论在酒店公关工作中的重要性不可忽视。

第四,劝导舆论。公共关系还要及时引导公众舆论,通过宣传、解释和劝导,帮助公众作出抉择,与酒店企业采取合作的态度和行为。引导和促成社会公众的舆论,必须尊重客观事实,反映公众的意愿,才能树立起酒店企业的良好形象。

(5)流言与谣言

①流言与谣言的概念。

流言与谣言是在公众乃至一般社会大众中相互传播的关于人或事的不确切的信息,前者是无意传讹,后者却是有意捏造。由于流言与谣言的传播是单线的、匿名的,很难寻访到它们的最初来源,因此,不仅无法判定"制造者"的目的、意图,事实上也不可能有效地将流言与谣言区分开来。

由于流言是一种情绪和愿望的反映,因此其产生和传播具有必然性。流言能使本来被关心的问题更加被关心,使本来不被关心的问题成为被关心的问题,因此它具有煽动性。一定条件下,流言的杀伤力相当惊人,因此值得关注。

②应对流言和谣言的公关措施。

根据公关工作的经验和规律,有效制止流言与谣言可以从以下几方面入手:

第一,在流言与谣言刚开始传播时,或仅仅是可能会传播时,作为训练有素的公关人员应比一般公众更敏感,应能准确估价传闻会给社会组织带来何种结果,这个结果是积极的还是消极的,程度如何。积极的,则因势利导;消极的,则采取防范措施,尽可能将传闻扼杀在摇篮之中。

公关人员要对不同类别、不同性质的流言采取不同的对策,不可一概而论:对完全虚假者予以辟谣,部分虚假者补充必要信息,增强制止流言扩散的力量,打击流言的制造者,引导流言向健康的公众舆论方向转化。

第二,如果流言与谣言已经广泛传播开了,那么首要的工作是如何选择适当的渠道向公众披露实情。应确立客观、及时的传播政策,建立双向交流渠道和完善的信息联系网络,增加本组织的透明度,提供尽可能翔实的背景材料。

因为流言与谣言产生的最直接原因就是信息不通,所以公众一旦了解并相信了真实情况时,传闻就会不攻自破。要使公众了解真相,在现代社会并不难,但要使公众相信真相则不易,尤其注意不要使公众产生"此地无银三百两"的反暗示效果。如果这样,你越辩解,公众越怀疑你提供的事实,越相信谣言。

第三,提高公众素质,与公众保持密切沟通。公众处在恐惧、不安与焦虑的状态时最易产生流言与谣言,而这种心理的失衡状态归根结底是社会失衡的反映。因此,要从根本上消除流言与谣言产生的基础与动因,首先要保持社会的安定、民主渠道的畅通,用各种方法提高公众的成熟度、抗干扰能力。对具体的社会组织来说,要避免流言与谣言的伤害,应一贯致力于改善组织与公众的关系,形成感情融洽、彼此信任、互相关心、协调一致的群体氛围和社会环境。宽松和谐的群体氛围和社会环境不易产生对立情绪,很难发生利用流言和谣言互相攻击的现象,没有滋生流言和谣言的心理市场。

(6)从众

所谓从众,是指在社会倾向或团体意志影响下,放弃自己的观点与意见,而采取与大多数人一致的个人行为,也就是俗话所说的"随大流"。

从众行为是在个人原有的思想观念与社会或团体的价值观念出现差异时,改变原有思想观念而产生的符合社会或团体要求的行为与观念。这种改变不是在胁迫下产生的,而是对社会舆论压力的一种随从。随从者在思想上也确认自己原来的观念有偏差,自觉自愿地放弃原有的思想观念,接受团体的要求。

透过"从众"这一社会心理现象,我们可以认识到团体的力量。团体内的气氛可以产生潜移默化的影响,对个体而言,多数人的行为是一种无形的压力。运用"从众"心理规律,创建酒店精神、酒店文化,造就融洽和谐的团体氛围,形成良好的团体参照,让人们在酒店企业充满生机的氛围中发挥能力、约束行为、制止错误。

(7)暗示

暗示是传播者通过语言、行动、表情或符号对他人的心理和行为施加影响,使受者与传者保持默契,按照暗示的观点和意见统一行动的一种社会现象。

暗示不需阐明理由,只凭直觉来感知。它要求受者无批判地接受,并与传者保持某种一致的行为方式。暗示的表现方式含蓄、间接,但发挥的作用却不小。在酒店公关工作中,可运用暗示的规律开展工作,尤其是在广告宣传等方面,采用暗示的技巧,可取得"此时无声胜有声"的良好效果。

暗示只能对简单的思想和行为发生作用,对复杂的观点、信念则需要通过劝说等手段才能使人接受。

(8)模仿

模仿,是指个人受到非控制的社会刺激而引起的一种行为,这种行为与被模仿者的行为类似。人们模仿的对象,一般具有榜样作用。例如我国古代的"东施效颦"的故事;追星族模拟歌星的嗓音及动作姿态等,都是一种模仿。公众的模仿行为,不具有团体的命令和强制性,完全是发自内心的仿效。酒店公关人员应利用模仿这一社会心理现象,选择具有影响的知名人士,采纳具有吸引力的社会行为,有组织、有目的、有计划地宣传某种榜样形象,以形成有利于酒店企业的公共关系氛围。

（9）逆反心理和公众行为

①逆反心理的概念和形成原因。

在公众的正常心理状态中,还存在着一种心理反常的逆反心理。所谓逆反心理,是指作用于个体的同类事物超过了个体感官所能接受的限度,而产生的一种相反的体验,是有意识地脱离习惯的思维轨道,向相反的思维方向的探索。

公众的逆反心理的形成原因是多方面的,概括起来有以下3个方面:

第一,好奇心。具有好奇心的公众,对任何事情都富于幻想、渴望变化,敢于藐视传统、追求新奇、不拘于陈见,在一定的条件下,就会发生逆反行为。

第二,好胜心。有些公众,喜欢赶浪潮,样样事情都走在别人前面,把自己能做到别人做不到的事情作为一种荣誉,这样的公众,往往也会发生逆反行为。

第三,抵触心。公众对某些灌输过度的东西,往往会产生厌恶感,形成一种抵触情绪。在这种抵触情绪的支配下,公众会向相反的方面追求,从而形成逆反行为。

②逆反心理和公共关系。

了解和掌握逆反心理,对于酒店的公关工作有着重要意义。公共关系就是要搞好与各类公众的关系,引导公众的行为朝有利于酒店企业生存和发展的方向进行,要防止并纠正公众不利于酒店企业的行为或行为趋势,因而,酒店企业必须分析并掌握公众的逆反心理规律。公众的逆反心理是复杂多变的,因此酒店的公关人员在制订公关方案和措施时应做到:

第一,不落俗套,时时求新。任何一个酒店都有自己特定的风格和行为方式,如果一味地简单模仿别的企业的做法,势必落入俗套而导致公众的逆反行为。

第二,实事求是,切勿作假。弄虚作假会使公众产生强烈的逆反心理,导致酒店企业的信誉一落千丈。因而酒店必须以实事求是的态度,以优质产品、优良服务作为本酒店信誉的实力保证。

第三,分析和掌握公众的逆反心理,抓住时机,出奇制胜。从表面上看,公众的逆反心理变化莫测,但仔细分析,它还是有规律可循的,这种规律就存在于公众的行为之中。酒店公关人员要善于分析和掌握公众心理,抓住其"逆反"状态与表现时机,制订相应的公关措施,出奇制胜,就能起到很好的效果;反之,如果分析失误,利用不当,就会在行动中适得其反,铸成大错。

3.3 专题操作训练——观察能力训练

【训练目标】
训练学生的观察能力。

【训练方法】
①制订计划,每天观察周围一个人,找出他的特征(尤其是被人忽略的重要特征)。
②面对一群人快速说出其中一个人与其他人的区别。

【知识背景】

1)观察与观察能力

观察即仔细察看事物与现象,是人们有计划、有目的、有步骤的知觉。观察分为自发观察和自觉观察,直接观察和间接观察。不论哪一类观察,都必须是有目的的感知,否则就会发生"视而不见,听而不闻"的情况。观察能力是对客观事物认识分析并发现和抓住其典型特征及内在实质的能力。

北宋时期的赵佶是一位著名的花鸟画家,有一次他看到一幅《孔雀飞落图》,连声说:"画错了! 画错了!"别的画家都面面相觑,不知错在何处。赵佶说:"孔雀飞落,左脚先着地,可这幅画却画成右脚先着地,这不是错了吗?"众人敬佩不已。只有这种入微的观察能力才能发现别人忽略的细节,才能真正抓住客观事物的真实特征。

观察能力在公关工作中也同样重要:在公关人际交往中,公关人员需要察言观色,把握公众对象的态度、动机和行为趋向;在公关策划的创造性思维过程中,需要透过现象看本质,有所创新;在公关实务过程中,需要抓住机会,及时应变……这些都离不开观察能力。

2)影响观察力的因素

人对客观环境的刺激的知觉,70%来自眼睛,14%来自耳朵。人不可能接收来自客观环境的全部刺激,人们只对自己能够感知并信以为真的那部分环境刺激感兴趣,这部分的客观环境刺激影响人的知觉,影响人对外界事物的观察力。影响观察力的因素有以下几点:
①错觉。错觉指对外界事物的不正确知觉。错觉现象相当普遍,常见的是

视觉错误,这对我们的观察力有直接影响。例如,在两条平行线之间加一些不同方向的斜线,你就会感到两条平行线不平行了。这都是典型的视觉错误。

错觉的产生既有客观原因,也有主观原因,在实际观察周围事物时,要充分识别错觉。

②知觉的选择性。人在清醒的时候,总是有选择地以少数事物作为知觉的对象,对其知觉格外清晰,而同时对其余的事物则反映得比较模糊。凡是被我们清晰地知觉到了的事物,就成为知觉的对象;反之,凡是在同一瞬间仅被我们比较模糊地感知着的事物,就成为衬托知觉对象的背景。在知觉中,对象和背景可以相互转换。

酒店公关人员应训练自己对人、事、物的敏感度,能比一般人更敏锐地觉察到这些人、事、物可能给酒店公关形象带来的影响,及时采取相应对策,取得公关工作的良好成效。

③注意力。当出现某种新异刺激的时候,我们的感知器官会接收它。但我们生活在一个丰富多彩的世界,各种刺激使我们目不暇接,我们的心理活动往往只是注意集中在某些对象上,而对某些该注意的没注意。我们要经常提醒自己集中精力去注意什么,力求在大脑中只形成一个兴奋中心。

酒店公关人员在处理酒店与公众的利益关系时,要提醒自己,公共关系倡导"互利互惠"的原则。作为酒店的一名员工,公关人员在感情上难免偏向酒店一方。但当公众与酒店的利益发生矛盾时,公关人员必须做到客观公正,不能让自己的个人情感影响公关工作的公平性,有时甚至要提醒自己首先保全公众的利益,这样才能维系酒店与公众的良好关系。

3) 观察能力的培养

①要有明确的观察任务。带着任务进行观察,是为了加强观察的注意力。公关人员带着明确的任务对事物进行细致观察,也一定能取得很大的收获。

②观察的成功依赖于一定的知识、经验和技能。俗话说:"谁知道得最多,谁就看得最多。"一位有经验的老焊工,能从普通的一条焊缝上发现操作者的优缺点,而一位门外汉却往往一无所知。可见,观察是需要条件的,观察所需要的前提条件主要来自于平时多学习,多积累知识、经验和技能。酒店公关人员平时应加强学习,既在实践工作中不断积累经验,又通过学习了解更多其他企业公共关系的成功事例,这将有利于公关人员观察能力的提高。

③观察要有顺序、有系统地进行,一般是沿着先简单、后复杂,按部就班,循序渐进的方式进行,这样能看清事物各个部分之间的联系,而不至于遗漏某些重

要的特征。

④多注意细节问题。酒店公关人员应主动去感知周围事物,去了解不明白的原理,去察觉不清楚的细节。观察力强意味着别人不能看到的,你却能看到;别人看得到的,你能看得更深入、更透彻;别人从一个角度去看,你却能从多个角度去看。

⑤设法让更多的感觉器官参与观察活动。无数事实证明,仅靠耳听眼看的观察动作所收获的信息是很有限的,如果在观察中增加了笔记或实地操作训练动作,将会有更大的收获。因此,一名优秀的公关人员观察时应养成做记录的好习惯,不仅能增强观察的实际收效,更便于今后的经验总结。

⑥要有好奇心。著名物理学家李政道博士说:"好奇心很重要,搞科学离不开好奇。道理很简单,只有好奇才能提出问题,解决问题,可怕的是提不出问题,迈不出第一步。"确实如此,一个人对各种事物的好奇心越强烈,就越具有探索的目光。如果一个人对周围的事物熟视无睹,就不可能发现新事物。只有善于观察,细心观察,才会有新的发现,才会捕捉到公关创新的契机。公关人员只有保持对事物的好奇,才能保持对工作的热情,发挥自己的创造性。

教学实践

请通过以下方式进行观察力的自我训练:
(1)每去过一个地方,回来就描述一下最明显的特征。
(2)用最简单的话说出家乡、居住地、学习等地方的特点。
(3)长期观察某个事物,找出其特征和变化情况。

本章自测

1.请阐述公众的概念和特征。
2.公众有哪些类别?公共关系的重点应针对哪类公众,为什么?
3.影响劝导效果的因素有哪些?
4.什么叫公众舆论?酒店企业应如何面对公众舆论?
5.一个人的观察能力,可以从哪几个方面来衡量?

小知识链接

流言的传播和落潮

　　流言的接受与传播者的增加最初较缓慢,到了一定程度时,传递速度加快,分支也愈加繁芜,接着便达到鼎沸期,接受者与传播者人数大增,传播网络纵横交错,从而使流言的传播达到或接近饱和状态。此后开始走向落潮阶段。走向落潮的方式有两种:一种是出现了有力的事实,证明传闻的内容是确切的或是不确切的,确切的可能进入正式传播渠道转化成为舆论,并作为事实使公众接受;不确切的立即消失。另一种则是在长期得不到事实的有力证明后的自行落潮,这一过程是缓慢的、不知不觉的。

气质类型理论

　　希波克拉底把人的气质分成多血质、黏液质、胆汁质、抑郁质,这一理论被视为经典的气质类型理论。胆汁质的人具有强烈的兴奋过程和较弱的抑制过程。多血质的人在个性特征上表现为活泼、敏感、精力充沛,动作反应迅速,面部表情明显,善于交际,善于适应变化了的环境。黏液质的人神经过程平静而灵活性低,反应较缓慢,但无论环境如何都能保持平衡。抑郁质的人神经过程薄弱,在个性特征上表现为安静、稳重、性情孤僻、多愁善感、小心多疑、行动迟缓、沉默寡言,在困难的局面下,表现得优柔寡断。

酒店"十化"

　　中国星级酒店的未来发展方向可归纳为 10 个"化":网络化、主题化、亲情化、家居化、人性化、时尚化、经济化、简约化、精细化、绿色化。

第4章
酒店公共关系传播

【学习目标】

通过本章学习,学生掌握公共关系传播的基本概念和要素,了解公共关系传播媒介的类型并学会加以选择和使用,掌握公关传播的各种方式和特点,学会评价公关传播的效果。

【知识目标】

①掌握公共关系传播的概念和要素。

②了解酒店公关传播媒介的类型和特点。

③掌握酒店公关传播的方式和特点。

④理解公关传播的有效性。

【能力目标】

①具备召开新闻发布会、接待新闻采访、准备新闻宣传材料的能力。

②具备合理选择公共关系广告的类型并进行简单设计和制作的能力。

【关键概念】

酒店公关传播 语言传播媒介 非语言传播媒介 四大大众媒体 人际传播 大众传播 群体传播 酒店自控媒介传播 传播的有效性 公共关系广告

案例导入：

光明日报消息,2006 年 12 月 26 日,北京宁夏大厦等 253 家无"星"酒店通过审核,赢得了第一批"北京市住宿服务达标单位"称号,被列为 2008 年奥运会可以接待奥运观众的住宿单位。据北京市旅游局副局长介绍,这些住宿单位将与已签约的星级酒店名单一起,于 2007 年第一季度被链接到奥组委的官方网站,游客在网上可直接预订这些酒店或旅馆,所有酒店的网页都有中、英、法文三种版本。

这 253 家无"星"酒店,把自己的名字与 2008 年的北京奥运会紧紧联系在一起,不仅得到各大新闻媒体的关注和报道,还被链接到奥组委的官方网站,被全世界公众所关注。可以肯定,由于自身的努力,再加上成功的公关传播,这些无"星"酒店离有"星"的日子已经不远了!

启示:将酒店公共关系传播与社会热点事件紧密结合,可以提升社会公众对酒店的关注度,提高酒店的知名度和美誉度,为酒店企业的发展创造契机。

传播是构成酒店公共关系系统的要素之一,是联系酒店与公众的桥梁。酒店公共关系的主要任务,就是要加强酒店与公众之间的相互了解,促进双方的良好关系。从本质上说,酒店公关活动是一种系统的信息双向传播和沟通活动。酒店公关要运用传播手段达到沟通目的,就需要在遵循传播与沟通规律的基础上开展传播与沟通活动。

4.1 酒店公共关系传播媒介

4.1.1 传播的定义、特点和要素

1) 传播的定义

传播是从英文 communication 一词翻译而来的,是指两个相互独立的系统之间利用一定的载体和途径所进行的有目的的信息传递活动。酒店公共关系传播,是指酒店企业利用各种媒介有计划地将信息与公众进行双向沟通,以达到争取公众、信息共享的目的。酒店公共关系传播的含义包括以下两个方面:

①酒店公关传播是一个有计划的、完整的行动过程。"有计划",是指公关传播必须按照酒店企业的目标有步骤地进行。"完整",是指传播过程必须符合

传播学的"5W"系统模式,即在完整的传播过程中,包括以下几个方面:who(谁),say what(说什么),through which channel(通过什么渠道),to whom(对谁说),with what effect(产生什么效果)。

②酒店公关传播是一种信息共享活动。在传播过程中,酒店和公众在信息传递、交流、共享、反馈等方面实现双向互动,共同享用信息,使双方在利益限度内达成更多的理解和共识。

2）酒店公共关系传播的特点

酒店公关传播具有以下几个特点:

（1）传播手段现代化

在当今社会,酒店进行公关传播所采取的手段日益现代化,从报刊、杂志、广播、电视到互联网等现代化传媒手段,无不被用来进行公关信息传播。

（2）传播方式多样化

酒店进行公关传播,可以通过书面印刷(如书刊、报纸上的广告、介绍、新闻报道等),也可以通过电讯形式(如广播)或影像手段(如电影、电视和电脑等)进行图文并茂的传播。当然,最直接、最令人信服的方式是通过酒店的客人进行口碑传播。所以有人说:"接待好一位客人,便培养了一位公关人员。"

（3）传播职责全员化

酒店的服务水平是在员工与客人的相互交往中体现出来的,酒店员工的一举一动都代表着酒店形象,因此,酒店员工自然也就肩负着传播酒店形象的重任。可以说,每位员工都是酒店的公关人员。

（4）传播效果高效化

由于使用现代化传播技术能够大量地、高速度地复制和传播信息,使传播活动能够大范围覆盖、高速度进行,具有强大的公众舆论影响力,因此,无论是从时间还是从空间效果上来看,现代公关传播是一种高效传播方式。

3）酒店公共关系传播的要素

传播的构成要素有两大类:一类是公关传播的基本要素,包括传播者、传播对象、传播内容、传播符号、传播媒介、传播环境和传播反馈;另一类是公关传播的隐含要素,包括传播活动中的时空环境、心理因素、文化背景和信息质量等。

（1）基本要素

①传播者。传播者指传播过程中实施传播行为的个人或集体。从信息运动

的角度看,传播者是信息的来源,传播者也被称为信源。在酒店公关活动中,传播者是酒店企业,传播是酒店企业有意识有目的的行为。

②传播对象。传播对象指传播过程中信息的接受者。从信息运动的角度看,传播对象是信息的归宿和目的地,故被称为信宿。公关中的传播对象一般是公众,既可以是社会组织,也可以是个人。

③传播内容。传播内容指被传播的信息中所包含的意义,传播的实质是信息的沟通。在酒店公关传播中,传播内容大体可分为两类:一类是告知性内容,即酒店企业希望公众有所了解的内容,包括酒店企业的目标、方针、政策、服务等信息;另一类是劝导性内容,即酒店企业诱导相关公众采取酒店所希望的某种行为的内容,如:希望公众接受酒店的服务等。

④传播符号。符号指表达某种内容的记号,如声音、语言、文字、图画、手势、表情等。信息只有将内容符号化后,才能以适当的形式传播。内容符号化即将某种符号系统与要传播的内容联系起来,使符号与内容一一对应,这种工作称为编码。为了使传播活动有效,酒店公关人员应该使用公众熟悉的符号系统来进行信息编码。

⑤传播媒介。传播媒介是指传播过程中联系传播者与传播对象的中介物,如电话、电报、图书、报纸、广播、网络等。在酒店公关活动中,要选择特定的传播媒介,让信息在酒店企业与公众间进行传递,必要时酒店还要借助于专业的传播机构才能达到其目的。

⑥传播环境。传播环境既包括传播时的自然环境与社会环境,也包括传播者与传播对象的种种关系和心理状态,以及传播过程中的信息次序等。在酒店公关活动中,公关人员不仅要注意到各种不同传播环境的区别,还要善于利用各种传播环境,以取得最佳的传播效果。

⑦传播反馈。传播反馈也称信息反馈,指传播对象接受到信息后,将自己的反应性信息传递给传播者的行为。酒店企业应该搜集反馈信息,既包括赞扬、支持酒店企业政策和行为的正面信息反馈,也包括批评酒店政策、行为或改进建议的负面信息反馈。酒店企业根据反馈信息,调整自己的传播政策和传播行为,以提高传播效果。

(2)隐含要素

①时空环境。时空环境指传播的时间环境和空间环境。从时间角度来看,传播活动要首先注意传播时机,在恰当的传播时机对传播对象进行传播活动,往往会收到事半功倍的效果。酒店企业还应该注意传播的效率,要根据受众的接收习惯和规律确定单位时间内传播的有效信息量。传播信息总是在具体的空间

环境中进行的,不同的环境会使人对信息有不同的感受,并产生不同的传播效果。比如:交流环境的气氛好坏会影响到信息的传播效果,光线暗淡、布置混乱、声音嘈杂的环境往往收不到良好的信息互动效果。

②心理因素。心理因素是指传播对象的情感心理状态。不同的情感状态下,人们接受信息的效果不同。情绪愉悦时,人们能迅速接受信息,并强化其行为;情绪低落时,人们会抑制信息的接受量。因此,传播行为的发生和延续都应建立在双方愉悦的基础上,缺乏心理沟通的信息传播活动,很难获得最佳效果。酒店公关人员在实施传播时,一定要及时了解和把握公众的心理感受,才能获得理想的信息反馈,产生有利于酒店企业的公众行为。

③文化背景。在传播活动中,传播者和传播对象的文化差异,也会造成传播障碍。不同的文化习俗、经济环境、性格特征、价值观念、思维方式等,使人们对同一信息产生不同的主观感受和认识。因此,在跨文化传播活动中,酒店公关人员必须了解和掌握传播对象的文化习惯,避免产生交流和沟通上的障碍。

④信息质量。信息质量指信息对传播对象的使用价值。对于传播对象而言,时刻面临着大量的信息选择,只有那些最有价值、最能满足其需求的信息才能引起他们的注意,才能产生满意的效果。内容权威性高的信息往往容易让公众接受和信服,传播者自身如果被广大公众所信赖,也会极大地提高信息传播的效果。因此,在酒店公关活动中,传播者应该提高传播信息的可信程度以及加强传播者自身被传播对象信赖的程度。

4.1.2　酒店公共关系传播媒介类型

酒店公关传播的媒介是公共关系借以沟通、传播信息的载体。一般将公关传播媒介分为语言传播媒介和非语言传播媒介。

1)语言传播媒介

语言传播媒介又分为有声语言和无声语言。

有声语言即自然语言,是发出声音的口头语言。在酒店公关活动中会使用大量有声语言媒介进行传播,如答记者问、与员工谈心、电话交流、商务谈判、各类演说、为宾客致迎送词等。有声语言媒介的特点是信息反馈迅速,形式灵活多样,可见机行事、投其所好,传播效果较易控制。酒店公关人员在工作中频频与人交往,应当是驾驭有声语言艺术的高手。

无声语言是有声语言的一种文字符号形式。在酒店公关传播活动中,多是通过印刷文字进行信息传递的。其方式有:谈判决议、会议纪要、社交书信、调查报告、电文、简报、文字介绍、标牌指示等。无声语言媒介的特点是可超越时空，可字斟句酌，可记录保存，但信息反馈不如有声语言及时迅速。能说会写是酒店公关人员的两大基本功，扎实的笔墨功夫是酒店公关人员必须训练的传播技能。

语言传播媒介的具体形式包括：

（1）新闻发布会、记者招待会

新闻发布会，是酒店与公众沟通的例行语言传播方式。新闻发布会就是新闻发布人代表酒店向新闻媒介公布某种消息、传播酒店宗旨、阐述酒店意愿、接受提问并回答问题的一种活动。它是一种两级传播：先将消息告知记者，再通过记者所属的大众传媒告知公众。新闻发布会可用于树立或维护酒店形象、协调公共关系、引导舆论倾向。由于这种活动的传播形式直接面对新闻媒介进行，宣传力度大，传播范围广，是常用的语言传播媒介之一。

记者招待会，是语言传播的另一种重要方式。当酒店准备举办一项重要活动时，或要将有社会影响的突发事件的处理情况向各界公众通报时，或其他有新闻价值的消息需要发布时，多采用召开记者招待会的形式。记者招待会的最大特点是：气氛宽松，富有人情味，信息传播迅速，反馈快。记者可根据自己感兴趣的方面和自己关注的角度提问，记者之间可相互激发灵感，更好地挖掘消息。这种新闻发布方式比其他形式的新闻传播方式在内容的广度和深度上更胜一筹。

（2）录音、电话

录音，是指酒店公关人员在调查采访过程中，将有关重要人物的关键语言进行录音，以确保其真实性的一种传播方式。酒店公关人员在对被采访对象进行录音之前应征求对方同意，当对方不同意录音，而内容又确实对酒店公关工作有益时，则必须运用速记和心记的方式。公关人员在录音过程中，要尽量创造一种和谐、轻松的谈话氛围，使访谈和录音工作顺利进行。

电话联系也是一种通过语言进行的现代通信方式。酒店公关工作中的人际沟通和业务接洽，许多都是通过电话联系进行的。在打电话时，酒店公关人员的态度要热情、诚恳、友善、亲切，声音要明朗，吐字要清晰，用语要礼貌。接电话时，要先作自我介绍，然后弄清对方要找谁，并尽快将电话转给有关人员。如果此人当时不在，可以请对方留下姓名及电话号码，并请有关人员尽早答复。如果需要，还可以将对方想谈之事的要点记下来，以便及时处理，这样会给对方留下深刻而美好的印象。每一位电话接听者都要具有代表本酒店的意识，认真接听每一个电话。

（3）协商、谈判

酒店与公众既有协调和谐的一面,也有对立冲突之时。协商和谈判就是解决酒店与公众之间矛盾和冲突的手段。

协商,是酒店与某类公众就存在的问题共同商量,以便取得一致的活动方式。协商所解决的矛盾,通常是非原则性的或利害关系较轻的。协商是谈判的非正式形式。

谈判,则是有关方面就共同关心的问题相互磋商、交换意见,寻求解决途径和达成协议的过程。谈判通常用以解决组织之间利害冲突较大的矛盾。谈判是一种以协商为手段,比较注重形式的语言沟通方式。

（4）会议、会谈

会议和会谈,均是有组织、有目的的语言沟通方式。会议,是围绕一定目的进行的、有领导、有控制的集会。有关人士聚集在一起,围绕一个主题发言,可以插话、提问、答疑、讨论,通过语言相互交流信息、交换意见、议论问题并最终解决问题。策划和召开各种会议,利用会议的形式来传递信息、沟通意见,是酒店公关工作常用的传播方式。

会谈,是会议的一种形式,它是双方或多方相互会面、交换意见的行为。组织会谈有一些具体的技术性要求,如主人和主宾及陪同人员的座位编排、合影的安排、对客人礼貌周到的迎来送往等。

（5）文字传播

文字,是一种书面语言,是有声语言的符号形式,具有相对稳定的规则和方法,借助文字可以有效地记录、传递、交流信息。公共关系所使用的传播媒介中,运用文字符号的媒介占了大多数。

①宣传册、服务产品推广手册。这些都是酒店为了让公众了解酒店的产品和服务,向公众介绍、宣传产品信息的手册。宣传手册、服务产品推广手册不仅能向客人及公众提供旅游方面的详细介绍、旅游新动向,同时可为客人选择酒店产品提供帮助,为旅游决策提供参考,还为宣传当地旅游形象、提高知名度发挥重要作用。宣传册、服务产品推广手册在设计制作时,应图文并茂、简明扼要、突出主题形象,集中反映当地旅游特色和本酒店的文化。

②酒店报刊、板报。酒店为了弘扬企业精神、宣传企业文化,一般都定期出版自己的报刊。同时,为了及时反映酒店管理者的决策及员工工作动态,丰富职工生活,许多酒店还在员工的活动区域定期出板报。一个酒店要想在激烈的市场竞争中生存和发展,就必须注重酒店文化建设。酒店报刊和板报能充分发挥

其传播信息形式多样、灵活多变的优势,多层次、多角度地反映酒店企业动态,为酒店树立形象打下良好的基础。

③酒店书籍、杂志。书籍作为一种文字传播媒介,具有提供信息、教育劝服和娱乐服务等功能。书籍对信息内容的处理有一定深度,因此,具有一定的资料价值和收藏价值。书籍这种媒介适宜对某一专题作深入探讨和介绍,信息全面、详尽、有深度,具有便于储存、查阅等特点。酒店公关人员使用书籍媒介可制造和影响舆论,向公众提供持续性的信息,还能宣传新风尚,赢得社会的支持和关注。

(6)电子媒介传播

英国作家约翰·克罗斯比说过:"20世纪是喧嚣的时代——物质之声、精神之声和理想之声——我们掌握着所有这些声音的历史记录。事情毫不奇怪,因为我们几乎所有令人惊叹的技术力量,都已投入到当前反对寂静的攻击中去了。"广播、电视、电影、幻灯和其他电子媒介正是这个"喧嚣"时代的产物,同时也是现代公关工作最有效的手段。广播和电视媒介的特点,将在后文详细说明。

自办电台或电视台作为自控媒介,是酒店公关宣传的主要手段。随着现代科技的发展,酒店为了更好地传播、沟通信息,常建立自己的有线广播系统,有些还有自己的闭路电视系统。它们都具有可控性强、可调动手段多、传播信息迅速及时的特点,对于及时沟通酒店内部信息,强化酒店向心力和凝聚力具有重要作用。如长城酒店的"长城之声"广播电台,就是一家很有代表性的酒店自办电台,在酒店管理中发挥着积极的作用。

(7)图像与标识

视觉形象是最生动的语言,图像和标识就是以视觉形象为主要手段进行信息传播的一种符号。图像和标识能集中、生动地再现事物的某一方面,表现酒店企业的某种特征,并以特定的视觉标志吸引公众的注意力、强化公众的记忆,帮助公众在众多商品信息中识别出该酒店及其产品和服务。

①照片、图画。照片和图画均属图像的范畴,都是通过平面构图造成视觉上的空间感和立体感,用来传播特定的形象信息。酒店公关人员在公关活动中经常使用照片和图画,以强化传播效果。如在制作各类宣传册和举办各种展会时,要大量地使用照片和图画,并配上必要的文字说明,生动形象地介绍酒店的有关情况,使读者、观众一目了然并留下深刻的印象。为了设计和制作好图画与照片,公关人员应掌握美术方面的基本知识,文字说明要与图画、照片相互配合并形成互补,力求语言亲切、通俗、流畅、简练。在公关活动中使用照片和图画,一

定要符合经济、实用的原则,表达的思想或表现的事物要突出、清晰。

②酒店标识系列。作为标识系列的商标、品牌名称和徽记、门面包装与代表色等都是以特定的文字、图案、色彩等符号设计的,向公众提供本酒店企业有别于其他酒店的有关信息,形成本酒店的形象标志。

第一,商标。通常以文字、图案或符号构成,具有标记、服务、传播、促销、保护的功能。在设计商标时,必须突出酒店的特征和优点,简练、醒目、美观大方、构思新颖、易于识别。

第二,品牌名称。在给酒店或产品定牌子、取名字时,一定要注重语感好,具有独特性,寓意美,且容易为顾客所接受。

第三,徽记。徽指酒店的标志,是酒店的"商标"。如中国旅游的标志源自甘肃武威雷台东汉砖墓出土的"马踏飞燕",它是我国古代绘画、雕塑、冶炼铸造艺术的结晶,集中代表和体现着炎黄子孙的聪明和才智,堪称国宝。用它作为中国旅游的标志,象征着中国旅游业的奋进和前程似锦。

第四,包装。包装是指产品的外衣,主要起保护产品使用价值和促进产品销售的作用。包装涉及产品形象,对顾客具有"第一印象"的作用。包装设计应注重实用性和创意性。

第五,门面。门面是酒店企业的包装,每个酒店都会根据自身特点来设计自己的门面。如酒店的大堂以及外装修,就是酒店的形象和"脸面"。

第六,代表色。代表色即酒店企业选定的有代表意义的色彩。在酒店公关活动中,产品、建筑、员工服饰、广告宣传等有传播意义的物品,都应使用代表色。代表色一经选定就应相对稳定,设计时应注意其形象内涵、美学效果、情感象征、文化格调等因素。

2)非语言传播媒介

非语言传播媒介又分为有声非语言传播媒介和无声非语言传播媒介。

有声非语言也就是"类语言"或"副语言",它是传播过程中一种有声而不分音节的语言。常见的形式有:说话时的重音、语调、笑声和掌声。有声非语言媒介的特点体现在:第一,无具体的音节可分,其信息在一定的语言环境中得以传播。第二,同一形式的有声非语言,其语意并非固定不变。比如,同是以笑声为媒介,可能是负载着正信息(如赞美、高兴),也可能是负载着负信息(如嘲讽);同样是掌声,可以传递欢迎、赞成、高兴等信息,也可能传递着一种礼貌的否定等。

无声非语言媒介,指的是各种人体语言。它是以人的动作、表情、服饰等来传递信息的一种无声伴随语言。在酒店公关传播中,无声非语言是一种广泛运用的重要沟通方式,表现在视觉上可分为动态的和静态的两类,即势态语言和情态语言。势态语言指人的手、肩、臂、腰、腿、足等身体部位做出表现某种具体含义的动作符号;情态语言指人脸部表情动作构成的语言,其中眼神和微笑是情态语言中重要的人际沟通手段。无声非语言媒介的特点包括:第一,具有鲜明的民族文化性,比如人的有些动作,在不同的民族文化中所表示的语义信息完全不一样;第二,强化有声语言的传播效果。在交谈时,适当的人体语言会明显增强口头语言的表达效果。掌握无声非语言技能,对提高酒店服务人员与顾客的沟通效能很有实用意义。

加利福尼亚大学洛杉矶分校的艾伯特·密拉比安教授研究了人们从沟通中所获得的信息量的比例:38%来自听觉,包括声音的变化、质量、语速、音量和顿音;55%来自视觉,包括目光接触、身体姿势、手势动作和面部表情;7%来自纯语言。可见,在沟通过程中,非语言沟通所占的比例远远大于纯语言的沟通。

酒店公关人员在与公众交流信息、相互沟通时,除了使用语言、文字以及各种语言、文字媒介外,还要使用非语言符号来进行交流,主要是指形体语言和表情语言。这些形体语言是对"言不尽意"的有声语言的辅助与补充,使之表达得更生动、更形象、更有感染力。

具体来说,非语言传播媒介包括以下具体形式:

(1)酒店公关人员的身姿、步态

酒店公关人员的身姿、步态,是指其身体部位所做出的表现某种具体含义的动作符号。公关人员在与公众交往时,需要注意对方的形体语言,以了解对方的内在心情或理解对方传递的信息。同时,也要注意自己的形体语言,以免误传信息或给对方留下不好的印象,为此应熟悉各种形体语言的基本含义:

立姿:背脊挺直,双手交叉置于身前或背后,两腿垂直站立。这样的立姿传递的是充满朝气、热情向上的信息。

坐姿:双腿平行下垂、挺腰,双手交叉置于大腿,或分置于扶手上。端庄的坐姿表示对对方的谈话有兴趣,表示对对方的尊重。

步态:步伐矫健、轻松、敏捷,能让人感到年轻、健康和精神焕发;步伐稳重则给人以庄重、沉稳的印象。

酒店公关人员应做到:头部不要抬得过高,目光平和,面带微笑,上身自然挺直、收腹,两肩保持水平,步态轻快、稳健,两臂前后摆动的幅度不宜过大。这些无声的形体语言有助于酒店公关人员塑造自身良好形象。

（2）酒店公关人员的手势、表情

手势，是人运用手指、手掌、手背、手臂的动作变化来表情达意的一种形体语言。在交谈时，人们往往以手势来配合谈话的内容，如谈话激动时攥紧拳头，高兴时情不自禁地拍手，遇到难题时抓耳挠腮或用手拍头等。手势在人际交往中可以起到积极的作用，增强口头语言的效果，利于听者对谈话内容的理解。有时口头语言难以表达抽象的事物或感情，而运用手势，用形象化的手势摹形状物，则可使听者借助想象和联想理解讲话者的意思，便于对方通过视觉接受信息。手势还可以帮助我们了解谈话对象的性格。细心的人会发现，当把一杯热茶递给客人时，倘若对方是诚实忠厚、通情达理者，会攥紧食指、中指，双手稳稳地握住；若对方精于社交、敏捷练达，则会用大拇指和食指轻轻地握住；而神经过敏、自卑感较强的人则会跷起小拇指，用其他手指合拢握住杯子。正如弗洛伊德所说："凡人皆无法隐瞒私情，尽管他的嘴可以保持缄默，但他的手指却会多嘴多舌。"酒店公关人员应深谙手势的用法。

表情，是指人的面部传情达意的细微变化。在非自然语言中，面部表情的"词汇"最多，眼神和微笑是最富于感染力的表情语言。

爱默生说过："人的眼神和舌头所说的话一样多。不需要字典，却能够从眼睛的语言中了解整个世界。"汉语中关于描述眼神的词汇有 50 多个，如高兴、喜爱、悲哀、恐惧、愤怒、失望、怀疑、忧虑等，还有各种形容感情交织在一起时的眼神，如悲喜交加、爱恨交织、紧张而又兴奋等。

人的内心活动或多或少都会反应到面部表情中来。面部表情包括眼、眉、嘴、鼻、颜面肌肉的各种变化及整个头部的姿势等，而眼睛则格外引人注意。"眼睛是心灵的窗户"，在与公众交往中，酒店公关人员要通过眼神让对方明白你的热情和真诚。

人的面部表情靠各个器官相互协调，其中微笑是酒店公关人员懂礼貌、有修养的外在表现。被誉为"旅游帝国"之王的希尔顿说起发大财的诀窍时，仅用了两个字——"微笑"。微笑传达的信息能促使双方沟通，融洽宾主之间的情感，产生心理愉悦。因此，微笑是公关工作中的"常规武器"。微笑必须发自内心，笑得亲切、真诚、自然、轻松才具有永恒的魅力；假笑、苦笑、皮笑肉不笑只会令人厌恶和反感。

（3）实物媒介

实物媒介，指的是实物上包含有某种信息，实物充当了信息传递的载体。它包括旅游商品、象征物、公共关系礼品等。

旅游商品,其本身就是一种典型的实物媒介,其运载信息的要素有品牌、商标、包装、外表形态、内在质量、售后服务以及广告设计等。

象征物是专门设计出来用以传递相关信息的载体。如 2008 年北京奥运会的象征物"福娃"就是一个成功的例子。

公关礼品,包括两层含义:首先是非商品化,它是一种不进入(或尚未进入)市场流通的物品,酒店企业根据一定的公关目标设计制作,让其成为宣传酒店信息的载体;其次,公关礼品的交际价值大于礼品的使用价值,因为它还含有信息价值和情感价值的成分。

对酒店企业来说,只有恰到好处地运用这些传播媒介,才能获得最佳的公关传播效果。

4.1.3 常用媒介特点分析

1)大众传播媒介分类

大众传播媒介是近现代科学技术发展的产物,在酒店公关活动中起着重要的作用,相比一般物质媒介来说,其传播范围广、速度快、影响性强,能引领甚至控制社会舆论,是不可缺少的公关传播媒介。

大众传播媒介可分为印刷类媒介和电子类媒介。

(1)印刷类媒介

印刷类媒介包括报纸、杂志、书籍等,其特点是:

①记录性。在录音设备发明之前,言语交流受时间、空间的限制,无法记录,无法重现。印刷文字则可以将信息资料记录下来,进行跨时空的传播。

②扩散性。文字信息可以借助各种媒介(如纸张)传送到遥远的地方,扩散到大范围的公众中去,从而扩大了信息的影响力。

③渗透性。文字信息可以长时间保存,可以对读者产生反复刺激和影响;读者在接受信息时可以从容阅读、反复思考,因此文字传播的信息渗透性较强。

④准确性。文字媒介的信息在制作时可以反复推敲、论证、修改,使信息的表达更具条理性、逻辑性和准确性。

(2)电子类媒介

电子类媒介包括广播、电视、互联网、电影、录像、光碟等,其特点是:

①时效性。与印刷类媒介相比,电子媒介具有最好的时效性,对信息的传播更迅速、更及时,消息的报道与事件的发生、发展能够做到同步。

②远播性。电子媒介通过电波作远距离的传播,不受空间的局限,不受气候的影响,即使相隔遥远,信息的报道也能及时同步传播。

③生动性。广播和电视通过声音、图像、色彩、文字的组合,使信息的传播比印刷类媒介更加生动,现场感较强,更富于感染力。

④技术性。与印刷类媒介相比,电子类媒介的科技含量更高,无论播发还是接受信息,都需要专门的技术设备,而且制作和播送信息的操作过程复杂,需要专门的技术人员。

2)四大大众媒体的特点

四大大众媒体通常指报纸、杂志、广播、电视。

(1)报纸

①优势:

第一,读者有很大的选择余地。读者可根据自己的需要与兴趣挑选阅读内容,可精读,可泛读;在阅读时间上可自由安排,随时阅读。报纸携带方便,不受阅读时间和场所的限制,可随时随地阅读,读者有较大的灵活性和主动权。这一特点赋予报纸以极强的竞争性与生命力。

第二,便于保存和检索。这是印刷媒介的独到之处,"今天的新闻就是明天的历史""温故而知新"。读者可以剪报储存,重复阅读,加深印象,并可长期、反复使用,使读者拥有分配时间与空间的相对自由。

第三,可充分处理信息资料。报纸的容量较大,还可以根据需要增加版面,并可采用连载和专访等形式提高信息的传播量和连续性,增强新闻报道的广度和深度。

第四,制作较方便,成本相对较低,易普及。

②弱点:

第一,报纸传播速度不如广播、电视迅速及时。印刷媒介都有一个采写、编辑、印刷、出版、发行的过程,影响其传播的时效性。

第二,理解能力受限。报纸的信息传递受到读者文化水平的限制,更无法对文盲产生传播效果。

第三,不够形象生动。因纸质和印刷的关系,报纸的色泽大都比较单调,插图和摄影不如杂志印刷精美,更不能与视听结合的电视相比,这会影响它对读者的吸引力。

(2)杂志

①优势:

第一,杂志是以"深"和"广"取胜,而不是以"快"取胜。杂志作为一种印刷媒介,可以说是报纸向深度和广度发展的产物。相对于报纸而言,杂志的内容更深入细致,报道更详尽、完整、系统。

第二,时效较长。相对于报纸而言,读者对杂志的保存意愿更强,阅读的有效时间较长,伴随其长时期的保留,可持续不断地发挥其传播效果。

第三,针对性强。每种杂志都有自己特定的读者群,传播者可以面对明确的目标公众制订有针对性的传播策略,做到"有的放矢",不仅节省传播费用,而且提高传播的有效性。

第四,印刷精美,表现力强。与报纸相比,杂志一般印刷精美,图文并茂,色彩艳丽,更具视觉吸引力和感染力,读者容易产生心理认同。

②弱点:

第一,出版周期长。杂志也称期刊,根据发行周期长短,可分为周刊、旬刊、半月刊、月刊、双月刊、季刊和年鉴等。由于其出版周期较长,不能迅速及时报道消息,特别是对瞬息万变的信息更是束手无策。

第二,传播范围受限。与报纸一样,杂志也受读者文化水平的限制,特别是有些专业性较强的杂志,更要求有一定的理解力,因而普及性不如报纸。另外,受其幅面和发行量的限制,杂志无法像报纸和电视那样造成铺天盖地的宣传效应,难以构成强大的宣传气势。

(3)广播

①优势:

第一,传播速度快、范围大、影响性强。广播时间和收听时间可同步,而且还可以采用现场广播的方式,一般不受时空的限制,能迅速、及时、远距离、大范围地传播信息。广播使用有声语言传播信息,而声音的优势在于具有真实感,听其声如临其境、如见其人,播音员声情并茂的语言可调动听众的情感,有很强的鼓动性和感染力,因而广播是影响舆论、营造氛围的强有力手段。

第二,收听方便、对象广泛。广播以声音传播信息,只占时间不占空间,可主动向听众发动"进攻",传播方式较灵活,收听方便自由,不受收听状态的限制。广播也不受年龄、性别、职业、文化、空间、地点等条件的限制,特别是不受文化水平的限制,从学龄前儿童到白发老人都可收听,对文化水平低的公众,广播便是主要的信息传播手段,听众对象广泛。

第三,多种功能。从功能讲,广播能传播信息、普及知识、提供娱乐、教育指导,从其制作手法来讲也是丰富多彩的,如新闻联播、录音新闻、实况转播、演讲、对话、讨论、讲座、演唱等,从而使相同的传播内容取得丰富多彩的传播效果。因

而广播能满足不同阶层、不同年龄、不同文化、不同职业听众的多方面的需求。

第四,成本低廉。广播的使用成本均较低。广播设备简单,节目制作方便、迅速,且比电视、报刊费用低廉;收听广播更为便宜,花几十元钱便可长时间地享受到广播的收听。

②弱点:

第一,传播效果稍纵即逝。信息不便记录和保存,难以查询。

第二,听众被动。广播是线性的传播方式,即内容按时间顺序依次排列,听众受节目顺序限制,只能被动接受既定的内容,时间和内容上都无法自由选择,亦不能反复收听。

(4)电视

①优势:

第一,传播速度快、时效性强。电视与广播一样,用电波传送信号,能超越时空,从四面八方把信号直接传送到观众家里,传播速度快,覆盖面大,特别是现场直播,具有很强的时效性。

第二,多种功能,博采众长,具有真实感强、艺术性强、娱乐性强等特点。电视集形象、色彩、声音、文字于一体,图文并茂,音像同步,具有很强的艺术感染力,容易引起观众的共鸣;电视可真实、生动地再现或直播各种事件的产生发展过程,时间上的同时性和空间上的同位性使其纪实性很强,给人以逼真、可信、深刻、亲切的印象,能使观众产生身临其境的现场感和参与感;电视不受文化水平的限制,老幼皆宜,雅俗共赏,在目前仍然是最受欢迎的一种大众媒介。

②弱点:

第一,观众处于被动接受状态。同广播一样,电视传播也是稍纵即逝,不易保存,难以重复观赏;在收看时间和内容上也同样受限制,难以自由选择;加上受场地、设备条件的限制,使信息的传输和接受都不如报刊、广播那样具有灵活性。

第二,电视节目从制作、传送到播放、收看,耗时耗资,成本较高。

3) 互联网特点

互联网是指全球最大的、开放的、由众多网络互联而成的计算机网络,以及这个网络所包含的全世界范围的巨大信息资源。从网络的角度讲,互联网不仅是一个国际性的计算机网络集合体,即一种连接在一起的物理实体,更重要的是,从信息资源的角度讲,互联网是一个面向全世界、全社会的巨大的信息资源,它能根据不同用户的不同需要提供诸多不同的信息服务。作为物理实体的计算机网络只是信息传播的载体,而巨大的信息资源才是互联网的生命力之所在,互

联网的神奇、美妙和实用性就在于它拥有的信息资源本身。

互联网含有极丰富的信息资源,并能使处于异地的计算机方便地进行信息交流与资源共享。人们利用它可以进行科学研究、文档查询、联机交谈、电脑购物等。从公共关系传播意义的角度,互联网是现代电脑技术、通信技术的硬件和软件一体化的产物,代表了现代传播技术的最高水平,是人类传播史上的一个重要里程碑。它的出现,从根本上改变了人类的传播意识、传播行为和传播方式,并影响到人类社会生活的方方面面。酒店公关工作一定要掌握互联网这种全新的媒介技术。与传统的大众媒介和其他电子媒介相比,互联网络具有如下传播特征:

(1)超越时空,范围广泛

互联网的信息传播是在电子空间进行的,能够突破现实时空的许多障碍和限制,真正全天候地开放和运转,实现超越时空的通信,而且它是由无数个局域网(如政府网、企业网、学校网、公众网等)联结起来的世界性的信息传输网络,因此它又是传播范围真正广泛的"无边界媒介"。

(2)高度开放,尽显个性

互联网是一个高度开放的系统,在这个电子空间中,任何人都可以利用网络平等地获取信息和传播信息。无论对传播者还是受传者来说,在互联网这一媒体中都享有高度的自由。在互联网上,无论信息内容的制作、媒体的运用和控制,还是传播和接受信息的方式、信息的消费行为,都具有鲜明的个性,使人际传播和大众传播都在高科技的基础上重放光彩。

(3)综合媒体,双向互动

互联网以超文本的形式,使文字、数据、声音、图像等信息均转化为计算机语言进行传递,不同形式的信息可以在同一个网上同时传递,使其综合了报纸、杂志、书籍、广播、电视、电话、传真等各种媒介的特征和优势。不仅如此,互联网成功地融合了大众传播和人际传播的优势,能实现大范围和远距离的双向互动,不仅远距离、大范围地实现沟通,而且受众的主动性、选择性和参与性大大增强,使得传播沟通的双向性大大加强。

由于互联网具有以上与传统大众媒体和其他电子媒体不同的传播特征,特别是其包含的巨大信息资源、双向交互式的信息传达方式,与公共关系所倡导的"双向交流与沟通"的观点十分吻合。如今,"网络公共关系""网络广告"对大多数社会组织和公众而言,已是习以为常的传播手段了。酒店企业如果不懂得运用互联网的强大功能从事公关活动的话,就会成为信息化社会的落伍者。

在第四届国际旅游研讨会上,世界旅游组织呼吁:世界各国旅游企业应充分利用互联网络,积极上网寻找市场。现在,越来越多的游客利用网络制订自己的旅游计划,网络已成为他们选择旅游景点和酒店的新兴方式。世界旅游企业委员会主任索雷达呼吁,如果一个旅游企业至今还不充分利用网络优势,那么不久的将来它将丢失市场,甚至被淘汰出局。

让我们参考一组有趣的数字:收音机用户数量达到 1 000 万,花了 40 年;电视机用户数量达到 1 000 万,花了 15 年;然而在网络时代,著名电子邮件服务提供商 hotmail.com 用了不到一年的时间,就拥有了 1 000 万的用户。互联网高度的开放性和高速传播由此可见一斑。网络给旅游酒店、景点、旅行社的信息传播提供了巨大的空间和极其高效、低成本的途径,加速、更新、强化酒店企业的网络建设,应是低成本、高效率酒店公共关系营销宣传的重要途径。

在我国,通过建立网站和内部局域网来帮助酒店企业开展公关工作的工作实践刚刚起步,但发展迅速。网络媒介目前在酒店公关工作领域的应用主要有:酒店宣传和介绍,酒店新闻发布,酒店企业文化宣传,酒店对社会的贡献,酒店管理层观点述评(评论文章),虚拟社区,开展内外公众交流,公关广告,网上培训,电子邮件等。

4.2　酒店公共关系传播方式

4.2.1　传播方式

传播是人类社会的一种基本社会行为,是在人们的社会活动中极为普遍的现象。从酒店公共关系的角度,我们可以把传播划分成四种方式:人际传播、大众传播、群体传播和酒店自控媒介传播。

1)人际传播

人际传播有广义、中义、狭义之分。广义的人际传播,是指人与人之间的一切信息交流活动,它是相对于自然界的信息传播而言的。中义的人际传播,是指除组织内部传播和大众传播以外的一切传播活动。狭义的人际传播,仅指两个人之间的信息交流活动,这种传播既可使用有形媒介,也可使用无形媒介,如当面交谈、电话交流、书信来往、传真联络、网上互联等。在酒店中,这种人际传播主要存在于服务接待人员与客人之间、客人彼此之间、酒店员工彼此之间和周围亲朋好友之间。

(1)人际传播的优势与不足

①人际传播的优势。

第一,双方的参与性。人际传播中,传播双方互为传播主体和客体,参与性强、针对性强,而且双方不断互调传播角色,既传播信息又接受信息。

第二,传播符号的多样性。人际传播的交流手段十分丰富,传播符号多种多样,既有语言、文字、图像,又有眼神、表情、动作、姿态、服饰等,从而使双方受到多种渠道、多种信息的刺激。

第三,反馈的灵敏性。在人际传播交流中,双方不仅可以根据反馈信息及时表达自己的情绪或意见,进行有针对性的说明,而且能够通过观察对方的反应,及时调整自己的传播内容和传播方式,作出灵活的处理,以便消除隔阂、减少误会、增加共识。

第四,沟通的情感性。人际传播能使双方心理上相互影响,人情味浓,有利于达到以情感人的效果。目前,世界各国的酒店企业都在倡导提供情感化服务,在标准化、程序化的基础上,注重细节服务、情感服务,满足客人的正当需求。有效的人际传播和沟通对情感化服务是一个积极的促进因素。

②人际传播的不足。人际传播的不足体现在传播范围狭小、效率低。由于人际传播主要是个人与个人或个人与群体之间面对面的沟通,因此,信息的传递受到时间和空间的制约,传播面较窄,传播速度较慢。同时,由于个人素质、观念、态度、情绪、语言等因素的影响,可能导致信息失真,形成人为的传播障碍。

(2)人际传播的选择与应用

酒店可以使用的人际传播方式有以下几种:

①旅游者的传播,指旅游业针对大量旅游者的直接传播和针对目标客源市场潜在旅游者进行传播的活动。旅游者是旅游活动的主体,是酒店的生命所在。酒店每天都要接待大量的国内外游客,酒店员工可以通过日常接待服务工作来完成对旅游者的传播活动。在接待服务过程中,酒店员工的一言一行都直接影响着游客对酒店的看法,酒店员工的精神面貌和服务态度,都被认为是酒店企业形象的自然外化。因此,酒店应积极开展全员公关活动,提高全体员工的公关意识,不断强化公关传播的效果,让每位员工都充分意识到自己是酒店的公关大使,是酒店形象的塑造者。

酒店在运用人际传播方式时,旅游者传播是最重要、最广泛、最普遍的传播渠道,贯穿于日常服务与管理的每个环节、每个细节。虽然面对面的人际传播范围小,传播面也很窄,但从旅游业的特点来看,一个在外出旅游活动中获得满意服务的旅游者,回到家中就会对亲朋好友作宣传。由于是旅游者的亲眼所见、亲身所感,可信度高,在亲友、同事中将形成很好的"口碑效应"。

对潜在旅游者的传播渠道,主要是酒店通过举办或参加各种国际国内旅游交易会、展览会及博览会,组织促销团进行海内外推销,组织演讲团去各地进行现场或即兴演讲宣传,还可召开座谈会、研讨会等。现在我国旅游界都普遍加大了促销宣传的力度,并开始走出国门,拓展海外客源市场。

②政府组织的传播。政府组织对酒店的评价具有较高的权威性和说服力,导向性很强。如在公关传播中适时、适度地转引政府组织的评价,将会收到良好效果。酒店企业应重视针对政府组织的传播工作,获得政府组织的好感和信赖。酒店可通过人际交往方式主动向政府组织汇报酒店的工作、介绍酒店的现状,邀请政府领导及有关人士视察酒店,对工作进行检查指导,响应政府决策等。

③特定人物的传播,指选择具有特殊身份和特定地位的人物进行传播的方式。目前国际上较为普遍的手段有:邀请国内外旅行社代理人、旅游批发商来访,热情接待这些特殊的客人,往往会影响一个时期的客源市场;邀请记者来访,这是花钱少、效果好的一种酒店公关传播手段;还可邀请政府首脑及名人,借助"名人效应"达到特定的传播效果。

2)大众传播

大众传播是职业传播者通过大众传播媒介(如报纸、杂志、电视、广播等),将大量复制的信息传递给分散的公众的一种传播活动。它是酒店企业提高知名度和美誉度、塑造良好形象的必不可少的重要手段。

(1)大众传播的优势和不足

①大众传播的优势。

第一,传播机构和传播手段高度专业化。现代大众传播是非常专业化的工作,必须借助各种技术手段,由专业机构和人员进行。酒店利用大众传播媒介时,应遵循协助、配合的原则,注意与新闻机构建立密切的联系,经常输送酒店的信息,争取媒体作有利于酒店的报道。

第二,传播速度快、范围广、影响力大。无论从时间还是空间效果来看,大众传播都是影响力最大的一种传播方式。通过大众传媒,信息可以传播到一个地区、一个国家甚至全球范围,从而产生巨大的影响。因此,酒店要提高自己的知名度并赢得公众的注意,选择大众传播是最理想的传播方式。

第三,提高传播信息的价值。世界上每天发生大量事件,其中被大众传媒选中并予以传播的只有很少的一部分,一个信息被传播媒介报道出来了,就表明此信息具有重要价值。特别是大众传媒作连续报道或特殊安排(如上报纸的头版头条、电视"黄金时段"播出等),更会使公众认为该消息在社会生活中占重要地位。因此,大众传播对社会舆论有着巨大的导向作用,公关人员应掌握和了解这一点。酒店公共关系的目的,是要提高酒店的知名度和美誉度,使酒店被社会认可。因此,酒店要争取大众传媒的注意,力争先报道、连续报道或在显著位置报道。当酒店面临危机时,应不失时机地借助大众传媒公开事实真相,争取公众理解,维护酒店的社会形象。

②大众传播的不足。大众传播的不足在于信息反馈困难和缺少人情味。由于大众传播受众广泛而分散,对象不确定,针对性差,受众与传播者缺少直接联系,因此信息反馈间接而缓慢,效果难以把握。大众传媒所面对的是广大受众,缺乏面对面的交流,因此很难上升到情感层次。

(2)大众传播的选择与应用

酒店公关活动过程实质上就是信息传播的过程,公关人员只有选择最佳媒介,才能保证公关计划的有效实施。传播媒介的选择和应用是一项复杂的工作,公关人员应掌握不同媒介的特点和适用范围,作出恰当的选择,才会收到事半功倍的良好传播效果。公关人员应将传播内容的特点与受众特点紧密结合起来综合考虑。当酒店向公众传播的信息内容主要在视觉范围时,不宜选择广播媒介,而应选择电视、电影及幻灯媒介;如果信息内容是听觉范围的,则应选择广播媒介;内容简单、时效性强的快讯,选择广播、电视等电子媒介;较复杂的内容,最好选择报纸、杂志等文字媒介;对于专题性大型公关活动盛况的报道及新开发旅游点、热线的介绍,宜采用电视、电影等传播媒介。

总之,只有把握好信息、媒介、公众三者的特点,选择和应用最有效的媒介,才能收到最佳的公关传播效果。

3)群体传播

(1)群体传播的优势与不足

群体传播,是指传播者面对相对集中的有关公众进行的一种现场传播,如开业庆典、星级评定、挂牌仪式、专题演讲与报告、新闻发布会、展览会、大型演出活动等。群体传播具有相对集中、面对面、可以及时反馈等优点,便于传播者纠正、补充所传播的信息内容,易于制造热烈的气氛,有时还会形成轰动性传播效果,是酒店企业对内、对外常用的一种有效传播手段。群体传播的不足,主要是成本

较高,对酒店的组织能力要求也较高。

(2)群体传播的选择与应用

酒店公关活动以追求良好的公关状态为目的。为扩大酒店的影响,提高酒店知名度,公关人员可根据传播信息的内容要求,选择适当的群体传播方式。如酒店有重大喜庆之事,可通过举办各类庆典活动来增进与同业人员及公众的沟通;如酒店欲向社会公布重要事件或想澄清重要事实,可举行记者招待会或新闻发布会。群体传播具有隆重、正式的特点,这种沟通形式可充分展示酒店公关人员的组织能力、社交水平及业务能力,往往给公众留下深刻印象。

4)酒店自控媒介传播

(1)酒店自控媒介传播的作用

酒店自控媒介传播,是通过酒店会议、刊物、电子传播媒介等手段,进行"内求团结、外求发展"的教育,使酒店员工的问题在酒店企业内部得到有效解决,从而取得树雄心、鼓士气,增强酒店组织向心力和凝聚力的效果。酒店自控媒介传播形式多种多样,如自办电台、电视台、报纸、杂志、书籍、板报、墙报、宣传栏等。其沟通方式有两种:一是下层与上层的垂直传播,如经理与员工之间的工作沟通;二是平行的横向传播,如酒店管理者之间、员工之间及部门之间的沟通。

(2)酒店自控媒介传播的选择与应用

酒店自控媒介传播的种类很多,每种媒介所发挥的作用各不相同,公关人员应有针对性地选用。如酒店自办的内部刊物,主要是为了让员工了解酒店政策、经营状况及员工的想法;酒店自办的电子媒介主要用于播发酒店新闻、传达酒店企业精神和丰富员工的生活。

4.2.2　提高酒店公共关系传播的有效性

传播效果是传播过程的最终结果,也是对任何传播过程的总评价。酒店公关工作其实就是一种传播沟通行为,其传播的目的是为了向公众传递信息,沟通感情,影响公众的态度和行为,最终顺应酒店企业的期望。因此,酒店公关传播的有效性的评价,是以公众按照酒店企业意欲达成的结果而产生的情感、思想、态度和行为方面的变化为依据的。根据公众对信息接受的不同层次,酒店公关传播效果呈现不同的层次。分层次考查酒店公关传播效果,可以帮助酒店公关人员明确公关传播工作在不同阶段的侧重点,避免公关传播的盲目性,提高其针对性和有效性。

一般来说,酒店公关传播目的可分为以下4个层次,无论达到哪个层次的目的,都可以说取得了一定的传播效果。

1)信息层次——分享信息

这是酒店公关传播最基本的传播层次,许多酒店的公关活动都是在这个层次上展开的。作为一个酒店企业,树立形象的第一步就是让公众了解自己、熟悉自己。因此,酒店公关工作最基本的内容就是想方设法把酒店企业的有关信息传递给公众,增加公众对酒店方针、政策、产品、服务及各种信息的了解和感知度。而酒店公关工作是否有效,就要看酒店企业的基本信息是否通过各种方式和途径传送到了相关公众那里,如果公众及时、准确、充分地获得了所需要的信息,公关传播就是有效传播。

2)情感层次——联络感情

这一层次的公关传播的目的,是力求使公众与酒店企业在感情上产生共鸣。如一封感人肺腑的信函、一段情感真挚的欢迎词、一部打动人心的宣传片、一场联欢、一次舞会、一次宴请等,都可以在一定程度上密切酒店与公众的感情。以情感人、以诚动人,联络公众感情并增进公众对酒店企业的积极情感,是酒店公关活动的一项重要任务。情感层次的传播效果在于对内增强凝聚力,对外增强吸引力,为酒店企业创造和谐相容的公众氛围。

3)态度层次——改变态度

态度层次的公关传播旨在转变公众对酒店企业原有的不良态度和心理状态,强化或重建其对酒店的积极态度,将公众对酒店的误解、敌意、冷淡转变为认可、理解、同情、信任和支持,为更深层次的传播奠定基础。

4)行为层次——引起行为

行为层次是酒店公关传播效果的最高层次。一般的顺序是先有态度后有行为。酒店公关活动的最终目的,是促使公众产生某种酒店企业所期望的行为,如贯彻执行某项方针、政策,接受某项服务,购买某项产品等。当然,行为层次上的传播效果是以信息层次、情感层次、态度层次的效果为基础的。

事实上,不同酒店企业在不同的时期,由于公关传播活动的目的要求不同,对传播效果的理解也不同,不能机械地以是否引起了公众行为作为唯一的判断标准。如某一新的服务项目首推时,公关传播的主要任务是告知公众信息;当公

众对某项服务不满时,应设法转变公众的认知和态度;当公众疏忽了酒店企业,则应采取措施加强与公众之间的情感沟通;当酒店经济效益滑坡时,要设法促进顾客对酒店服务及产品的消费额。不管是哪种层次的传播活动,只要达到了酒店企业在某一时期公关传播的预期目的,都应称之为成功的传播活动。

4.3 专题操作训练——宣传招徕训练

【训练目标】
培养学生运用传播手段达到沟通目的的能力。
【训练方法】
①以本校某一活动为话题,分角色扮演,开展新闻采访活动。
②为本地某一酒店设计一公关广告词。
【知识背景】

1)新闻宣传

(1)新闻发布会

酒店公关人员在筹划新闻发布会前,首先要认真思考这次会议的必要性。如果在这次新闻发布会上所要披露的消息已经包含在以前发出过的新闻材料中,那么再召开一次发布会就没有必要。

在筹划新闻发布会时,酒店公关人员要准备回答记者的深入提问。除了在新闻材料中已公布的内容之外,要首先弄清你是否有权透露关于财务以及其他方面的更多细节。最好安排专门的发言人接受那些希望撰写更详尽报道的记者们的单独采访,这样会收到更好的宣传效果。

在筹划新闻发布会时,要尽可能为媒体的摄影编辑准备生动形象的视觉材料。例如,在宣布一项新的建筑项目开工时,最好能展示模型。此外,新闻发布会的组织还要注意以下一些要点:

①新闻发布会的邀请函必须发给与议题有关的记者和编辑。书面邀请信应在会前两周至十天寄出,随后再通过电话落实。如果是突发性的重要新闻事件,则可用电话通知,在邀请中不要允诺或暗示发布会上不能公布的消息。

②新闻发布会的场地选择很重要。会场背景应能与所需要发布的新闻性质相协调。不管选择什么场地,都要为新闻界人士提供方便的电话、网络和打字设

备。有时还要考虑交通方面的安排。

③新闻发布会的时间安排不要与其他重要新闻事件冲突,并适应大多数新闻机构的截稿时间要求,使记者们在会后有时间撰写报道。在平日,召开新闻发布会的一般时间是上午10时,而且尽量不安排在星期五、星期六和星期日,因为这几天大多数媒体机构的值班人员较少,只够应付紧急事件,通常抽不出人来出席新闻发布会。

④如果新闻发布会上有拍照的机会,应事先通知摄影记者,同时应让酒店专业摄影师也拍摄照片,供酒店自用,并提供给未能在现场拍照的新闻单位。

⑤发布会开始时,要安排每位来宾在入口处登记,并安排一名装束整洁、机智敏锐的公关人员接待到来的新闻界人士,引导他们就座并回答有关的问询。

⑥记者到会后,应发给每人1份事先准备好的新闻文件包,其中有如下材料:新闻发布稿、技术性说明(必要时)、主持会议者的简介及照片,以及会上要展示的产品或设施模型的照片。

⑦会议的时间(包括答记者问)宜控制在1小时以内。应以1位会议主持者为主回答记者的提问,必要时由其他人辅助。对无关或过长的提问应有礼貌地制止。会议应有正式结尾。

⑧会前及会后,设法邀请记者作进一步的深入采访,这样往往会带来具有重大价值的新闻报道。如果个别重要新闻媒体未能派人到会,可给他们寄去1份完整的新闻发布材料。新闻记者回报社后如果来电话查询某些事实,应立即回答,但不要强求记者为酒店写报道。要尊重新闻工作者,为他们提供新闻材料时要认真,他们自然会对酒店作出恰当报道。

⑨为广播电视记者提供方便。在新闻发布会会场必须连接电缆线,设置照明灯光,以供广播录音及电视摄像之用。现场必须有合适的电源,应有专人协助记者安放机器、接通电源,不要干预他们的正常工作。在安排位置时,应把摄影机安排在正对主席台的位置。

(2)新闻采访

计划周密、准备充分的新闻采访会产生积极的宣传效果。被记者采访的对象通常是酒店总经理或部门负责人。公关部应事先准备好他们的背景材料,了解所要讨论的问题。此外,还要注意下列事项:

①事先做好准备,知晓前来采访的是哪家新闻媒体的记者,知晓这家新闻机构的情况,有条件的话读几篇来访记者写过的报道。牢记一个原则:记者首先要对读者、听众、观众负责,他有义务对新闻作出解释,并以既提供信息又引人兴趣的方式把新闻报道出去。

②对记者态度要友好,但不要虚情假意。对于直截了当的问题应当直截了当地回答。假如有的问题回答不了,应坦率承认,并请采访者去请教有资格回答问题的人士。

③回答问题时不要离题,回答应简明、中肯,使记者在报道时既表达出主旨,又没有含糊的解释。

④不要认为记者提的一些问题过于"天真"。要考虑到记者是代表成千上万的公众来采访的,他们对酒店行业不一定非常了解,对专业问题可能所知不多。

⑤被采访者必须以事实和数字来支持自己的观点。

⑥主要谈事实,避免长篇议论。假如需要较详细的解释,在采访后的当天把有关细节书面写出寄发给记者。

⑦把要点讲出之后即停止回答问题,不要为了把谈话延续下去而说一些与主题无关的话。

⑧采访结束后,不要问记者如何处置所得到的材料。在新闻见报之前,不能要求记者事先把稿子给自己看。

⑨结束采访的最佳方式是感谢记者付出宝贵时间,并询问记者是否已获得了他所需要的材料。

(3)新闻宣传材料的准备

酒店公关人员手头必备的最重要的宣传材料是新闻资料档案夹,其中包括以下材料:新闻发布稿件、事实背景材料、图片资料。

①新闻发布稿件。必须是打印稿,只打在纸的一面;要有醒目的标题,开头要有日期;所有的新闻发布稿件必须复制一份存档。

②事实背景材料。包括以下内容:重要人物(酒店总经理、销售部主任、值班经理、餐饮部经理、厨师长等)的传略,并附照片;餐厅的介绍,如环境气氛、餐饮及娱乐特色等;有关设施及服务情况介绍;酒店外观、套房、餐厅及商业中心照片;分类手册。

新闻发布稿件和事实背景材料要适应各种新闻机构的要求。应设法了解这些要求并准备合乎要求的材料。例如,应使新闻发布稿件赶在报纸的截稿时间之前送到。新闻发布稿件和事实背景材料至少每季度更新一次。

③图片资料。最好是高质量的、艺术性强的黑白或彩色照片。照片背面要附有文字说明,并注明酒店联系人姓名、电话及电传号码。

为了便于和新闻媒体的经常性联络,公关人员应编制一份按照新闻机构类别排列的新闻机构联络一览表。例如,中国北京地区新闻机构联络一览表应包括如下内容:日报或周报,包括新闻编辑,通信特写编辑,经济、财政事务编辑,文艺编辑,专栏作家;广播电台、电视台,包括新闻编辑、特写节目编辑;大众杂志,包括编辑主任、发行人、新闻编辑、艺术及建筑编辑;新闻通讯社,包括驻各主要目标市场地区的执行编辑、采写某些特别题材的记者;自由撰稿新闻工作者,即专事写作旅游、艺术、食品、经济等题材的撰稿人。另外还应制备按国家排列的驻北京外国新闻记者联络表以及酒店目标市场地区的外国新闻机构联络表。此联络表每季度至少更新一次。向新闻机构提供的材料要在信封上写明收件人的头衔和姓名,而不要只是笼统地写"××报新闻编辑收"。坚持写姓名可以使酒店和新闻机构之间长期保持良好的关系。

2)公关广告设计和制作

狭义的广告主要是商业广告,它的主要目的是开拓市场、刺激消费。所谓公关广告则更注重社会效益,其主要目的是引起公众的注意,产生好感和兴趣,从而宣传酒店企业,塑造酒店形象。

(1)公关广告的分类

①目标广告。即宣传酒店经营目标、经营宗旨、管理哲学、价值观念、酒店精神等内容的广告。例如中国大酒店的"中外通商之途,殷勤款客之道"的广告形象,就属于宣传酒店经营目标的广告。

②庆典广告。开业之初,介绍酒店的经营特色、服务项目、地理位置、风格传统的广告;节日之际,酒店向广大公众致贺,向公众表示谢意的广告;周年纪念、剪彩等活动,酒店借助活动气势制造气氛的广告。

③信誉广告。传播酒店获重大奖项、受表彰、赞誉或星级上等级的广告;采取谦虚的形式,以退为进,扩大酒店声誉的广告;由于酒店失误,向公众公开致歉的广告。例如,某酒店登载这样一则广告:"本酒店烹制的'全鱼宴'深受消费者喜爱,目前供不应求,特向广大消费者致歉,酒店将于近期扩大生产,满足顾客需要。"这是一种以退为进的典型形式。

④公益广告。以酒店名义发起的,具有重大影响的社会活动,以此塑造酒店形象的广告;以公益性、慈善性、服务性为主题,传播酒店勇于承担社会责任,争做优秀公民的广告。

⑤实力广告。向公众展示酒店设施、设备、服务质量、人才技术等方面实力的广告。比如某酒店店庆,就列举了一长串曾在该店住宿、留言、题词的政府要员、商贾巨子、社会名流以及该酒店声誉很高的特级厨师和服务师,以此向公众展示自己的实力。

⑥纪念广告。利用社会上具有特殊意义的日子,如"一二·九""三八""十一""五四"等,结合酒店举办的相关活动制作成专题特辑,在报刊上做纪念广告,宣传酒店的形象。

(2)公关广告的制作

①构思创意力图新颖。广告的构思创意阶段,包括广告的调查及题材、时间和表现形式的选择。广告的构思应新颖、形式要不落俗套、主题表现力强,给人一种联想、启示,使观众有美的享受。

②制订计划组织实施。具体包括:确定广告目标,包括酒店声誉目标、知名度目标、市场占有目标、获得公众目标等;确定宣传范围,是对什么地区、哪一类公众进行宣传;确定宣传中心,例如,如果广告的目标是提高信誉,可在服务质量上做文章,如果广告目标是宣传酒店形象,可把宣传重点放在公众对酒店和总经理的认知度上;确定宣传媒介,根据媒介的传播层次、传播特点以及自身的广告目标来确定媒介,以达到最佳广告效果为目的;合理预算经费,根据广告目标、广告宣传范围和选择的媒体来预算所需资金;落实表现手法,是写真、示范、对比、对话、比喻、语言,还是文娱、权威等,表现手法方式不一,其效果也不同,可按照目标确定一种表现手法;其后是制作广告,依据既定广告目标,以及所选择的广告媒介及广告的预算资金,提出广告制作的基本要求与原则,委托有关部门和人员设计制作。

制作公关广告要注意掌握创作的原则,即真实性、思想性与艺术性的和谐统一,使之达到一种完美的境界;要重视广告的传播范围和传播效果,最大限度地扩大接触面,反复刊登、反复播放,以连续刺激的方式深化公众记忆;要避免商业广告的痕迹,注意公关广告的目的是宣传酒店形象、强化公众好感,即"不是要大家来买我,而是要大家来爱我";最后,还要注重"一致性"与"创新性"的结合,酒店企业的经营目标、经营宗旨、店名、店招牌从不轻易更改,而内容却可以花样翻新、富有活力,使公众对酒店既感到信任,又认为酒店有开拓和发展。

教学实践

请阅读第三章的导入案例。假设广州大厦准备为自身的重新定位作一次新闻宣传,向公众传播"公务酒店"的品牌形象,让公众了解酒店的资源优势和经营思想,如果你是酒店的公关部经理,你会怎么做?

本章自测

    1.什么是酒店公共关系传播？其基本要素和隐含要素有哪些？

    2.语言传播媒介和非语言传播媒介分别有哪些常见的形式？

    3.请简述四大大众媒体的特点和网络媒体的特点。

    4.人际传播和大众传播分别有哪些特点？

    5.如何理解酒店公关传播的有效性？请简述酒店公关传播效果的 4 个层次。

小知识链接

酒店的"文化形象"

    从经济学角度看,酒店是通过为旅游者提供旅游需求要素而谋取一定经济效益的公共性经济组织。但从文化的交流与发展角度看,酒店又是文化的聚合点和传播点。一个酒店形象的好坏,不仅在于其优质的服务、良好的设施、舒适幽雅的住宿条件、便利的交通地理位置,而且还包括酒店本身所蕴涵的文化气息和文化氛围,也就是所谓的酒店文化形象。酒店若要表现出与众不同的个性,最有效的突破点就是文化。目前,越来越多的国内酒店投资者和经营者已认识到酒店文化形象塑造的重要性,并自觉地运用"酒店文化力"的作用实施酒店的经营管理。

酒店的市场传播方式

    酒店的市场传播问题是经营中的难题。从营销的角度讲,市场传播就是营销中的宣传推广。酒店一般只采取小规模的、投入有限的市场传播方式。这些方式包括:①在专业杂志上做广告;②邮寄酒店资料;③人员推广;④通过网络传播;⑤在酒店内部传播。

    常见的为实施形象宣传或品牌宣传战略而特别设计的传播战术包括:①小规模、有限度的电视广告;②赞助电视剧的拍摄;③赞助棋类比赛;④利用赞助文艺演出或体育赛事传播;⑤利用接待名人以制造"名人效应"传播;⑥利用各种发布会传播。

如何以积极的心理状态与人交往

积极的心理状态,应该是主动的、积极的、明朗的,对自我有正确的把握的心理状态,它必须在不断克服不良心理中培养。首先要排除羞怯心理,适度羞怯是正常的,而过度羞怯则是交际的主要障碍,羞怯腼腆的人,在人际交往过程中往往手足无措、窘迫紧张,甚至影响自己清楚地表达自己的愿望和看法;其次,要克服自卑心理,自卑的人,往往感到自己低人一等,缺乏与人平等交往的勇气和信心,交往时缩手缩脚;再次,要排除猜疑心理,猜疑心重的人,时常用自己的想象去揣度别人,无事生非。

第5章
酒店公共关系工作程序

【学习目标】

本章通过对公共关系工作程序的介绍,使学生理解酒店开展公共关系工作要遵循一定程序的重要性和必要性,并为学生提供实际开展公共关系活动的基础理论和基本技能。

【知识目标】

①了解酒店公共关系的工作程序。

②掌握各步骤的基本原理和方法。

【能力目标】

①能够针对具体的公共关系活动选择并实施恰当的调查方法。

②掌握公共关系传播的工具和技巧,善于灵活选用各种传播媒介。

③能够独立策划并实施酒店公共关系活动。

④能够对酒店公共关系的效果进行评估总结。

【关键概念】

公关调查　公关策划　公关传播　效果评估　形象分析

自我期望形象　实际社会形象　宣传型公共关系　服务型公共关系

建设型公共关系

案例导入：

深圳市有家"竹园宾馆"，是由一位港商刘先生在 1979 年投资兴建的。1986 年，刘先生在港破产，竹园宾馆享受的优惠条件随之丧失殆尽，再加上当时许多豪华酒店在深圳如雨后春笋般出现，竹园宾馆的经营陷入困境。新任总经理走马上任后，决定在树立企业形象上下工夫，大办"竹文化"：既然宾馆名为"竹园"，地处竹园，竹子又具有较高的观赏价值，并且古往今来一直是文人墨客的歌咏对象和丹青妙手的绘画对象，因此，竹园宾馆应以"竹子"为特色，以"竹子"的形象为企业形象，大力开展以竹子为题材的文化活动。于是，竹园宾馆广植竹子，让人们在宾馆庭院中随处可见修长翠绿的竹子，连大堂中的迎宾屏和员工佩戴的徽牌上，都有竹子的形象。竹园宾馆在广告宣传中引用古人"宁可食无肉，不可居无竹"，把自己的特色告知公众，吸引顾客来观赏竹子，陶冶性情。竹园宾馆还举办"江南竹制工艺品展览"，举办以"竹"为主题的书法和绘画活动，开设"竹园画廊"，搜集展出了近百幅佳作。这项活动吸引了 40 多名著名书画家，并创作出了一幅幅书画佳作，广东省省长和深圳市市长也前来参加。竹园宾馆的竹林和竹文化，吸引了众多顾客。宾馆的经济效益大幅度提高，经营事业蒸蒸日上。

启示：竹园宾馆的公关人员依循公共关系特殊的规律，利用平实而动人的口号、个性化的标记、全方位的媒体宣传、加之对自身实力的展示，在公众中树立起有血有肉的组织形象，成就事业的辉煌。

酒店开展公共关系工作并非是杂乱无章、主观随意的活动，它不仅表现在与不同的公众打交道时，要运用高度的语言文字艺术、丰富多彩的组织手段、灵活机动的活动技巧，而且表现在酒店公共关系工作本身有高度的计划性、连续性和节奏性。无论酒店处于何种公共关系状态，无论其公关的活动内容、活动方式及活动范围有多大的差异，酒店公共关系活动必须依循公关调查、公关策划、公关传播、效果评估 4 个步骤，也就是公共关系学中的"四步工作法"。

这 4 个步骤既相互独立，又相互衔接，你中有我，我中有你，酒店公关活动只有在这种前后贯通的程序中有条不紊地进行，方能达到预期的目的。

5.1 酒店公共关系调查

酒店公共关系调查，是指酒店公共关系人员运用科学的方法，有步骤地考察、了解酒店的公共关系状态,搜集信息、掌握情况、预测问题的一种公共关系实践活动。调查研究是酒店公共关系工作的首要步骤。

例如北京长城饭店日常的调查研究通常有以下几方面内容构成:

①日调查。每个房间都放有调查表,上面包括客人对酒店的总体评价,对十几个类别的服务质量评价,对服务员的服务态度评价,以及客人的游览经历、是否加入喜来登俱乐部等情况。几位大堂经理24小时轮班在大厅内接待客人反映情况,随时随地帮助客人处理困难、受理投诉。

②月调查。前台经理与在京各大酒店的前台经理每月交流一次游客情况,互通情报,共同分析本地区的形势。

③半年调查。喜来登总部每半年召开一次世界范围内的全球旅游情况会,其所属酒店的销售经理从世界各地带来大量的信息,相互交流、研究,使每个酒店了解世界旅游形势,站在全球的角度商议经营方针。

正是由于对调查研究工作的重视,长城饭店才能在激烈的市场竞争中立于不败之地,成为京城酒店的佼佼者之一。

调查就其实质而言,就是一种获取信息的工作。酒店要想了解自己在公众心目中的形象,要能有的放矢地开展行之有效的公共关系工作,必须充分及时掌握准确的信息,这就需要通过调查了解有关公众的观点、态度和反映,从中找出问题,找出导致问题的主要原因和种种相关因素,进而制订出切合实际的酒店公共关系活动的计划和方案。

5.1.1 酒店公共关系调查的意义

1) 帮助酒店确定公共关系活动的方向

酒店公共关系活动的方向是否明确,关键在于酒店公共关系人员对现实的公共关系状态是否清楚。只有通过公共关系调查,了解和掌握了那些受到公共关系人员的行为和政策影响的公众的认知、观点、态度和行为,同时结合酒店内部的各种环境因素、人员因素、经济因素,分析出酒店目前面临的问题,在此基础上,才能设计出自己的新的形象,才能策划出目的明确的公共关系活动方案。

2) 帮助酒店制订科学合理的决策

只有在决策前进行充分的调查,全面了解公众的要求和愿望,掌握酒店内外的各种有利、不利的因素,才能作出符合客观实际的正确决策,它所制订的战略战术、行动纲领才有其科学的依据和确切的针对性,减少决策的主观性和盲目性。例如酒店应广泛搜集一些社会环境资料,诸如社会上发生的重大事件;由于受到经济的、政治的、文化的影响,公众中形成的社会思潮、人口问题、就业问题等,其中有些甚至会关系到酒店的兴衰与存亡。

3）帮助酒店加强与公众之间的联系和沟通

公众对酒店的认识、评价和反应,是组织生存和发展的前提,因此,随时把握公众舆论倾向,充分利用积极舆论,及时消除消极舆论的影响,更利于酒店企业树立良好形象。同时,在调查过程中,酒店公关人员与公众广泛而深入的接触,也是一种有效的感情联络。尤其是一些高素质的公关人员,以自己的真诚和良好形象赢得了公众的信任,不仅获得大量的调查材料,而且也是一种形象的传播。因此,从某种意义上说,酒店公关调查本身也是一种传播,也会起到塑造组织形象的作用。

总之,调查是酒店公共关系工作必不可少的一环,是最先着手的一个切入点,并应贯穿于酒店公共关系活动的全过程。

新加坡"世纪村"喜来登酒店,公共关系部经理每天上班后的第一件事,就是翻阅浏览当日的所有报纸杂志,凡是与酒店经营管理有关的信息,哪怕是一条短讯,也要做上记号交由秘书分类剪辑复印后交送有关部门。公关部经理善于广交朋友,各报纸杂志的编辑,电台、电视台的记者和各广告公司的经理都是公关部经理的交友对象,并经常举办各种类型的鸡尾酒会,在获得大量信息的同时有目的地向外发布各种消息,帮助酒店在公众中树立良好形象。

5.1.2　酒店公共关系调查的方法

作为一个酒店企业,怎样才能了解自己在社会公众心目中的真实形象,即自身的公共关系状况如何呢? 这就需要进行针对公众的调查。

1）酒店公共关系调查的指导原则

为保证科学性,在酒店公关调查中,应遵循以下原则:

(1) 全面性原则

酒店公关调查的对象是人,人由于各自不同的年龄、职业、教育程度、信仰、经历等个人背景,其态度和行为会呈现出千姿百态。调查要把握的当然不是他们中的个别人的态度及行为特征,而是总体的、普遍的规律性的把握。

（2）代表性原则

由于调查对象在数量上是巨大的,因此如何让被选择的调查对象具有代表性,能反映出总体情况的质量至关重要。

（3）定量化原则

在一定意义上,运用定量的方法来分析和显示认知结果,对客观事物从定性分析进入定量分析,标志着人的认识从笼统、模糊的低级阶段走向了精确、清晰的高级阶段。

2）酒店公共关系调查的过程

调查是一个过程,为保证调查的科学性和调查结果的可靠性,应按照以下程序实施:

（1）调查主题的确定

酒店可选择的调查主题是多种多样的,可以是与经营、管理有关的问题,如消费倾向、市场现况等,也可以是酒店与各类公众之间的关系状态,如同行的评价、新闻界对酒店组织的报道、上级主管部门对酒店组织的态度评价等,如表5.1所示。

表 5.1　酒店针对不同公众对象的主要调查内容

酒店公众	调查内容
员工	社会地位;人格受尊重程度;上级对下属的态度;就业安全保障;工作条件;工资和福利待遇;提拔机会;领导能力;酒店的规章制度;对酒店内情的了解
宾客	销售方式;服务态度;产品价格;产品质量;投诉的处理;服务项目的设置;酒店的可信任度;酒店管理水平;酒店员工形象
竞争者	平等的竞争机会和条件;竞争中的相互协作;经理人的风度;是否遵守行业规范;行业竞争活动准则
政府	税收;遵守各项法律、政策;承担法律、社会义务;公平竞争
社区	提供就业机会;保护社区环境;关心和支持当地政府;支持文化教育和慈善事业;热心公益事业;积极参与社区事务
媒介	公平提供消息来源;尊重新闻界的职业尊严;提供采访的便利;保证采访的独家新闻不被泄漏;参加酒店进行的重要社交活动
股东	参加利润分配;了解酒店经营状况;享受酒店合同规定的各种附加权益;检查酒店账册;股份表决

对于一项具体的调查工作来说,调查切忌包罗万象,必须明确调查的目标和内容,即通过此次调查,试图达到什么目的? 能帮助我们解决什么问题?

(2)调查范围的确定

调查范围的确定包括两方面:调查对象的确定和样本的界定。因为酒店调查内容和条件所限,有时需要在各类公众中进行普遍、综合的调查,有时只需在几类公众中按照一定的方法,有选择地从中抽取部分人来调查,被抽取的人在统计学上被定义为"样本",样本本身必须具有全面性、客观性、代表性,由此产生的调查结论才是可靠的。酒店应根据调查主题的需要和自身的条件来确定调查范围,确保调查结果客观有效。

(3)调查方法的确定

酒店公共关系调查方法是指用以保证公共关系调查目的顺利实现的途径、方式、手段、措施等。主要有以下一些方法:

①实地观察法。调查人员亲临现场,通过仔细观察获取信息的调查方法。该方法的优点是,在自然状态下对被调查对象从旁观察,可以快速、客观地搜集到第一手资料。缺点是,只能观察到被调查对象的表面行为,而对于被观察者的动机、需要、态度、打算等心理活动难以把握。

②资料研究法。通过对历年出版物、文献档案资料、网络、媒介等资料进行搜集、整理、分析研究,从中获取信息的调查方法。例如,从专业性的旅游报刊搜集有关旅游动态的情报资料;查阅酒店各类报表和档案,全面了解酒店的历史、现状及其经营方法。这些资料虽然不是组织亲身经历的,但形成的理论、方法和成果却是前人在实践中总结归纳出来的智慧的结晶。在对资料进行搜集分析时,应积极考虑这些公关问题是怎么产生的? 又是如何发展的? 其背后存在有哪些导致该问题的因素? 这些因素之间又有着什么样的联系? 这些观点是否正确? ……在审问和慎思中得到理想的答案。

③访谈调查法。通过与调查对象的交谈获得信息的方法,可分为直接面谈、电话交谈、书面交流等。该方法最大的优点在于,通过直接接触被调查者,获取第一手资料,调查结果的可信度较高;访谈过程能对问题的深度和广度进行控制,获得的信息更加丰富全面;灵活调节访谈内容;应答率高。缺点是调查成本较高;调查结果会因调查人员业务水平的高低而存在明显差异;另外,访谈法的结果标准化程度低,不利于进行科学的统计分析。

为保证访谈法的成功,首先,做好访谈前的准备,熟悉调查的内容,确定调查的中心,了解访谈对象的情况,列好提纲,按程序有针对性地提问;其次,要在访谈中创造一个融洽、和谐的气氛,运用访谈艺术,在心理沟通和相互理解的基础上,自然地将话题引入调查的主题。

④问卷调查法。就是利用设计的问卷进行调查,搜集资料的方法。这是调查酒店公共关系状态、搜集有关公众情报的基本方法。该方法最大的优点在于,节省人力、物力、财力,获取的信息资料便于量化处理,适宜大面积调查等优点。缺点是,缺乏深度,难以搜集到深层信息;问卷回收率难以保证。

问卷的类型主要有开放型问卷和封闭型问卷两种。开放型问卷是不为应答者提供备选答案的问题,如:您对××酒店服务有何意见和建议?封闭型问卷则为应答者提供选项,如:

您对本酒店的餐饮产品满意吗?

很满意○ 满意○ 一般○ 不满意○ 很不满意○

问卷调查表的设计对调查效果影响重大,是该方法的关键。问卷设计时要注意:

第一,明确性。问卷中提出问题的目的要明确,所问的问题确属酒店形象调查的必要内容,对于可有可无的问题不必罗列其中;问题应明白易懂,避免含糊不清的问题使应答者无所适从;要注意一个问题中不能包括两个或两个以上的问题,使作答困难模糊。

第二,全面性。调查问题的设计要深思熟虑,仔细推敲,要保证酒店形象的基本问题没有遗漏。

第三,逻辑性。问卷设计中,还要考虑到问题的编排次序,比如易于回答的问题应排列在先,为后面问题的回答提供必要信息的问题排列在先等,通过合理的逻辑次序排列,激发应答者继续答卷的兴趣。

第四,多样性。应采用灵活多变的提问方式提出问题,提高应答者的兴趣,保证问卷的高回收率。

另外,对于一些敏感性问题应有选择地在问卷上出现,如收入、年龄、婚姻状况、宗教信仰等,以免引起应答者的反感而拒绝回答,如表5.2所示。

⑤专家预测法。该方法又称为特尔斐法。特尔斐是古希腊的一个城堡,传说众神每年都要在此聚会,占卜未来,特尔斐便成为预言未知的神谕之地,专家预测法因此得名。其程序通常为:选择数名专家,建立预测小组,这些专家除了研究市场经济的学者外,还应包括精通酒店业务的经理、公关人员等。将确定的预测主题和项目设计成意见征询表,发给专家们,将所得回答归纳、综合,拟出第二张征询表,如此多次征询,达到意见的趋同。

酒店公关调查必须按照调查的目的、任务、内容和调查对象的特点选择不同

的调查方法。调查方法选择运用是否合理,对调查结果影响很大。恰当的调查方法,其结果的可信度就较高。酒店在选择确定调查方法时应同时考虑以下问题:第一,用什么方法可以获取尽可能多的情况和资料? 第二,用什么方法可以获取更为客观的调查结果? 第三,用什么方法可以最少的成本投入获取最佳的调查效益?

表5.2 上海华亭喜来登酒店的宾客评议书(部分)

Your name 您的姓名＿＿＿＿＿＿＿＿＿ Room number 房间号码＿＿＿＿＿＿＿＿＿
Dates of stay in our hotel 住宿我店日期＿＿＿＿＿＿＿＿＿
1. How was your reservation made? 您是怎样进行预订的? Chose one 选择一项:
By this hotel 通过本酒店预订( )
By Sheraton Reservation Service 通过喜来登预订中心( )
By a travel agent 通过旅行代理商( )
By a company or association 通过某公司或协会( )
By an airline 通过航空公司( )
Was your reservation handled promptly and courteously? 您的预订是否被处理得及时且礼貌? ( )
Was your reservation in order? 您的预订办的顺利吗? ( )
Comments 评价:＿＿＿＿＿＿＿＿＿＿＿＿＿＿＿＿＿＿＿＿＿＿＿＿＿＿＿＿＿＿＿＿＿＿＿＿＿＿＿
＿＿＿
2. Did you receive prompt and friend service from? Yes No
您是否得到下列部门的及时而友好的服务? 是 否
mail and messages   问讯处
receptionist   接待处
doorman   门卫
porter   行李处
front desk cashier   前台收款员
telephone operators   电话接线员
maid   客房服务员
laundry   洗衣
assistant manager   大堂副理
room service   客房送餐服务
banquet service   宴会服务
Comments 评价:＿＿＿＿＿＿＿＿＿＿＿＿＿＿＿＿＿＿＿＿＿＿＿＿＿＿＿＿＿＿＿＿＿＿＿＿＿＿＿
＿＿＿

（4）资料搜集整理分析

在调查结束后，对取得的信息资料还要进行整理、统计、分析，并形成书面形式的调查报告，用以反映通过酒店公共关系调查所获得的初步认识成果，给酒店的决策者以参考，也便于将调查结果应用于酒店公共关系活动中。

5.1.3 酒店形象分析

酒店形象是社会公众包括酒店员工对酒店整体的评价。在此通过图 5.1 直观展示酒店形象分类。

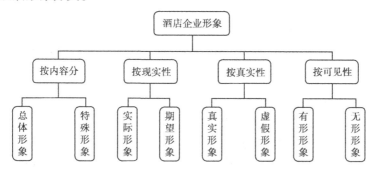

图 5.1 酒店企业形象分类

酒店在运用科学的方法获得大量调查资料后，还必须对资料进行整理、统计和分析，从而为下一阶段公关策划提供有价值的理论依据。

整理分析阶段是运用科学的方法对搜集到的各种资料进行去伪存真、去粗取精的信息处理过程。通过对资料的整理分析，实现由此及彼、由表及里、由感性认识上升到理性认识的飞跃，最终提出解决问题的对策。这实际上就是对酒店形象现状进行分析。

酒店形象分析工作必须从 3 方面进行：一是酒店的自我期望形象调查分析；二是酒店的实际社会形象调查分析；三是对前两种形象之间的差距进行分析。

1）酒店的自我期望形象调查分析

酒店自我期望形象调查是指酒店自己所期望建立的社会形象目标，是酒店开展公关活动的内在动力和方向。期望值越高，组织要付出的努力就越大。对这一方面的调查分析应从以下 3 方面入手：

（1）领导层对酒店形象的期望

酒店公共关系活动是为实现酒店的目标服务的，酒店的领导层作为酒店企业的决策者和领导者,决定和掌握着酒店发展的战略目标和大方向,对酒店形象的选择及建立,具有决定性的意义。他们对于酒店组织形象的期望,往往包含在一些决策和工作项目中。因此要明确一个酒店的组织形象,必须首先调查酒店的决策层对组织形象的期望:通过研究领导者所制定的各项目标和政策,领悟领导的决心和意图;通过研究领导者的思想和经营管理手段,预测出领导对酒店组织形象的期望水平和具体要求,以此作为设计组织形象的重要依据。

(2)员工对酒店的要求和期望

员工是酒店赖以生存的细胞,一个酒店的目标和政策须得到员工的认同和支持,才能有效地转化为实际行动。换言之,员工的态度和行为对于酒店的目标和策略的实现具有决定性意义。通过调查分析,详细了解员工对酒店的要求、意见;了解他们对决策层的信心和支持程度;诚恳邀请员工指出酒店企业运行中的薄弱环节,积极听取和采纳他们的合理建议等。

(3)酒店的现状和基本条件

酒店对自我形象的期望不能脱离组织的客观现状和现有条件,为此,酒店公关人员应对酒店的实际情况和基本条件进行调查研究,完整地掌握诸如经营方针、管理政策、市场营销状况、组织人事状况、财务状况、人员素质及培训状况等资料,以此作为设计酒店组织形象的客观依据,有效地鞭策酒店的全体成员。

2)酒店的实际社会形象调查分析

酒店的实际社会形象是指酒店在公众心目中的地位,是公众对酒店的整体认知和评价。了解酒店实际形象,要开展以下工作:

(1)酒店组织形象地位测量

组织形象地位主要体现在知名度和美誉度上。知名度是指一个组织被公众知道的程度,组织社会影响的广度和深度,以"量"来衡量。美誉度是指组织获得公众的信任和赞许程度,以"质"来衡量。

知名度和美誉度两项指标,可以分别通过一定的调查方式测得。如果把这两项指标作为直角坐标的两个坐标轴,就构成了酒店形象评估坐标图,任何一家酒店都会在这个坐标图中找到自己的实际形象位置。例如甲酒店在100个被调查对象中,有95人知道该酒店,则该酒店的知名度为95%,而知道甲酒店的95人中,对酒店有好感的有91人,那么其美誉度为96%。这样,甲酒店的形象地位就处于A区了,如图5.2所示。

A区,高知名度,高美誉度,说明酒店组织形象处于理想的状态。应保持成

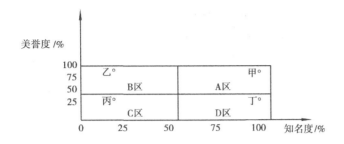

图 5.2 企业形象地位图

绩,进行努力。

B区,高美誉度,低知名度,说明酒店在公众中的"口碑"良好,但就市场而言,酒店的影响面窄,酒店公共关系活动的重点应放在维持美誉度的基础上提高知名度和影响力。

C区,低美誉度,低知名度,表明酒店组织形象不佳,酒店公共关系工作要从零开始,酒店首先要完善自身,待享有较高的信誉度和美誉度后,再着手大力提高知名度。酒店的成长初期也往往具有这样的特征。

D区,低美誉度,高知名度,表明酒店处于声名不佳的恶劣境地,酒店公共关系工作应先扭转不利局势,脚踏实地改善自身,逐步挽回信誉。

(2)酒店组织形象因素调查分析

酒店组织形象是组织整体实力的体现,要正确评价酒店的实际社会形象,就要对产品质量、服务态度、经营理念、酒店规模、管理水平、工作效率、企业文化、社会公益形象等诸多因素进行综合分析研究,找出形成某种形象的具体原因,以便有针对性地策划改善形象的公共关系活动。

酒店做该项调查时多采用"语意差别法",即用语意把调查因素的不同程度区别开来,请被调查者就自己的看法在各语意标准之间进行选择,作出评价;然后对结果进行统计,计算出各个档次中持某种意见的人数百分比,设计成调查量表,并据此绘制出酒店形象曲线图,通过与自我期望线的对比,就能客观确定出组织形象的现状。下面举例说明这种方法的使用。

酒店对经营方针是否正确进行调查,语意表达为非常正确、相当正确、稍微正确、一般正确、稍微不正确、相当不正确、非常不正确7个区间,调查总人数为100人。其中认为酒店的经营方针相当正确的人数为65人,稍微正确的人数为25人,认为经营方针一般正确的有10人,加之本次对酒店其他形象要素的调查,一并设计成调查表,如表5.3所示。

这份调查表所勾画出的酒店形象是:经营方针正确,但办事效率平平,服务态度不够诚恳,业务缺乏创新,酒店的管理顾问没有名气,酒店规模过小。总体感觉是一家知名度和美誉度都较低的酒店。

表5.3   企业形象因素调查表

评价单位/% 调查项目	非常	相当	稍微	中	稍微	相当	非常	评价单位/% 调查项目
经营方针正确		65	25	10				经营方针不正确
办事效率高			25	65	10			办事效率低
服务态度诚恳				15	20	65		服务态度恶劣
业务水平高、有创新					20	70	10	业务水平低、缺乏创新
管理顾问有名气						10	90	管理顾问没有名气
公司规模大					25	55	20	公司规模小

(3)酒店组织形象差距分析

酒店组织形象差距分析是通过对酒店客观实际形象与酒店自我期望形象之间的比较分析,明确酒店整体形象中需要努力的方面,同时为酒店制订公共关系目标和对策提供依据。

以表5.3为例,将调查表中表示不同程度的7个档次数量化,形成数值标尺:0~10表示非常不正确,10~20表示相当不正确,20~30表示稍微不正确,依此类推,依照该标尺计算各调查项目的分值,

如经营方针正确:65%×60+25%×50+10%×40=55.5

办事效率高:25%×50+65%×40+10%×30=41.5

服务态度诚恳:15%×40+20%×30+65%×20=25

依此类推,业务水平有创新为21,管理顾问有名气为11,酒店规模大为20.5,将这些分值标注在相应位置上,最后连接各点,即绘制成企业形象内容间隔图,如图5.3所示。图中实线部分是酒店的实际社会形象,虚线部分则是酒店的自我期望形象。两条线之间的差距就是形象差距。

总之,通过调查知道酒店的实际社会形象以及酒店的自我期望形象之后,接下来的工作就是要进行两者之间的比较,找出具体差距,这就是酒店所面临的并且必须加以解决的问题,即酒店公共关系工作的目标所在,最后通过切实可行的

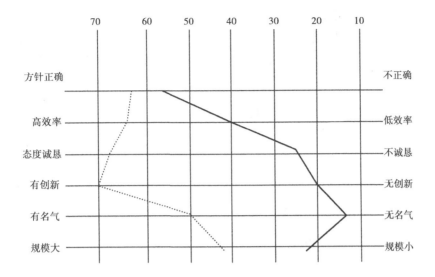

图 5.3 企业形象内容间隔图

公共关系活动去弥补或缩小这种差距。例如,某酒店通过调查发现,它在公众中的知名度已基本达到酒店的预期目标,但在公众中的美誉度却远未达到自我期望的水平,公众对其经营理念、服务态度、社会效益等方面的评价,与酒店对自身的期望存在差距,那么,这家酒店在今后一个时期的公共关系目标,就是如何提高组织美誉度。

5.2 酒店公共关系策划

策划,按辞海的解释是计划、打算的意思。其实质是一种运用智慧的理性行为,是根据既定的目标,找出事物的因果关系,衡量实现目标可采取的途径,决定做什么、何时做、如何做、谁来做等一系列问题,并依此订出详细的作业计划。

酒店公共关系策划,指酒店公共关系人员根据酒店面临的问题,通过对现有条件和具体情境的分析,借助一定的科学方法和艺术,对即将开展的酒店公共关系工作进行主题构思、方案设计、策略谋划的思维运作过程。

公共关系既是一门科学,又是一门艺术,其科学性和艺术性的统一,最集中、最明显的体现在公共关系策划中。所谓"运筹帷幄之中,决胜千里之外",就说明了策划对活动的重要作用。高妙的公共关系策划,会收到良好的公共关系效果,提高酒店经营的成功率,反之,则是事倍功半,甚至事与愿违。

在进行酒店公共关系调查之后,酒店公共关系人员掌握了大量的信息,明确了酒店在公众心目中的地位和面临的主要问题,在此基础上,通过策划,使酒店公共关系活动得以有计划、有步骤的开展,减少酒店公关工作的随意性和盲目性。

5.2.1 酒店公共关系策划的原则

酒店公共关系策划是具体进行酒店公共关系工作的行动指南,是酒店公共关系成败的指挥棒。酒店公关策划并非随心所欲,恣意而为,只有符合一定的原则规范,才能使公关活动步入正轨。在策划中,除了要遵循真实性、公开透明、双向沟通和互利互惠等公共关系的基本原则之外,还应注意贯彻以下原则:

1) 目的性和全局性相统一

酒店公共关系策划是一个系统工程,涉及的是组织发展的总体规划和远景构想,因此,尽管由于时间、空间的变化,酒店公共关系策划表现千姿百态,但必须服务、服从于组织的长远发展目标,要立足于全局,使计划有助于实现组织经营的整体目标,有助于树立酒店组织的整体形象,同时兼顾具体部门的利益,策划出针对性很强的公共关系活动计划。

2) 独创性和连续性相统一

酒店公共关系策划的灵魂是创造性思维。公共关系策划要想取得好的效果,绝对不能千篇一律,步人后尘,必须打破思维定式,突破常规,运用创造性思维,策划出别具一格、标新立异的活动内容和方式,即便是平凡的事件,也力图另辟蹊径,取得最佳效果。例如酒店的开业典礼,如果只是邀请政要出席剪彩,难免给人留下落入俗套的印象,尤其是政要来宾的长篇大论,更会令人生厌,而某新开业的机场酒店,在开业典礼上让来自不同航空公司的空中小姐把从地球上不同大海里灌来的海水倒入酒店的游泳池,众多的新闻记者纷纷把这一镜头拍摄下来,这一报道不久就出现在各个媒体上,其传播效果自不待言。

策划尽可能做到独具一格,还应有内在的连贯性、系统性,而不应是漠不相关、一盘散沙式的东西。因为酒店形象的塑造,不是一朝一夕靠一两次公关活动就能迅速树立起来的,而是要仰仗日积月累踏实的公共关系工作。

3) 稳定性与灵活性相统一

酒店公共关系的策划从某种角度上来说,是一个战略性的规划,不允许随意变动。这就要求组织在进行策划时,通过深入细致的调查研究,精心对酒店的人力、物力、财力等方面进行设计与安排,并据此有步骤、有计划地开展活动。

然而,酒店所处的主客观环境条件是不断变化的,公共关系策划时,必须对行动方案留有充分的余地,应针对可能发生的变化,考虑灵活的应变对策,使方案有一定的伸缩性,在出现的预想不到的突发情况时有灵活的应变对策来保证实现目标。

4)客观性与可行性相统一

客观性指策划应通过周密细致的公关调查,制订出切实可行的公关目标,针对组织面临的具体问题,策划出公众可接受的方案。

同时,制订出的方案必须切实可行,也就是方案的提出符合客观实际,组织经过努力能够实现该目标,而不能是"绣花枕头,中看不中用"。比如,策划是否符合经济性原则,能够以最低的经济投入获取最优的效果;策划的方案是否符合政府的方针政策,是否能够得到相关部门的审批等。

5.2.2　酒店公共关系活动策划程序

酒店日常公关工作由于内容和形式相对简单,运作起来容易计划和控制,但重大公共关系战略或专题公共关系活动,因其内容复杂、形式特殊、涉及面广、影响力大、意义深远,为确保效果,酒店公关活动策划也要遵循一定的步骤,如图5.4 所示。

1)确立公关目标

公关目标是酒店在一定时期内通过公共关系活动要达到的目的,以及衡量这一目标是否达到的具体指标。它是酒店开展公共关系工作的行动纲领。公共关系目标多样,按其作用大致可分为以下若干类型:

(1)以传播信息为目的的公关活动

这类活动目的是向公众传播信息,宣传企业以期引起媒介的注意和报道,属于最基础、最简单的目标。例如新闻发布会、记者招待会、制作印发宣传资料等。

(2)以联络感情为目的的公关活动

通过举办座谈会、邀请知名人士的联谊会、内部参观体验等活动,增进与公众的感情,赢得公众的好感。

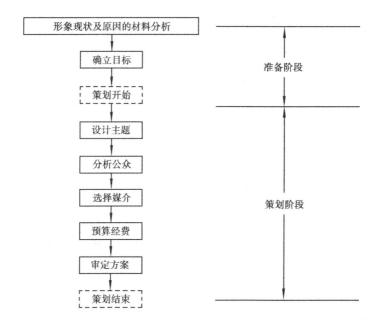

图 5.4   公共关系活动策划程序

（3）以改变态度为目的的公关活动

为了转变公众对酒店整体形象的某一方面的看法和态度,向新闻机构发稿或开展社会公益活动。

（4）以激发行为为目的的公关活动

在取得公众理解和支持的基础上,促使公众产生酒店期望的行为,这是公关活动的终极目标。如在全国性的重大节日或传统节日举行活动,在企业周年举行庆典活动都属此类。

需要注意的是,对于特定的一次公共关系活动,只应设定一个基本目标,这个目标必须明确具体,不可贪全图大,结果顾此失彼。

2）锁定目标公众

也就是辨认出酒店公共关系活动的对象。公关活动的对象公众是广泛的,但某一项活动不可能以所有公众为对象,准确界定公共关系活动所针对的公众的种类、范围及主次,是确定酒店公共关系活动的具体形式、预算经费、传播测量及实施技巧的前提。只有辨认了相关公众,才能有的放矢,确定工作程序和重点,才能科学地分配、使用有限的经费和资源,并在酒店公关活动中突出公众利

益,才能得到公众的支持与合作,与公众建立起协调沟通的关系。确定目标公众的方法一般为:

①以活动目标来划定公众范围。主要强调的是目标公众与活动之间的关联性。

②以对酒店的重要性确定目标公众。根据与酒店企业关系的密切程度、影响的大小程度、相关事件的急缓程度等因素进行排队,选出最重要的部分作为目标公众。

③以酒店的需要决定目标公众。例如,当酒店企业出现形象危机时,目标公众应首指逆意公众。

3)拟订主题

主题是公关活动中联结所有项目、统率整个活动的思想纽带和思想核心,是酒店公关计划的总纲领。主题可以是一句口号,也可以是一句陈述,但它必须要能起到统率、联结整个公关活动的作用。尤其是大型公关活动,通常包括一些子活动项目,要使这些活动围绕实现公关活动的目标而展开,必须有一个主题统帅整个活动。公关活动中的每一篇演讲稿、每一张宣传画、每一条广告,都要体现这一统一的主题。

主题是策划的灵魂、核心,也是酒店公关策划中最富创造性的一环。如果说确立公关目标相当于酒店要"说什么",那么锁定目标公众则是酒店要"对谁说",拟订主题则是确定要"如何说"。就像人际交往中的谈话艺术一样,"如何说"往往对"说什么"的效果影响巨大。拟订主题和活动形式对于整体公共关系活动的效果起着至关重要的作用,也是公共关系人员想象力和创造力的自由驰骋空间。公关人员就是要通过主题和形式的确定,把枯燥的、普通的、不易被公众关注的信息,变成能引起公众关注、激发公众兴趣的信息。公关人员在提炼和拟订主题时应注意以下几点:

(1)主题应独特新颖,有鲜明的个性,具有感召力

现代社会,信息铺天盖地,没有个性的信息如同过眼烟云,转瞬即逝,不会给人留下深刻的印象,只有把主题策划得新颖、独特,才能产生强烈的感召力和巨大的影响力。如珠海某度假酒店就以"住湖边,吃海鲜,玩水面"口号来概括它的经营特色。新奇、独特、别出心裁的公关主题不仅能直接引起公众的极大兴趣,也是新闻记者采访报道的好素材。

(2)主题应通俗简练

据心理学研究表明,人们对语言的记忆,其音节以少于 16 个字为佳,超过

16个音节便容易使人产生排斥心理。因此,主题的表述应通俗易懂,简短凝练,以期为公众所理解和接受。如中国大酒店在实施"提高营业额"的公共关系项目时,拟订的主题是"中外通商之途,殷勤款客之道",反映出酒店先进而完善的服务理念,主题清晰明了,易于记忆,中肯踏实。

(3)主题应负有社会意义

酒店公共关系活动的主题,应既适合组织的公共关系目标,又适合公众的心理承受力和兴趣爱好,同时还与社会环境相吻合。不可宣传味太浓,不宜商业气十足,以免招致公众的反感。例如广州花园酒店为了扩大自己在公众中的知名度,率先在母亲节举办了一个以歌颂母亲为主题的活动。选择歌颂母亲这个主题,是十分恰当的,因为在此之前我国一直没有举办过母亲节庆祝活动,花园酒店这一活动符合了社会的客观要求,吸引了公众的注意,取得了很大的公共关系效果。

4)实施步骤设计

这是对目标分解的过程。由于酒店公共关系活动尤其是大型公关活动,包含众多的系列活动,为保证整个活动协调有序地开展,必须对每一步都制订详细的操作要点和计划,并把策划活动的全过程拟成时间表,来保证实施过程的顺畅无阻。

实施步骤设计主要包括以下内容:活动大纲及活动时间表安排;媒体计划及时间表安排;对整个公关计划的实施所需要的人员从数量、结构到职责分工的计划安排;对诸如保安、防火、人身安全、意外情况人员疏散、硬件设备、户外活动天气变化等应对措施应急方案的计划安排。

5)编制预算

酒店公共关系活动的开展是一种市场行为,市场行为就要考虑投入和产出。编制预算的意义在于,在保证方案的切实可行的前提下,对活动的轻重缓急妥善安排,把钱花在刀刃上,使资产的投入产生最佳的效益。活动完成后,通过审视考核预算内各个项目之间分配比例是否正确合理,还能为后期工作提供参考意见。因此,编制预算是酒店公共关系策划必须重视的一个环节。

一般说来,酒店的公关活动所需经费开支包括以下几项:

(1)行政开支

行政开支主要包括内部公关人员的奖金、福利费和外聘专家顾问的劳务报酬费;日常行政管理发生的房租、水电、办公文具、电话、交通、交际应酬等费用;资料、设施购置费。

(2)项目开支

项目开支是指实施各项公关活动项目所需的费用,如重大项目专家咨询费、社会公益事业赞助费、大型展览庆典活动费、广告费以及为突发事件准备的其他机动费用。

(3)审定方案

审定方案又叫方案优化,通常我们遇到的问题不会只有一种解决办法,很可能同时有几种不同的方法可以采用,审定方案是由有关领导、专家和实际工作者,在风险评估、效果预测的基础上,对各种可能的方案进行咨询、答辩、论证,提高方案合理值、寻求最佳方案的过程。方案的优化一般从增强方案的目的性、增加方案的可行性和降低消耗三方面去考虑。

6)撰写策划书

从策划的程序上看,策划在前,计划在后,策划书是策划的最终产物。

酒店公共关系策划者对计划的拟订有2大类:一类为总体战略规划,其内容大致包括:年度公共关系具体目标;年度公共关系的主题;年度公共关系活动项目和传播计划;各项目和传播计划的财务预算;各项目的计划及组织保证与人员分工。另一类为单次公共关系活动的具体策划。策划书的写作格式与内容一般包括:

①封面。一般注明策划的项目名称、策划的主体名称、策划日期、策划书编号等内容。

②摘要。把策划书的核心内容用简明扼要的文字提炼概括,便于决策者了解计划书的精神实质,形成深刻印象。

③目录。列出策划书正文的章节名称。

④前言。即策划书的大纲,包括策划书的宗旨、背景和意义等主要内容,以展示策划的合理性和重要性。

⑤正文。这是策划书的主体,要求层次分明,逻辑性强,重点突出,切忌过分详尽冗长。一般包括标题、主题、目标、综合分析、活动日程、传播方式、经费预算、效果预测等方面。

⑥预算。按照策划确定的目标列出细目,计算出所需经费。

5.3 酒店公共关系传播

公共关系活动的实施,就是组织运用各种现代传播技术及各种沟通手段,把预期的信息传达给目标公众,改变或促成他们的态度或行为,创造对酒店自身有利的各种环境。

5.3.1 酒店公关传播的时机选择

时机就是机会,简而言之,就是时间的变化所带来的机会。从传播学的角度而言,时间是影响传播效果的重要因素之一,正所谓"机不可失,失不再来"。酒店公共关系活动是一项时效性很强的活动,能否捕捉并抓住有利时机,已成为衡量公共关系的重要标志之一。抓住时机就等于抓住了机遇,再配以精心策划的公共关系活动方案,可以使酒店的公共关系工作获得意想不到的进展和飞跃。

成功的酒店公共关系策划,要求策划人员具有善于识别、把握、选择时机的眼光和头脑甚至是直觉。酒店公关人员在选择时机时应注意:

1)巧妙利用重大节日或国内外重大事件

既要善于利用重大节日或国内外重大事件烘托和扩大公关活动的影响,又要注意避开重大节日或重大事件对公共活动所产生的负面影响。当公共关系活动的主题与这些节日或事件有着某种联系时,则应"借机"炒作,增强活动效果;反之,应尽量避开,因为此时公众的注意力和大众传媒往往被这些事件所吸引,而忽视组织的公关活动。例如,1989年2月以前,北京市合资酒店的舞厅按上级规定只对外国人开放,1989年2月18日,《北京日报》刊登出一条重要通知,取消了这条禁令。这意味着什么? 意味着进一步开放! 当晚,往日冷清的北京香格里拉"仙乐都"舞厅爆满。香格里拉公关部立刻打电话,将此消息通知了《中国日报》,2月26日,《中国日报》根据采访发了一条特写,描述了香格里拉舞厅爆满的情况,并引用香格里拉酒店公关人员的话:"中国人感到对待他们与对待外国人是一样的。""心理上的平衡比金钱更重要。"香格里拉公关部成功的抓住时机,借助《中国日报》为组织在海内外进行宣传。

2)充分利用能引起目标公众关注和具有新闻价值的时机

酒店经营发展过程中的重要公共关系时机,例如,酒店开业典礼之际,周年纪念、推出新产品、服务项目问世之际,召开重要会议、取得重大成果之际,被公众误解、出现失误、危机事件发生之际等,这些都是酒店可以借以加强与公众的沟通、扩大知名度、树立信誉的好机会。

3)不要同时开展两项以上的重大公关活动

酒店同时开展两项以上的重大公关活动难免会分散公众的注意力,削弱、抵消自身应有的效果,互相干扰,影响效果。

5.3.2　酒店公关传播的媒介选择

利用媒介传播信息既是公共关系工作的主要内容,又是开展公共关系的重要手段,而媒介的品类繁多,各种媒介的性质不同,功用不同,各有利弊(有关"传播媒介的分类"内容请参阅本书第 4 章),因此,公关人员必须了解、熟悉各类传播媒介,选择恰当,以期取得理想的传播效果。

1)依据传播对象选择媒介

要保证信息有效地传递到目标公众,必须考虑到目标受众的经济状况、教育程度、职业习惯、生活方式,再分析决定选择什么样的媒介。这里考虑的关键是组织的公共关系信息的目标接受者能否有效地获取组织的信息。此时应当考虑以下问题:此次活动的目标信息接受者是谁? 这些人的受教育程度如何? 他们习惯于接受哪类媒介传播的信息? 他们对什么形式和内容的信息感兴趣? 他们对各种信息的理解能力如何?

比如传播对象仅限于本组织员工时,内部刊物、闭路电视等组织传播媒介就能满足需要;传播对象众多,范围又广时,大众传媒是必不可少的;传播对象的文化水平较低时,广播、电视的传播效果会比较理想;传播对象属于高知识阶层,专业性杂志是较佳的选择。

2)依据传播内容和形式选择媒介

不同的传播内容和不同的传播形式,必然要求使用不同的媒介。因此组织在选择媒介时,应将信息内容的特点和各种传播媒介的优缺点结合起来综合考虑。例如,大型的公关活动就应以大众传媒为主,多种媒介综合运用;解决投诉纠纷的,则以人际传播媒介为主;内容简单又容易理解的可以选择广播、电视;需要充分阐述方能使公众明白接受道理的应选择印刷品传播。

3）依据组织实力选择媒介

使用任何传播媒介都必然要支付一定的费用,而组织公共关系活动的经费一般是有限的,因此公关策划人员在考虑媒介的使用时,必须同时考虑自己的经济实力,尽量以节省费用开支为出发点,不可一味的贪多求大。

4）依据传播目标选择媒介

即传媒所拥有的公众与组织公关目标公众类型应尽可能相符或相接近。比如,为了提高组织的知名度,应选择大众传媒;而为了缓和内部关系,采用座谈会等内部传播方式就很有效。

总之,公共关系策划人员要选择合适的传播媒介来进行公共关系传播活动,首先要熟悉各种媒介,充分了解各类传播媒介的优缺点;其次,要善于通过巧妙组合的方式,形成优势互补、交相辉映的整合性传播效果。

5.3.3　酒店公关传播的模式选择

所谓公关模式是指一定的公关工作的结构框架,它是由一定的公关目标、任务以及由这种目标和任务所决定的各种具体方式方法和技巧所构成的一个有机系统。酒店可根据自身的特点、社会环境的条件以及公众的不同类型,选择不同的公共关系模式。

1）宣传型公共关系

宣传型公共关系指酒店以各种传播媒介为工具,围绕某个特定主题向公众有意识地传播有关信息,以形成有利于组织的社会舆论环境,使组织获得更多的支持者与合作者,达到促进组织发展的公共关系手段。

宣传型公共关系的特点是主导性强,传播面广,推广组织形象的效果快。例如,1984 年美国总统里根圆满结束了对中国的访问,临别时要举行答谢宴会。按惯例,此等规模的宴会是要在人民大会堂举行的,但北京长城饭店公关部经过一番努力,使这次答谢宴会如愿以偿地在长城饭店举行。当答谢宴会开始后,500 名中外记者争相向外发稿:“今天×时×分,美国总统里根在北京长城饭店举行盛大的访华答谢宴会……”长城饭店的大名瞬时间传遍世界。

宣传型公共关系可利用新闻发布会、记者招待会、展览会等形式,也可以采用路牌广告、印刷广告甚至网络的形式。但宣传型公共关系在运用中要注意,真实性是第一位的,绝不能出现浮夸不实之词,比如酒店地处闹市,却宣称“环境幽雅"，明明设施设备普通，却自诩装修豪华，当客人入住酒店后大失所望，自然对酒店产生不信任感，酒店形象因此受损。宣传工作要讲技巧，以新、奇、特吸引公众注意力。

2）交际型公共关系

交际型公共关系模式不借助任何大众传媒，而是以人际交往为主，通过人与人的直接接触，为酒店广结人缘，建立广泛的社会关系网络。

该模式的特点是具有直接性、灵活性和人情味，能使人际间的沟通进入"情感"层次，应合了中国的古话："人情练达即文章"。

交际型公共关系工作大量渗透在酒店的日常服务工作中，依靠诸如招待会、座谈会、联谊会、宴会、信函往来、慰问、接待应酬、为宾客提供优质的服务、妥善处理顾客的投诉等人际接触手段，通过人与人的直接交往，通过公共关系人员的耐心、友善和诚意，深化交往层次，巩固传播效果，为组织广结人缘，建立广泛而良好的社会关系网络，为组织创造"人和"的环境。

3）服务型公共关系

这种模式以提供优质服务为主要手段，通过实际行动来加深公众对组织的了解，获取公众对组织的好感，树立组织良好的形象。

有位企业家说过，现在的顾客与其说是购买商品，不如说是购买服务。离开了优良的服务，再能干的宣传家也将一事无成。由于服务的目的不仅是促销，而且更在于树立和维护良好的形象，因此更具公共关系的性质。

希尔顿酒店曾发生过这样一件事。一位女士登记了一个豪华套房，这位女士身上穿的、手上拎的、头上戴的都是红色，这一明显的偏好被酒店发现。这位女士刚一出门，酒店就令服务员重新布置房间，等女士回来后发现，整个套房从灯罩、窗帘到沙发、床上用品，都换成了红色，感动不已的顾客当即报以巨额小费。该案例充分证明，懂得顾客心理，及时施以优质服务，就会给顾客留下深刻的印象，为酒店争取长期顾客打下良好的基础。

服务型公共关系的特点是，提高服务的自觉性，重视服务的实在性，产生"雪中送炭"的感觉，突出"以人为本"的特色。因为实际行动是最有力的语言，最容易被公众所接受，最有利于提高组织的美誉度。向公众提供咨询服务、预订服务、消费指导等都属于服务型公共关系的范畴。

4)征询型公共关系

征询型公共关系是指通过对市场、社会情况及公众意向等信息的搜集、整理与研究,对有关趋势进行预测,并向组织的经营管理决策层提供设计适宜的或最优化的理论、策略和方法。

该模式的特点是,以输入信息为主,监测组织环境,把握时势动态,具有较强的研究性和参谋性。但组织要日积月累,持之以恒,显示其诚恳并持之以恒之诚意,才能获得公众的积极参与,才能获得公众的真实客观的意见。

征询型公共关系模式的手段主要有舆论调查、民意测验、设立监督电话、拜访重要客户、开展有奖测验等。

5)社会型公共关系

社会型公共关系是酒店以本组织的名义发起或参与社会性的活动,在公益、慈善、文化、艺术、体育、教育等社会活动中充当主角或热心参与者,在支持社会事业的同时,扩大酒店的整体影响。

社会型公共关系的特点是社会参与面广,与公众接触面大,社会影响力强,形象投资费用也较高,能有效地同时提高知名度和美誉度。

社会型公共关系模式的手段主要有:赞助文化、教育、体育、卫生等事业,支持社区福利事业、慈善事业,参与国家、社区重大活动并提供赞助,利用传统节日或本企业的庆典活动为公众提供有吸引力的大型活动或招待。(可参阅9.5公益活动的组织)

6)建设型公共关系

建设型公共关系是酒店初创时期或新产品、新服务首次推出时期,为开创新局面而进行的公共关系活动模式。

建设型公共关系活动的重点是宣传和交际,组织通过主动向公众介绍自己,主动接近各方朋友,使更多的公众了解组织、关注组织、接近组织,最终推动组织事业的发展。

例如广州白天鹅宾馆,在建立之初,考虑到大批海外华人、华侨回到家乡的心情,特意在酒店大堂设计了宽阔高大的中庭园林,让长年奔流不息的瀑布水帘汇入中心水池,高高的假山石壁上赫然镌刻着"故乡水"三个大红字,这种设置,让无数归国侨胞备感亲切,情绪激荡;同时,在服务中努力为宾客创造家一般的感受,"温馨如家"的酒店形象就此产生了。

建设型公共关系还可采用诸如开业庆典,新产品或新服务的发布会,免费赠送礼品或折价酬宾,赠送宣传品,主动向社会介绍情况,举办大型的公关活动,向社会征集企业名称、徽标,向社会招聘高级人才等形式。

7)维系型公共关系

维系型公共关系指在组织的日常运行中始终如一地贯彻公共关系目标,以较低的姿态,不张扬的手法,把组织的各种信息持续不断地传递给各类公众,久而久之,使酒店的形象在潜移默化之中长久地存在于公众的记忆系统中。

维系型公共关系适用于酒店的稳定发展阶段,要求组织在日常运行的各个环节,都时时处处注意形象,所谓"随风潜入夜,润物细无声",以渐进而持久的方式,在潜移默化之中赢得公众的信任和支持。这种模式虽然不可能产生立竿见影的社会影响力,然而一旦见效,就会造成一种定势,使组织良好的公共关系状态得以巩固。

例如,北京长城饭店的公关部的一次活动很值得借鉴。那是1986年圣诞节,北京长城饭店公关部请来一批孩子装饰酒店的圣诞树,这些孩子的父母都是各国驻华使馆的官员,表面上看,是酒店为孩子们举行了一次符合西方传统的活动,但"醉翁之意不在酒",酒店是希望通过孩子来维系长城与各使馆的关系。孩子们在酒店玩了一天,回家后父母一定会询问孩子这一天的经历,在与孩子共同分享在长城饭店这一天的快乐时,对长城的好感油然而生,酒店顾客盈门是显而易见了。

8)防御型公共关系

防御型公共关系是在酒店与外部环境发生整合上的困难,与公众的关系发生某些摩擦的时候,通过各种调节手段,以适应环境的变动,适应公众的要求,防患于未然。

公共关系应当以"防"为主,酒店组织应具备危机意识,居安思危,通过构建有效的预警系统,敏锐地洞察周围客观环境,当发现酒店与公众产生了不和谐的倾向时,及时调整组织的政策和行为,始终将与公众的关系控制在期望的轨道上。

例如,上海某酒店在建造施工时,给附近居民带来诸多不便,于是,酒店在施工工地旁树了一块很大的告示牌:"市建一队为××酒店施工,给您带来不便,请原谅!"以此博得居民的谅解,避免与居民关系的紧张恶化。

9)矫正型公共关系

矫正型公共关系指酒店遇到不可抗力的突发事件或危机,或公众的误解、外界的谣言、人为的破坏、不利的报道,或酒店自身的经营方针、产品质量、服务质量等问题,在社会上造成严重后果时,采取一系列有效措施,做好善后或修正工作以挽回声誉,重建形象的公关专门活动。

矫正型公共关系的要点在于,出现问题要迅速查明原因,制订对策,采取行动;当组织负有责任时,应诚恳道歉,求得公众谅解,并及时调整行为,挽回和恢复形象。(可参阅9.6 酒店公关危机处理)

10)进攻型公共关系

进攻型公共关系指当酒店与环境发生冲突、摩擦的时候,为了摆脱被动局面,创造新局面,采取以攻为守的策略,抓住有利时机和有利条件,以积极主动的方式为组织开辟新的环境和机会。

酒店公关模式可以有很多分类,在具体实践中,既不限某一固定模式,也不必同时采取所有的模式,在实际公关活动中需要多种模式综合运用,如何优化组合出最佳公关活动模式,是需要付出一番创造性的努力。

5.4 酒店公共关系效果评估

效果评估指对公共关系计划的实施效果,按照特定的标准进行检测,从而作出评价和估计的活动。效果评估是公关工作的最后一环,同时由于评估为第二轮公关调查和策划提供了依据,因此,又是新一轮公关策划的开始。通过这样一个首尾相连、连续不断、循环反复的工作过程,为组织公共关系活动的不断调整和修正提供依据,使组织的公共关系活动朝着能顺利实现公共关系战略目标的方向发展。

5.4.1 酒店公关效果评估的目的意义

1)公共关系评估是酒店对公共关系工作成败进行科学诊断的重要环节

酒店公共关系活动是为了实现酒店企业战略目标而开展的,为了准确了解、把握这项活动是否朝着有利于实现组织战略目标的方向发展,防止其出现偏颇,就应对公共关系进行全面、及时的评估,以使组织公共关系工作不偏离原定的战略目标。酒店公关计划是否准确、科学,公关目标是否恰当,公关信息传播是否达到预期效果,公关实施是否成功等,这一系列问题都必须通过公共关系评估才能作出正确评价。

2)公共关系评估是酒店公共关系后续工作开展的必要前提

"前车之鉴,后事之师",人类的实际活动总是在不断地总结前人和自身活动的基础上得以继续前进的,任何一项新的公共关系活动计划的制订与实施,都不能孤立产生和存在,都是以原来的公共关系工作及其效果为背景的,因此,这其中总是存在着一定的继承性。通过对以往的酒店公共关系工作的评估检验,将公关工作所取得的经验、得失用于组织总目标、总任务调整的决策,用于其他将要制订的公关项目的决策,因此,酒店公共关系评估对组织公共关系工作具有明显的"效果导向"作用。

3)公共关系评估是鼓舞士气、激励员工的重要手段

公关评估实际上是依据一定的标准衡量和评价公关活动的效果,明确公关工作中的责任和成绩。通过评估,将组织公共关系的投入产出情况让员工有一个全面了解,使他们认识到组织的利益前景,加深酒店员工对公共关系工作的性质与重要性的理解,自觉地将实现本组织的战略目标与自己的本职工作紧密联系在一起。同时,有利于公关人员在公关活动中进行自我检查,证明自己对组织使命完成所作出的贡献,这对于提高士气、坚定自信心、提升组织凝聚力是大有裨益的。

4)公共关系评估是丰富和发展公共关系理论建设的重要途径

公关评估,不仅是对公关策划和实施进行检测和评估,也是对公关实践活动的总结和反思。通过总结,人们在认识上必然产生由感性认识到理性认识的飞跃,这无疑对公共关系理论建设有十分重要的意义。目前,在公共关系理论的研究和实践中,公关评估一直是一个薄弱环节,因此,重视公共关系评估,对于公关理论的深化和发展,对于公关实践领域品质的提升都意义非凡。

5.4.2 酒店公关效果评估的方法

1)新闻报道分析法

通过定期地进行新闻分析,从新闻界对组织的报道中衡量和判断组织公共关系活动效果的一种方法。该方法主要从新闻报道数量、质量和报道时机等方面进行检测。

(1)新闻报道数量

新闻报道数量即报道的篇幅和频率,篇幅越大,出现频率越高,引起公众关注和兴趣的程度就越高。

(2)新闻报道质量

新闻报道质量即报道的内容,对酒店的成绩、发展情况报道得越多,就越能在公众中树立组织的良好形象。

(3)新闻报道时机

新闻报道时机即报道是否及时、适时,是否很好地配合了酒店的经营管理和公关活动。迟发的报道如同过期的食品,无使用价值了,而过早地报道,效果也难尽如人意。

2)公众评价法

公众评价法就是依据公众的反应评估工作效果。酒店在选定的目标公众中,用问卷、访谈等方式,征求他们对某些问题的意见、态度,并把此次结果与公关活动前的公众舆论材料相比较,以此来评判公关活动的成效。公众对酒店的公关工作的评价最为客观,但涉及调查问卷的设计、发放以及回收等工作,无疑又会对结果的客观性和代表性产生或多或少的影响。

3)自我评估法

自我评估法是由主持和参与酒店公共关系计划实施的人员进行事后总结的方法。通过自我评估,公关人员不仅对活动本身的成败得失有了认识,并且也是公关人员自身思想水平、业务素质的一次检查。公关人员应保持清醒头脑,以诚恳、谦虚的态度和不断开拓进取的精神,找出自我差距,胜不骄,败不馁,使工作更上一层楼。这种方法简单易行,但缺乏一定的量化分析,结论带有一定的主观性。

4) 专家评估法

聘请各个类别、各个层次的有关专家对酒店公共关系活动进行评估的方法。其方式很多,可以是专家咨询法,也可以是同行评议法,可以发征询调查表,也可以召开座谈会,可以按照程序正规活动,也可以是非正式场合的私人交谈。此类评估更具有专业权威性和公正客观性,并能对酒店未来的公关活动提出有价值的建议和咨询。

5.4.3 酒店公关效果评估的内容

酒店公共关系评估的内容相当广泛,从理论和实际操作角度确定评估的内容如下:

1) 公共关系活动过程的评估

酒店公共关系活动分为两个阶段:准备阶段和实施阶段。

(1) 公共关系准备工作的评估

此项评估包括:

①相关资料的准备是否充分。整个公共关系评估过程是围绕着"公共关系活动是否适应组织环境需求"而开展的,因此,公共关系活动中准备的信息资料,如目标公众的情况,社会政治经济环境情况,媒介的情况,公共关系调查的设计是否合理,调查方法是否得当,公关活动计划中的时间、地点、方式是否符合目标公众的愿望,人员与预算是否充分等,都是评估公共关系活动准备阶段的重要内容。

②表现信息的方式是否合适。公共关系活动在一定意义上是传播活动,因此,语言文字的运用、图表的设计、图片的选择是否新颖,视觉形象是否鲜明,以及选择的信息传递方式是否能够有效传播相关信息,是对公关活动组织者的专业技术技能的评估。

(2) 公共关系计划实施的评估

此项评估的重点内容包括:实施过程安排是否合理,制作的信息内容是否准确充实,表现形式是否恰当,大众媒介的选择是否合理,有多少媒介对本次活动进行了报道,各媒介对该次活动的态度及评价如何,重要媒体对本次活动的报道情况如何,传播的信息资料被新闻媒介采用的数量,本次公关活动是否将要传达的信息送达到了目标对象,目标对象的规模如何,目标对象对本次公关活动的注

意率、记忆率及接受率如何,本次活动对公众的心理、观念、态度和行为产生什么影响等。

2)公共关系状态的评估

公共关系状态的评估可以从内部公共关系和外部公共关系两方面进行。内部公共关系状态评估主要包括评估全体成员的公共关系意识、员工的士气和归属感、组织的凝聚力和号召力、组织内部的人际关系等。外部公共关系状态评估主要考察顾客、媒介、社区、政府等公众在接受信息、产生情感、改变态度、引起行为等方面的变化情况。

3)公关人员工作绩效的评估

根据公关人员的职责和分工的不同,依据不同的评估指标和内容,对公关人员的工作绩效加以评估。

5.5　专题操作训练——酒店公共关系工作程序训练

【训练目标】
训练学生实际开展公关工作的能力。
【训练方法】
班级自由分组,每组针对不同的主题,按公共关系工作程序开展工作,相互交流,经老师及学生集体评议,选出最优方案。
【知识背景】
附例《广州大厦公关策划》
主办单位:广州大厦
咨询单位:广州大厦企划室

1)项目背景

广州大厦的前身是广州市人民政府的接待基地——榕园大厦。为了适应改革中的广州市政府对接待基地的需求,广州市政府办公厅于 1993 年在榕园大厦的基础上按四星级标准建成了现在的广州大厦,并于 1997 年 9 月 28 日开业。

广州大厦起步之初聘请酒店管理公司管理,管理公司将大厦定位为商务酒店,拟仿照商务酒店的经营管理模式立足市场。由于市场定位的不准确和经济大气候的影响,大厦的经营一直难以打开局面;1997 年 9 月 28 日至 1998 年 9 月 30 日,经营利润只有 4.3 万元。广州大厦的经营陷入了困境,管理公司只好提前撤离,由广州市政府办公厅组建了以邝云弘女士为领导核心新班子,接手大厦的管理。新领导班子决定通过重新确立酒店定位,树立品牌形象来争取社会和顾客的支持。

2)项目调查

广州大厦新班子在作了大量的市场调查的基础上,对自身的基本情况作了全面的分析,认识到:广州商务酒店星罗棋布,传统的招待所也为数甚多,广州大厦要想异军突起,必须寻找全新的市场定位;广州大厦拥有独特的酒店资源和接待资源,重新整合这些资源,一个全新的概念应运而生——创立全国首家公务酒店的品牌形象。这一全新的品牌形象拥有不同于商务酒店的独特优势:

①公务酒店占有独特的酒店市场,对于公务消费者而言,公务酒店有更强的适应性,更具信任感、安全感。这无疑是公务酒店独特的细分市场。

②公务酒店有一整套完整的适应政务接待、公务活动和其他商务活动的设施设备、人员和程序。

③公务酒店背靠政府,依靠与政府职能部门的密切关系,能为客人提供更多的政治、经济等方面的咨询和服务。

④公务酒店承担着政府对外联络的职能,它所发挥的"窗口"和"桥梁"作用,是商务酒店无法替代的。

3)项目策划

(1)公关目标

重塑广州大厦品牌形象。

(2)公关策略

①密切联系目标公众,创造良好的人际传播渠道。公务酒店的公关需要独特的传播渠道,那就是依靠公务员队伍的人际传播渠道,依靠酒店员工队伍的传播渠道,将酒店的形象传播给目标公众。在形象策略定位的基础上,广州大厦还确定了以公务客人为主、以商务客人为辅的目标公众群,制订出一整套密切联系目标公众的方法,以保证大厦与目标公众的双向沟通。

②全面强化公务公共关系,拓展公务市场。要树立公务酒店的形象,离开政府的支持是绝对办不到的,因此,在塑造公务酒店形象品牌策略中,重点是做好

政府及其各职能部门的公共关系工作,让政府及其各职能部门以主人的姿态帮助、扶持大厦,把大厦当做自己的企业;并通过政府及其各职能部门的特殊影响力,扩大知名度,拓展公务市场。

③在服务中传播,在传播中营销。基于公务酒店传播的特殊性,广州大厦为自己量身定做了一套独特的传播方式,那就是"在服务中传播,在传播中营销",依靠实际行动宣传自身的特点,依靠为目标公众提供优质的服务所产生的口碑宣传自身的形象;通过新形象的不断深化,使目标公众对大厦产生识别和认同,从而创造顾客的忠诚度和美誉度,提高大厦的社会效益和经济效益。

广州大厦确立以全国首家公务酒店为自己的品牌形象。这一形象的释义为:以公务客户、公务活动为主要目标市场,以规范化的酒店服务为基础,以鲜明的公务接待为特色的酒店。

4)项目实施

重塑品牌形象,是广州大厦宏观的公关策略,广州大厦以综合治理的方式,全面推进了这一计划的实施。

(1)发挥自身优势,重塑品牌形象

广州大厦作为公务酒店拥有不同于商务酒店的独特优势,在充分把握这些优势并对酒店资源和接待资源进行有机整合和利用的基础上,努力做出了公务酒店的品牌和特色。

①为公务酒店的品牌树立健康的形象。大厦循正道经营,坚决杜绝黄赌毒以及一些低级、庸俗的服务,努力为公务活动提供一个绝对安全可靠的场所。在服务上以"个性化、人情化"见长,让公务客人备感亲切、舒适。

②为公务酒店的品牌注入亲和力。广州大厦以亲切的"我在广州有个家"为宣传口号,并以实际行动为客人营造家的感觉,既亲和了异乡客人,又得到了广州人的认同。

广州大厦还将公务酒店的品牌形象建设融入企业文化之中,提倡从个人形象做起,携手共塑品牌形象。在广州大厦的文化中有这么一条:要求每一个广州大厦人像追求个人事业那样追求大厦的事业,像维护个人利益那样维护大厦的利益,像珍惜个人荣誉那样珍惜大厦的荣誉。在广州大厦人的意念里,他们所塑造的绝不仅仅是广州大厦的形象,更深层次上,作为广州市政府的接待基地,他们还在塑造广州市作为现代化中心城市的"窗口"形象。

(2)强化自身品质,提升品牌形象

广州大厦人深深认识到,形象的传播,主体是大厦的员工,是酒店的优质服务,因此,广州大厦首先从强化管理入手,全面实施大厦由商务酒店向公务酒店转型的策略。

①调整大厦管理机制。市政府办公厅与总经理邝云弘女士签订了《总经理责任书》,规范了总经理的责、权、利,给了总经理发挥才能的空间;在此基础上,广州大厦坚持以人为本、强化管理,努力建立健全制约机制、竞争机制和激励机制。

第一,在建立完善各项规章制度的同时,实行竞争上岗、考核聘用,彻底砸烂了"铁交椅",形成"能上能下,能进能出"的用人机制,在员工中树立了强烈的竞争意识和危机感。

第二,实行严格的部门经济考核制,将部门工资总额的提取与部门营业总额、成本、费用挂钩;实行以员工的岗位责任、劳动技能和贡献大小为依据的岗位考核工资制。

②强化员工培训。大厦以全员培训为手段,向员工灌输新的思想观念,并针对公务酒店的市场定位,采取全方位、多层次的培训方式,全面提高员工的政治素质、服务技能和公关意识。1999 年,仅仅是由人力资源部组织的公共训练课程就有 279 个课时,有 3 350 人(次)参与学习;参加各部门组织的专业训练课的员工有 17 480 人(次)。通过培训使全体员工更新了观念,提高了专业技术和服务水平,强化了职业道德,激发了群体意识,增强了大厦的凝聚力和向心力,形成了良好的企业形象。

（3）利用各种途径,宣传品牌形象

在总体的形象策略确定后,广州大厦推出了一系列的宣传活动:

①选取曾经是广州市市花并被人们誉为英雄花的红棉花作为大厦的形象标志,还选取绿色作为企业形象识别色彩,旨在推行绿色管理,普及环保意识。将富有个性的红棉花与充满生机活力的绿色组合在一起,较好地传递了大厦的信念和追求,有效地宣传了大厦的文化形象,并很快得到了公众的认同。

②广州大厦的宣传活动先从内部做起,强化企业形象。大厦在大堂、电梯等公众场所制作了一批有着人情化、个性化的鲜明服务特色的精美宣传画,一方面美化大厦的环境,一方面在潜移默化中让客人接受大厦的品牌形象。大厦还以绿色为基调,以红棉花为标志,设计制作了一系列的宣传品和客用品,反复强调大厦的形象标志,强化大厦的品牌形象。

③有针对性地选择公众媒体宣传企业形象,在广州地铁沿线投放了以"我在广州有个家"为主题的企业形象广告;还在广九直通车站出口处最醒目的位置上设立了大幅的灯箱广告,让踏进祖国南大门的宾客第一时间就感触到大厦

的形象。

④在具有权威性的报刊《人民日报》和《接待与交际》上,刊载由记者采写的关于大厦新品牌形象策略的系列报道,引起社会的普遍关注和同行的积极呼应,有效地传达了大厦新的经营理念,传播了大厦的品牌形象。

⑤创刊《广州大厦人》报,对内作为企业文化建设的载体之一,积极引导全体员工树立正确的价值观,增强团队意识;对外作为与目标公众沟通交流的渠道,传播企业信息,强化品牌形象。

⑥充分利用自身所特有的政府资源,借助政府公务员的特殊影响力来宣传大厦。1999 年中秋节,大厦第一次组织月饼生产、销售时,以红棉花为主题精心设计、制作了形象鲜明、大方得体的月饼盒,并及时地将第一盒月饼送到市长林树森手中,获得林市长"出品早,包装好,质量好"的高度评价,并嘱托市政府办公厅将大厦的月饼作为广州市政府的礼品送到北京,从南到北有效地推广了大厦的品牌形象,并为大厦的月饼销售作了一次成功的促销。

(4)参与公务活动,强化品牌形象

广州大厦定位为公务酒店,这就决定了大厦必须主动参与各类公务活动,同时强化与政府部门的长期沟通和合作。于是,争取广州市市委、市政府领导的大力支持成了大厦公务公关的基础。以总经理邝云弘女士为核心的领导集体认为:

①必须创造出一套适合公务活动的服务模式,并为公务活动营造最佳的环境,创造最佳的气氛,把大厦的"舞台"变成公务活动的"舞台",让公务客人乐于到大厦来组织各项活动。1999 年 9 月 24 日,广东省五套领导班子成员视察广州市"一年一小变"的成果并在广州大厦召开现场办公会;会后,广州大厦推出精心制作的、卫生、实惠、可口的公务套餐,并在 5 分钟内把近二百份套餐全部送到客人手上,让客人在 20 分钟内就餐完毕,有效地节约了就餐时间,受到省、直辖市领导"出品好、服务好、节奏快"的好评。

②要把公务活动当做大厦自己的活动来组织。一年来,广州大厦凭借自己公务酒店的身份及与政府各职能部门的良好关系,积极参与公务活动的组织和策划,并主动提供迎送、导游等一系列在大厦区域外的服务,以"主人"的身份为主办单位服务。这种参与和服务,缩短了大厦与主办单位之间的距离,使主办单位与大厦真正成了一家人。

③要把公务活动当做大厦的公关活动来运作。凡有公务活动的场合,就能见到大厦公关部的工作人员、各位主管直至正副总经理,他们不但在现场指挥、协调工作,而且面对面地与客人沟通、交流,直接听取意见和建议。这种面对面

的沟通,往往能收到良好的效果,有些棘手的问题往往就在沟通中解决了,下一轮的公务接待也在交流中确定了。

④争取大型公务活动、外事接待是广州大厦营销中的一个重大策略。通过努力,一年来,大厦分别接待了省、直辖市人大代表大会,国际龙舟赛,广州地铁开通仪式以及广州国际友好城市"姐妹城市姐妹情"等多项国内国际大型活动,通过这些高规格的大型活动,把大厦的品牌形象传递到国内外,有效地宣传了大厦公务酒店的品牌形象。

(5)在服务中传播,在传播中营销

广州大厦创建公务酒店品牌形象的一年来,没有投放太多的资金在大众传播媒介上作宣传,而是把传播形象的工作与日常的服务工作融合在一起,在服务中传播。广州大厦将有限的资金投入技术改造、培训,逐步形成安全、优质、快捷的服务规范,并将这种服务特色推而广之,在大厦推行"顾客完全满意"的概念,像接待政务、公务活动一样接待好每一项商务活动,像接待市长一样接待好每一位客人,努力提升公务酒店品牌形象。

①广州大厦采取了一整套与目标公众联系的措施。大厦的 VIP 客人在入住时会收到一张欢迎卡,离开大厦回到所在地时还会收到一张问候卡;逢年过节大厦的目标公众都会收到来自大厦的问候和祝福。一张小小的贺卡,传达了广州大厦人的心意,换来的是客人对大厦的认同感和忠诚感。

②广州大厦专门建立了重点客人的生活习惯档案,为这些客人提供符合其所需的、个性化、人情化的服务。

③广州大厦还设置了专门的机构,组织专人调查研究顾客心理与需求,进而制订出相应的服务措施,力求使大厦的服务令每一位客人满意。

④广州大厦根据新一代公务员的年龄、层次、工作方式等方面的变化和需要,提供上网、手提电脑以及公务咨询等系列服务,为公务员在大厦构造了临时的办公室,方便了公务所需。

广州大厦的品牌形象就是从这样具体、细致、平凡的服务工作中做起来的。

5)项目评估

广州大厦实施公务酒店品牌形象以来,取得了良好的社会效益和经济效益。

(1)首创公务酒店,实现品牌更新

一年来,广州大厦在公务酒店这面旗帜下,在政务、公务、会务接待方面做出了人情化、个性化的风格和特色,得到目标公众群的认同和支持,特别是广州市

四套班子的公务活动几乎都安排在大厦举行。一年来,大厦完成了400多项接待任务,其中属省(直辖市)、中央、跨国的重大接待50多项,成功地将公务酒店的品牌形象推向市场,实现了品牌更新。

(2)在短期内迅速提高了大厦知名度

公务酒店这一全新品牌的确立,引起社会各界特别是行业内有关人士的高度重视,尤其是在《人民日报》和《接待与交际》杂志刊出《广州大厦拓展公务酒店市场》以及采访录《我们正经营中国第一家公务酒店》《请与我同行——携手共创公务酒店市场》等文章以来,在国内引起强烈的反响。广州大厦提出的公务酒店品牌形象的概念及创建公务酒店网络的设想,得到同行和社会各界的关注和呼应。

(3)有效地拓展了公务酒店的市场

广州大厦积极推行"顾客完全满意"的概念,努力提高服务质量,做出了属于公务酒店的风格和特色,获得了公众的认同。慕名而来的公务客人及外宾大幅增加,1999年共接待了近10万人次,年均开房率较1998年提高了9.83%,成功地拓展了自己的市场。

(4)赢得了良好的经济效益

推行公务酒店品牌形象以来,由于形象突出,营销策略得当,广州大厦在完成各项接待任务的同时,经济效益大幅攀升。1999年营业利润达2 065万元,与1998年相比,提高率高达513%,创造了良好的经济效益。

(5)营造了良好的公共关系

随着广州大厦人的努力,广州大厦知名度的提高,公务酒店形象的被认同,特别是公务酒店品牌含金量的提高,大厦不但赢得了公众的理解和认同,取得了良好的经济效益,还营造了良好的公关关系。广州大厦在广州市政府、越秀区政府以及城建、供电、人防等诸多部门的支持下,拆除了大门口与相邻的儿童公园之间的围墙,设置了专门通道让客人直接到公园里散步,达到了绿色资源共享的目的,圆了广州大厦人以及客人长久以来的梦。

教学实践

把班上学生分成甲、乙两个大组。甲组实践公共关系资料研究法,对学生所在系的公共关系状态在学校内部、社会上进行公关调查,采用组织形象地位图分析并得出本系的组织形象;乙组实践公共关系问卷调查法,对学生所在系的公共关系状态在学校内部、社会上进行公关调查,采用语意差别分析法对本系的组织形象内容作具体分析。

本章自测

1.《孙子兵法》中"知己知彼,百战不殆",试结合公共关系调查的目的谈谈你对这句话的认识。

2.对于酒店组织来说,公共关系活动的时机常存在于怎样的情况下? 寻找和确定公共关系活动时机时应注意什么问题?

3.有人说,公共关系评估是公共关系的最后一个环节,因此,只在公关传播活动后才能进行。你认为这种说法正确吗? 为什么?

4.您认为网络时代的公共关系工作程序与传统的公关程序一样吗? 如果答案是否定的,请问您会作何调整?

5.酒店公共关系有哪些工作形式?

小知识链接

四步工作法

1952 年,被人誉为美国"公关圣经"的《有效公共关系》出版发行。在这本著作里,卡特利普和森特提出两大理论要点:一是"双向对称"的公共关系模式,二是公共关系的"四步工作法"。"四步工作法"说明公共关系运作的程序。它包括 4 个基本步骤,即:公共关系调查研究、公共关系策划、公共关系实施、公共关系效果评估。

新闻评估法

新闻评估法指收集一个时期(通常是一年)有关本组织的新闻报道,包括正面报道和反面报道,进行新闻分析,对照前一年新闻报道的情况,对一年来的公关工作成效作出评价。这种方法也可以用做对一项专题的公关活动进行评估。正面报道为正效益,反面报道为负效益。

花草花语

万寿菊——悲哀;冬青——喜悦;百合——纯洁;白菊——真实;牡丹——哀怜;杜鹃花——节制;紫藤——欢迎;薄荷——有德;豆蔻——别离;水仙——尊敬;紫罗兰——诚实;黑桑——生死与共;黄郁金香——爱的绝望;红郁金香——宣布爱恋

第6章
酒店目标公众关系

【学习目标】

通过本章学习,学生熟悉酒店内、外公众的类型及其与酒店之间的利益关系,掌握各类公众关系的处理原则和方法。

【知识目标】

①掌握酒店企业的内部公众和外部公众的基本类型。

②学会分析各类公众与酒店企业的利益关系。

③掌握处理内、外公众关系的有效途径和方法。

【能力目标】

①能够迅速指出某一酒店目标公众的基本类型。

②具备正确处理酒店顾客投诉的能力。

【关键概念】

员工关系　股东关系　顾客关系　媒介关系　政府关系　国际公众关系　酒店消费活动管理　内求团结　外求发展　双向沟通

案例导入：

"每天都让我们吃客人饭桌上的剩饭菜。员工也是人，凭什么要受这种歧视？"刚到某酒店当洗碗工的周女士语出惊人。餐厅承诺向员工提供免费的午餐和晚餐，但周女士发觉，每次员工们食用的饭菜都有被人动过的痕迹。一天，周女士看到一桌顾客离席后，服务员将一盘剩得较多的烤肉端到收银台后存放。半小时后，周女士在员工餐桌上看到了那盘客人吃剩的烤肉。这时她才明白，原来酒店提供给自己的免费餐都是客人吃剩下的。随后不到一个月时间里，周女士多次看到经理亲手将剩饭剩菜从客人的餐桌上端到员工面前。周女士认为酒店的这种做法是对员工的一种歧视，再加上担心长期吃剩饭菜染病，她不得不辞职寻找新的工作岗位。

记者找到徐经理核实情况，他承认员工的免费餐是从顾客餐桌上撤下来的，并认为此举可节约成本，也可让员工吃得更好，并无不妥。他说自己经常和员工一起用餐，因此根本不存在对员工的歧视问题。该酒店的其他员工也证实，徐经理确实经常和他们一起吃饭。在多家酒店做过服务员的小丁说，员工吃顾客剩菜是目前大多数酒店的做法，算是"行规"吧。

启示：行规？歧视？借用周女士的一句话："员工也是人！"就算有很多酒店采取这样的做法，至少事前应该与员工就此问题进行沟通，取得员工的理解。

与其他类型的社会组织一样，酒店有特定的目标公众对象，我们通常把酒店的目标公众分为内部公众和外部公众。

内部公众是内部公共关系的目标公众。内部公关的主要任务，是通过一系列传播沟通活动，使酒店与内部公众相互理解、相互协调、相互支持，释放潜在的能力。这对于改善酒店内部公关状况、提高凝聚力具有不可忽视的独特功能。酒店的内部公众主要有员工公众和股东公众。

与一般工商企业相比，酒店的生存和发展更依赖于外部环境。酒店应运用自己的能力影响外部环境，适应外部环境，最终使环境变得更有利于酒店的生存和发展，这些是通过外部公关来实现的。酒店的外部公众涉及面很广，本书主要列举顾客公众、媒介公众、政府公众和国际公众。

6.1 酒店员工公众关系

6.1.1 建立酒店员工公众关系的重要性

1) 员工关系是酒店公共关系的起点

员工是酒店最重要的内部凝聚力量,员工关系是最重要的酒店内部公共关系。无论是内部公关,还是外部公关,都是从健康良好的员工关系开始的。原因在于:

①员工是酒店赖以生存和发展的细胞,是酒店最基本的内部公众,他们与酒店的目标和利益关系最密切。酒店的一切计划、措施必须得到员工的理解和支持,并通过员工身体力行付诸实施。因此,员工是酒店公共关系"内求团结"的首要对象。只有内部关系融洽协调,全体员工团结一致、齐心合力,才可能成功地"外求发展"。

②员工处在酒店对外公关的第一线,是酒店与外部公众接触的媒介。酒店大部分具体的公关工作是从员工开始的。门卫、电话总机接线员、餐厅客房的服务员、前厅总台的工作人员……他们的一言一行都代表着酒店的形象,对提高酒店的知名度和美誉度起着重要的作用。

酒店公关工作首先要做到团结自己的员工、依靠自己的员工,尽可能让每个员工在公关工作的第一线发挥良好的作用。只有具备了健康良好的员工关系,专职的公关人员才不会孤军奋战,酒店的每一个员工都成为有形无形的公关人员。

2) 良好的员工关系是酒店成功的基础

客人对酒店,不仅仅是期望使用酒店里的设施,更重要的是想得到亲切、温暖、富有人情味的服务。连年高居世界十大酒店前列的曼谷东方饭店、香港文华酒店、半岛酒店都是具有几十年历史的老酒店。尽管经过翻修改造,但设施相对来说仍不如新建的现代化酒店,然而,这些酒店却能保持极高的声誉,长盛不衰。究其原因,就是这些酒店的服务可以称得上"尽善尽美",使客人有"宾至如归"的感受。这些酒店的老顾客自不待言,即使是新顾客,只要住上一天半天,不管在酒店内走到哪里,酒店的员工都会热情地与他打招呼,并叫得出他的名字。酒

店了解客人的爱好、习惯、生日,客人住在酒店里,完全没有陌生感,不存在戒备感。这就是世界超一流酒店成功的"秘诀"所在。

由此我们可以看到酒店员工关系的重要性,拥有一支训练有素、懂公关的员工队伍,是酒店最宝贵的财富。以下引用某家大酒店的一位公关经理采访一位经常因商务旅行而入住酒店的常客的记录。

公关经理(以下简称"经理"):"罗杰斯先生,您是我们的老顾客,很感谢您经常光临我们酒店。今天想占用您一点宝贵的时间,请您谈谈客人期望从酒店得到什么,可以吗?"

罗杰斯先生(以下简称"客人"):"当然可以,我很乐意。"

经理:"罗杰斯先生,请您先谈谈,什么才是酒店向客人提供的最重要的服务?"

客人:"我认为,最重要的就是酒店对客人的亲切感,这正是我所迫切希望得到的。对我来说,它比一间舒适的房间和一顿可口的晚餐更为重要。"

经理:"能否请您具体谈谈您所指的亲切感?"

客人:"当然可以。对我来说,酒店这个概念并不是一座无生命的建筑物,而是意味着里面工作的人。当我离开一家酒店时,我不会记得我所住过的客房是什么颜色,或吃过的甜点是什么味道,但我却不会忘记门童对我的热情招呼和电话接线员友善的声音。酒店对我的亲切感会使我在一个新的环境里感到舒适和开心。其实,这并不需要酒店方面作出什么特别的努力,我仅是希望经常看到酒店服务员的微笑或听到服务员与我亲切地打招呼,如'很高兴见到您''希望您住得开心'等。当然,打招呼时如能称呼我的名字,我会更感到亲切。但即使不认识我而能笑脸相迎,我也就心满意足了。"

经理:"请您谈谈商务旅行感到最困难的是什么?"

客人:"就是到一个完全陌生的环境工作,语言不通,人地生疏,心里总是惶惶然;不知该如何换算外币,不知如何打电话,不知当地的电压是多少……"

经理:"呵,我还以为商务旅行是很舒服的呢。"

客人:"很多人都这么认为,其实恰恰相反。不错,与家人去度假旅行的确很开心,但单身商务旅行却是很辛苦的差事,且会觉得很孤单。所以酒店员工的亲切款待会使我感到很温暖。"

经理:"您能否谈谈具体的例子?"

客人:"去年,我有一个为期六周的商务旅行,经香港、雅加达、马尼拉、法兰克福、大马士革,最后到达巴黎时,我已感到精疲力尽了。我是清早八点左右到达酒店的,很遗憾,接待处的职员告诉我,由于前一批客人延期离店,我预订的客房尚未整理好,需等三小时才能分到房间。要等三小时! 不用说,我感到多么懊恼啊。但我却很赞赏接待处职员亲切而真诚的态度。他一再向我致歉,在向我解释着事件的原因时,一再称呼我的名字"罗杰斯先生",请我喝杯咖啡休息一下,还主动提出替我查查酒店有没有收到寄给我的信或留言。这个职员热情的态度使我烦恼顿消。"

经理:"酒店职员称呼客人的名字真的这么重要吗?"

客人:"确实如此。这是一个心理因素,会使客人感到酒店认识他、关心他,对于旅行异邦的客人来说,尤其如此。"

经理:"您很强调亲切感和礼貌热忱。除此以外,您对酒店的服务员还有些什么要求呢?"

客人:"我希望酒店能成为我的'家外之家'。所以我希望酒店服务员能认识到,当客人居留在酒店时,是把酒店当做他在此地的'家'的。如果行李生替我携行李送我到我的房间时,即使在一些小事上也关心我,如告诉我怎样开空调,怎样打电话,是否可以打开门窗等,我也会感到很高兴的。因为像在家里一样舒适自如。"

经理:"看来,您所说的可以归结为一句话:殷切款待,亲切热忱。"

客人:"正是这样。这难道不就是客人所期望从酒店得到的东西吗? 当我来到酒店时,受到热情招待,服务员称呼我的名字,笑脸相迎,使我由衷地感到酒店欢迎我的到来,这样,我下一次一定乐意再来。"

从上面这个谈话记录我们可以看到,第一线的员工对留住顾客是多么重要。

6.1.2 搞好酒店员工公众关系的方法

1)充分尊重、信任员工

(1)尊重和承认酒店员工的劳动和个人价值

不要把员工看做单纯的劳动力。人是最宝贵的财富,是一种能动性的资源。酒店管理者应重视每个员工的岗位职能,因为酒店的每个部门、每个岗位都是酒店系统中的子系统,而每个岗位上的员工又是子系统中的一个要素,他们是组成酒店大机器中的齿轮和螺丝钉。酒店管理者对每个岗位的员工时时都要表现出"酒店需要您"的态度,不能对员工随意摆布,也不能有任何的歧视。在具体安排工作、下达任务时,要采取谋求合作的态度,切忌简单粗暴,发号施令。

(2)重视对员工的激励

通过激励激发员工的动机,启发调动员工的积极性。酒店管理者对员工取得的每一个成绩、每一点进步都应给予及时、充分的表扬和奖励。要大力宣传员工的成绩,乐于评估他们的业绩,树立先进典型。广州花园酒店每季度都评选"最佳员工",白天鹅宾馆每年都开展"礼貌大使"评选活动等,都是十分有效的激励员工的做法。

(3)管理者要理解员工的个性

个性是人的心理活动中稳定的、本质的心理特征。由于员工生活在社会群体之中,其实践经验、知识水平、认识能力、个人修养都各不相同,对利益的追求,对事物的认识,包括兴趣、性格、习惯、气质等都存在着个体差异,这是正常现象。酒店管理者要善于掌握员工的个性和品格,善于根据他们不同的个性特点给予引导和推动,尽量避免个性与品格上的矛盾冲突。应以理解、尊重为前提,以与人为善的态度,抑其刚,长其善,扬其长,克其短,心平气和地做好工作。这样做,由尊重、信任所导致的积极作用会远远大于被动的牵引,会使员工在各自的部门和岗位上发挥才干,作出贡献。

2)重视信息的双向沟通

要充分利用信息的双向沟通,以达成酒店与员工的理解与合作。酒店内部信息的共享,是形成酒店内部良好关系的关键。如果员工对酒店的情况不了解,特别是对与员工切身利益相关的动态毫无所知或一知半解,而酒店高层管理者对员工的情绪、意见、要求、建议又全然不知,就必然造成酒店与员工之间的隔阂。酒店要处理好内部关系,必须做好信息的双向沟通,这就是我们常说的做好"上情下达""下情上达"工作。除了商业机密以外,酒店应通过各种传播形式,如酒店杂志、小报、墙报、宣传橱窗等,让员工及时、准确地了解酒店经营、服务质量、管理层的人事变动、奖金福利政策、客人及外界对酒店的评价反映等情况。了解是理解和谅解的基础,员工只有充分了解和理解酒店的情况,才能以主人翁的身份与酒店同呼吸、共命运。另一方面,酒店也需要将员工的情绪、意见、愿望、要求以及合理化建议等及时归纳综合,反映给最高管理层或有关部门,用以作为决策或工作的依据。这样既体现了酒店高层领导的民主作风,也有利于全体员工对酒店的参与管理。

在广州,白天鹅宾馆创办了《白天鹅之家》杂志,花园酒店创办了《花园之声》小报,中国大酒店创办了《员工天地》小报,这些传播媒介对酒店与员工共享信息发挥了很好的作用。中国大酒店还购置了一批录、放设备,建立了员工电视广播中心,利用中午、晚上的员工用餐时间编播《酒店新闻》《员工之声》《海外传真》等十多个栏目。员工电视广播中心成了酒店宣传党和国家的方针政策,宣传酒店的新成绩、新经验,反映员工心声的重要阵地。

3)密切酒店与员工的情感交流

感情因素是形成良好的员工情绪和气氛、形成和睦的人际关系的条件,为了满足员工在情感方面的需要,酒店要想方设法促进员工之间、员工同管理层之间的情感交流。酒店的员工俱乐部要尽可能让员工在业余时间到俱乐部娱乐,以加强彼此间的了解。此外还应适当组织一些集体娱乐活动,如郊游、运动会、联欢会等,为员工提供活跃生活和交流情感的机会。酒店的高层管理者,不论平时工作多么繁忙,也应抽出时间参加集体娱乐活动,以一个普通员工的身份同员工们一起娱乐谈笑。当员工生日时,送上一盒蛋糕,道一声"生日快乐";当员工生病时,送上一束有总经理名片的鲜花表示慰问,这些都在有形无形之中架起了领导和员工之间的桥梁。这样的活动,可以令员工觉得酒店管理者平易近人,也使管理者能及时了解普通员工的情绪与意见。

不少酒店在这方面进行了多种形式的探索。例如,广州花园酒店将每月8日定为"员工日",酒店各部门的经理以至酒店的总经理在那一天戴上工作帽,列队在饭堂门口热情欢迎员工来进餐,并亲自给员工盛饭菜,然后大家共坐一张饭桌,边进餐边商议如何改进酒店的工作。"员工日"活动融洽了上下级关系,激励了员工的爱店热情,促进了服务质量的提高。又如,广州中国大酒店在庆祝店庆时,全店3 000多名员工交替顶班,轮流来到豪华的丽晶殿举行店庆活动。酒店总经理与副总经理笑容可掬地同各部门员工一起切开特制的巨型蛋糕,一起分享店庆的欢乐。

4)建设企业文化,培养员工对酒店的忠诚

酒店是员工的家,应培养他们对酒店的忠诚。忠诚的培养,除了要有物质和福利的保证之外,还要注重员工信念的培养、理想的建树、个性的塑造、心灵的满足,还有成就感、自豪感、归属感等。培养员工对酒店的忠诚心,主要通过建设酒店文化来进行。所谓酒店文化,就是酒店根据自己的特点,为达到一个共同认可的目标,为酒店的生存和发展而树立的一种精神。酒店文化的内涵很丰富,它包括酒店的发展史、酒店的传统和风格、酒店的精神和信念、酒店的目标和理想、酒店的经营观念和管理哲学、酒店的价值准则和行为规范、酒店的职业意识和职业道德等。

酒店文化建设,可以通过多种多样的形式和手段去进行。如设计本酒店的制服、店徽、店歌等,以这些作为进行酒店精神、职业道德、行为规范教育的手段。

花园酒店的店徽是一个圆圈内三朵品字形排列的红棉,寓意其酒店精神像红棉一样向上和热情,并明确提出花园精神的内容是"礼貌、仪表、仪容、微笑、热情、主动"。中国大酒店的店歌歌词里写道:"中国、中国,我的名字叫中国,像中国一样热情,像中国一样好客,脸上带着中国的微笑,心里充满中国的快乐……""……这是我的奉献,这是我的信念,齐心协力创新业,心心相连走向明天……"歌词集中体现了中国大酒店的酒店精神。酒店的服饰、店徽、店歌等,无疑是一种高层次的职业美感的宣示,在潜移默化中对员工进行事业心和忠诚心的教育。

酒店加强员工的思想培训工作也非常重要。思想培训工作是协调人际关系的基本方法,酒店文化建设是对员工进行思想培训教育的好形式。例如,广东中山市中山国际酒店在建设酒店文化和培养企业精神方面有很好的做法和经验。他们主要抓了3方面的员工思想培训工作:一是开展"我们的事业就在中山国际酒店"的责任感教育;二是开展"做一个顾客、同事、领导都满意的服务员"的道德教育;三是开展"做四有新人"的前途理想教育。同时,引导员工做到"四个结合"和"四个树立",即把个人理想前途同热爱酒店、安心搞好本职工作结合起来,树立搞好酒店工作、为社会发展出力的思想;把遵守岗位责任制同创一流服务结合起来,树立"服务第一"的观念;把普法教育同遵守店规结合起来,树立奉公守法、遵守纪律的思想;把坚持改革开放同坚持四项基本原则结合起来,树立自爱、自强、努力进取和开拓创新的思想。总之,在酒店开展思想培训工作,要明确一个指导思想,这就是员工思想培训要以经营为中心,以身边发生的典型事例作为思想培训的范例。同时,方法要活,要根据酒店部门多、分工细、岗位多、上班时间不一的特点,在组织活动时,要"化整为零",在时间安排上,利用营业空隙,见缝插针,不搞大集中。

6.2 酒店股东公众关系

6.2.1 建立酒店股东公众关系的目的

酒店股东即酒店的投资者,股东关系即酒店与投资者的种种关系。

股东关系关系着酒店的"财源"和"权源",关系到酒店的命运。改革开放以来,外资、合资酒店在我国越来越多,国有酒店也纷纷转换机制,实行股份制,因此,妥善处理好股东关系,已成为酒店的重要职责。

股东一般有3种类型,第一类是人数众多的股票持有者,他们分散在社会上,虽然不直接掌管酒店的经营,但出于切身利益,他们非常关心酒店的赢利状况;第二类是董事会,董事会成员一般由占较多股份者或由股东大会选举产生,他们代表股东进行决策,参与酒店管理;第三类是专业的金融舆论专家,如证券分析家、股票经纪人、投资银行及金融新闻人员,他们对广大投资者的判断具有影响力。

建立良好股东关系的目的,在于通过加强酒店与股东的双向信息沟通,争取现有股东和潜在投资者对酒店的了解和信任,相信酒店的发展能力,创造有利的投资气氛,稳定已有的股东队伍,吸引更多的投资者,不断扩大酒店的财源,促进酒店的发展。

6.2.2 搞好酒店股东公众关系的方法

股东普遍存在着"主人意识"和"特权意识"。他们认为自己是酒店的"老板",有权知道酒店的发展动向和经营成果,对有关酒店的各种信息十分注意,尤其对酒店的重大人事变更和经营状况特别关注。

股东一般拥有以下权力:有权投票选举股份制酒店的董事会,并由董事会确认经营管理人员;股票标志着持有者对酒店的所有权,股份的占有量决定着股东对酒店资产拥有所有权的大小;有买卖或转让股票的自由;有权获得和酒店经营状况相关的股息和红利;酒店解散时,有分配剩余财产的权力。

1)尊重股东特权,及时沟通信息

酒店首先应当尊重股东的特权,有的放矢地开展公关工作。从股东购入股票之日起,直到他售出股票为止,酒店都应把他们当成自家人。酒店有什么新消息,应以最快的速度传达给股东,使他们优先获悉酒店新动态,从心理上满足股东的"特权意识"。具体办法包括:

①写信。酒店应从股东购买股票开始,就发出欢迎信与他建立通信联系,即使在他抛出最后一张股票,也要发出告别信,表示遗憾和歉意。

②年终总结报告。年终总结报告是酒店与股东信息交流的主要手段,也是酒店向股东汇报一年来经营情况的重要手段。年终报告的内容应该尽量详尽,例如财务状况的详尽说明及统计数字、生产和销售的情况以及人事安排、工会组织状况等问题。

③每年定期召开股东年会和各种股东会议。通过召开会议,让股东们参与酒店的大政方针的决策,充分调动股东们的"主人翁"责任感。遇到酒店周年庆典、新酒店开张及重大决策性问题时,可以邀请主要股东前来参加庆贺或讨论。

在股东年会上,虽然股东们坐在台下听取酒店的报告,但实际上,是股东们在对酒店管理者一年来的经营管理进行审核。开好股东年会,意义十分重大。应注意以下问题:

第一,会议通知。通知书和邀请函的行文应郑重其事,印刷质量应精致。通知书和邀请函要尽早寄出,至少在会议召开前两个星期就送到股东手里,便于他们安排时间,准时赴会。另外,有关会议召开的信息,最好先在一些传播媒介披露,以示郑重。

第二,会场。会议地点的选择,应考虑到股东们交通是否便利。至于场所,则应尽可能高雅、舒适、设备齐全。大多数股东年会都选择在旅游风景地召开。

第三,议程。会议必须按程序进行,不能走过场,要让股东充分意识到,这一天是由他们来决定一切。另外,会议主持人要掌握好时间,使会议进行得迅速而有效。会后,可依照股东的意愿组织参观活动。

第四,设施。应事先做好会议的准备工作,如布置横幅标语、展览厅等,尤其是扩音设施,注意不要让它发出刺耳的声音。会议安排不当,会引起股东们的不满,从而导致股东们对酒店组织管理能力的怀疑。

第五,茶点宴会。在提供点心、举行便宴和聚餐上,应作出妥善合理的安排,既不要奢侈浪费,也不要小气克扣。

第六,新闻报道。应邀请大众传播媒介,至少把当地各主要新闻机构的记者请来,专门设置记者席,并派专人负责接待,向他们提供情况和材料,随时为他们的采访提供方便。千万要注意,不要厚此薄彼,冷落那些名气不大的新闻单位。

第七,善始善终。必须把大会的每个议程及股东的发言记录下来,并立即整理好,争取在股东还没有离开以前分发到每位与会股东手上。如果有些股东没有参加,则务必把会议的全部过程和内容写成简报,通报他们。

④适当组织一些联谊活动,邀请股东们参加,交流思想,联络感情,使酒店与股东之间形成情感纽带。

⑤寄新落成的设施的照片,使股东充分了解本酒店最新设施的信息。

⑥编制股东公共关系刊物,使股东随时了解资金运转状况和经营情况,掌握人事变更的缘由。

⑦个人拜访。有些重大问题如果涉及重要股东时,酒店代理人应前去登门拜访。

⑧电话联系。

2）同舟共济,塑造酒店良好形象

股东关系虽说是一种金融关系,但从公共关系的角度,不应将股东关系仅仅当做经济关系来对待,而应将他们视为最知己的、共进共退的内部公众、最可靠的顾客群。例如,一家酒店有 100 个股东,每位股东又有 15 个亲朋好友,那么这家酒店就拥有了 1 500 个潜在的顾客,酒店也就可能在这些人心目中树立美好的形象。酒店应当争取股东为酒店经营出谋划策,激励和吸引他们参与酒店的营销活动,因为股东生活在社会各阶层,他们消息灵通,各有所长,并有广泛的社会关系。通过股东的宣传推销活动,可以为酒店争取和扩大客源。可见,良好的股东关系,不仅关系到酒店的财源稳定,而且可以利用他们广泛的社会关系,扩大酒店的知名度与美誉度,开辟新的市场,获得难以估价的社会效益。

6.3　酒店顾客公众关系

6.3.1　建立酒店顾客公众关系的重要性

顾客是酒店重要的外部公众,顾客关系是酒店的重要的外部关系,良好的顾客关系是酒店成功的关键。为什么这样说呢?

1）顾客是酒店的服务对象,良好的顾客关系是酒店无形的重要财富

顾客被称为酒店的“衣食父母”,没有顾客,酒店就难以生存和发展。

2）酒店的经营特点决定着酒店要有良好的顾客关系

美国酒店管理先驱斯塔特勒说过一句名言:酒店所出售的东西只有一个,就是服务。在酒店里,生产和消费在同一地点、同一时间发生,而且顾客住店是包括从订房到离店在内持续若干时间的消费过程,又远比在商店买东西来得复杂。客人从进酒店到离开酒店,每个环节都需要向客人提供服务,酒店与顾客之间存在着密切的关系。“顾客至上,服务第一”已成为公认的酒店经营管理思想,这种思想和酒店的经营管理观念是一致的。因为酒店对外营业的主要对象就是顾客,酒店要有良好的顾客关系,首先必须在经营管理观念上树立“顾客至上,服务第一”的思想,使酒店的一切活动都以顾客的利益和要求为导向。

3)酒店业的市场竞争,决定着酒店要有良好的顾客关系

随着市场经济的建立和发展,酒店业的市场竞争日益激烈,从过去的"卖方市场"转变为今天的"买方市场"。在经营管理上,各酒店都在千方百计地争取客源,扩大客源。酒店业的市场竞争,主要是客源竞争,而客源竞争实质上是服务质量的竞争。顾客是决定酒店命运的主宰,在市场上树立良好的顾客关系,树立酒店的良好形象,提高声誉,对酒店自身的生存、发展具有特别重要的意义。

酒店同顾客建立良好关系所要达到的目的,最基本的一条是在顾客中建立信誉和争取支持,而不是直接为酒店赚取利润,相应的公关工作都要以此为中心来进行。美国公共关系专家弗雷泽·穆尔说:"良好的顾客关系,依附于:生产者为客户所提供的产品和服务价值;生产者在履行企业公民的职责时所表现的责任心和道德。"这也可以看做是酒店顾客关系的一项重要原则。这里实际上提到了决定顾客关系的两个方面,一是服务质量,二是酒店形象。

要搞好顾客关系,首先必须了解顾客。下面这份资料从客人角度说明了酒店顾客的一些特点。了解这些内容对酒店搞好顾客关系大有帮助。

我是一名潜在顾客:

①我不喜欢别人"先生"长"先生"短地叫我,我为自己的名字而自豪,我喜欢酒店员工叫我名字。如果他不知道我的名字,又不向别人打听,也不直接问我,他不能算是个好员工。我宁愿不理他,省得耽误我的时间。

②谈论我吧。我爱我自己、我的家庭、我的企业和我的足球队;不一定非要我爱你、你的家庭、企业和你的足球队。

③有时我会为某一家酒店所倾倒,要允许我说,听我讲。

④发现我的需求。你向我提供的东西我可能毫无兴趣。

⑤绝不要相信"事情已有十分把握"。

⑥控制你的声音。我也许有点耳背,但我不喜欢别人喊叫。

⑦别想用一串连珠炮似的问话来打动我。你也许会骗我预订,但我可能不久就改变主意,取消预订。

⑧告诉我真情,信守诺言。

⑨保持乐观。我知道所有坏消息,用不着你来告诉我。

⑩要和蔼、热情,而不是一只学舌的鹦鹉。在你的简介里可以找到我所需要的材料,可你必须使那些词句生动地再现。

⑪征求我的意见,让我觉得自己是举足轻重的。如果你摆出一副高人一等的样子,我马上把你赶走。

⑫风度翩翩,和蔼可亲,但不做作。

⑬不要说个没完。

⑭我不想从不修边幅的卖主那儿买东西。在拜访我之前,恭请费心看看你的指甲、头发、鞋子,不要忘了刷刷你的外衣。

⑮如果下雨了,我不反对你带雨伞来,但不要放在我的办公室,不然你一走,我的办公室就成了水库了。不要大模大样地把手提箱放在我的办公桌上。

⑯如果要我作出决定,你得把问题的全部告诉我,哪怕我好像没在听,也不要中断你的陈述。我是用这种办法考验缺乏说服力的推销员的勇气的,如果一个推销员就因此而泄了气,说明自己就不相信你们酒店的价值。

⑰不要讲笑话浪费我的时间。

⑱你对材料要相当熟悉,我一点也不欣赏没有条理、现找材料的人。

⑲记住,只有一件事比兴奋更富有感染力,那就是很少兴奋。

⑳在你离开我的时候,不要做任何失去我的好感的事情。

6.3.2　搞好酒店顾客公众关系的方法

1)做好市场调查,了解顾客需求

良好的顾客关系表现在经营管理的多个基本环节上。建立良好的顾客关系,首先要作好消费分析和市场调查,了解顾客的需求、消费心理和消费习惯的变化,搞好市场预测。客人的消费心理和消费习惯的变化,是受地区、宗教信仰、年龄、性别、文化水平、经济收入、价格观念、社会环境等多种因素影响的。不同层次的客人,不同消费心理和消费习惯的客人,他们的消费标准,他们对酒店提供的服务的具体需求是有区别的。旅游市场的变化,客源的变化,也直接影响到酒店的经营管理。因此,有关人员要进行必要的市场调查,为酒店提供信息,以求酒店的产品和服务的质量能满足不同层次的顾客需求。

被誉为日本经营之神的松下幸之助坚定地认为:"强烈的顾客导向,是企业成功的关键。"酒店公关部只有了解顾客的各种消费需求,准确地把握顾客的脉搏和动向,才能使酒店的经营服务得到社会的认可。

顾客的需求可分为生理需求和心理需求。生理需求是维持生命和延续种族的一种自然属性。消费者需要有吃饭、休息、娱乐的地方,于是就有了酒店。需求增加,酒店客源就越充足。从这个角度讲,顾客的需求促进了酒店的发展。心理需求则是高层次的精神追求,酒店服务必须创设优雅的环境和优美的服务形象,才能满足顾客的心理需要,使他们得到心理的享受。现代人的消费需求是十

分复杂的社会现象,一般呈现以下特征:

①多样性。顾客由于性别不同,以及年龄层次、文化水平、经济能力、欣赏角度、传统观念和个人爱好等方面的差异,其消费需求呈现多样性的特征。

②无限性。随着社会的发展,人们的思想观念、消费观念也在不断地发生变化,一种需求满足后,又会产生新的需求。欲望是永无止境的,这就决定了顾客的需求呈无限性的特征。

③内潜性。内潜性包含两方面的内容:一是由于经济能力或其他因素的制约,消费动机呈潜伏状,一旦构成消费行为的条件成熟,加上合适的消费引导,内心驱使与外部环境接轨,很容易马上形成消费行为;另一方面是指顾客休息玩乐、游览购物,只是消费动机表面化的现象,而导致消费动机产生的真正因素,是顾客个体内在的心理状态。

④发展性。由于顾客收入水平的限制,他们的消费需求会呈现由低级到高级、由价廉到质优的发展过程。消费者的需求随社会的前进和经济收入的提高而逐步改变,因而呈现发展性特征。

⑤从众性。由于受某一典型顾客的"示范作用"和相关公众的影响,消费者会产生从众心理,在消费行为的实现中采取同一步调的行动。

⑥时代性。顾客往往受时尚、社会风气、新潮观点的影响,追逐时代的潮流,力图紧跟时代的步伐,使之消费需求呈一致性。

公关人员要熟悉消费心理学常识,善于根据顾客的性别、年龄、职业、文化教养、经济能力等特征把握各类顾客的特殊需求,并将信息及时反馈给决策层。决策层可在大量准确信息的基础上,快速调整经营方针,有的放矢地开展针对性服务。

2)提供始终如一的优质服务

优质服务能使顾客有"宾至如归"之感和"宾去思归"之念,使顾客高兴而来,满意而去,对酒店留下良好的记忆。优质服务应该贯穿于酒店服务的各个环节,贯穿于从客人进店直至离店。客人对酒店服务质量的评价,是通过每个部门、每个环节的工作,通过每一件事,甚至极细微的事,去获得印象,得出结论的。

当顾客踏入酒店大堂向服务台走来时,服务员要笑脸相迎,热情、友好、耐心地介绍酒店的情况,借此给顾客留下难忘的印象。不管客人是否住店,热情友好的接待,已把酒店形象树立在顾客脑海之中。当客人决定住店时,顾客与酒店就像生意洽谈成功一样,订了合同。酒店的营业,实质上体现了住店顾客与酒店的合同关系。顾客必须履行缴交费用的义务,享有得到酒店服务的权利;酒店必须履行为顾客提供优质服务的义务,同时得到收费的权利。酒店管理的注意力应集中在提高服务质量上,注意揣摩顾客心理,抓住顾客在酒店下榻这段时间,在服务质量上大做文章,努力树立酒店的形象。国外酒店的管理员和服务员都十分注意和顾客搞好关系,他们知道酒店与客人之间构成合同关系之后,酒店要承担一定的法律责任。在美国,一些法令和条例,比如酒店餐厅的食品卫生、饮用水的卫生、一切安全设施、顾客的财物和人身安全等,都可以成为法律纠纷的理由。因此,在酒店管理工作中,事无大小,均应注意。如地板太滑、电梯维修等,都要及时处理,并用标志牌或口头通知顾客,以免造成事故。当客人办理离店手续后,彼此没有合同关系了。顾客离去后,酒店可寄一些征求意见信、纪念品等,加强同顾客的联系,争取客人以后再来入住酒店。在国外,酒店的竞争非常激烈,酒店都设有客户资料卡,凡是老主顾和知名人士,酒店都记住他们的姓名、住址等,保持联系。

提供优质服务,应注意以下几个具体问题:

(1)微笑服务

微笑服务是酒店优质服务的具体内容之一。对客人笑脸相迎是友善和热情的表现,它能使客人有亲切感、温暖感、信任感、"宾至如归"之感。靠微笑服务起家的希尔顿先生说得好,"如果旅馆只有第一流的设备,而没有服务员的美好微笑,正好比花园里失去了春天的阳光和微风"。近年来,我国酒店业也已开始重视微笑服务。例如广州白天鹅宾馆,每年举办评选"礼貌大使"和"为您奉献微笑"等系列活动,这些活动对促进酒店服务质量的提高,收到了很好的效果。但综观我国酒店业,微笑服务问题仍未得到很好的解决,有些服务员在服务过程中,"面无表情",不会微笑。这种"无表情服务"决不会获得客人的好感。因此,采取各种有效措施,推动微笑服务的开展,这是酒店管理要解决的一个问题。

如何才能使服务员愿意微笑并笑得亲切、自然呢? 关键是酒店要为员工创造一个温暖、和谐、向上的工作环境。如果没有这种环境,而是人际关系紧张,处处感到压抑,那服务人员当然笑不起来。此外,酒店要重视提高服务员的职业责任感,使他们树立"敬业、乐业"的精神。一个人如果没有对自己所从事的工作和事业的热爱,对客人没有同情心和爱心,没有良好的心境,是很难笑得起来的,即使强装笑脸,也会笑得不自然。广州白天鹅宾馆的一位服务员深有体会地说:"对酒店工作的爱,对顾客的爱,是我们热情、真诚的源泉。因为有了爱,便有了热情,更有了真诚的微笑。"

(2)对顾客一视同仁,真诚地关心每位客人

对于客人来说,受到服务员的尊重和"公道"的接待,这种心理需求是强烈

而敏感的。所谓"公道",就是公平合理,不偏不倚。当然,它是相对的,是客人通过比较而感觉到的。服务时,如果不公道,客人就会感到人格受到损害,失去了尊严。因此,服务员对每位客人,不管其地位和财力如何,不管他来自什么国家,有什么宗教信仰,都要以礼相待,一视同仁,切不可以貌取人,以财取人,不能厚此薄彼。每位住客所享有的服务品质都应相同。

服务员关心每位客人,也要包括关心客人的客人。因为人的自我概念不仅包括"我",而且包括"我的"。人都会有这样的心理:你不尊重和关心"我的"客人,也就是不尊重和不关心"我"。特别要指出的是,来内地旅游探亲的海外侨胞和港澳台同胞,他们都喜欢约请其亲友到所住的酒店来团聚,有时一来就是一大群,其中还有些是从农村专程赶来的。有些酒店的服务员往往对这些来访者表现出不耐烦,甚至嫌弃他们。由此可见,要实施优质服务,就应经常对服务员进行一视同仁、一体待客的职业道德教育。

(3)对客人要礼让

在酒店中通行着这样一种说法:"客人就是上帝""客人总是对的"。这一观念意识和行为准则就是要求服务员"得理也得让人"。所谓"得理也得让人"其含义是要求服务员在"客人不对自己对"的时候,要包涵客人的"不对",要对客人"礼让";还要求服务员不要挑客人的毛病,任何时候都不要"教训"客人,更不能"压倒"客人。

对客人礼让,特别是当客人错了而自己没错的时候,服务员要把"对"让给客人,这是酒店实施优质服务需要重点解决的问题。在接待服务工作中,服务员错了,要求他对客人赔礼道歉,这是比较容易做到的。但反过来,在客人"不对"、服务员"对"的时候,要对客人礼让,就不那么容易了。我们有些服务员往往吞不下这口气,在这个时候据理力争,不但不礼让,甚至对客人奚落一顿,挖苦一下,教训一番。这是极其错误的,因为这样做,除了把客人赶走之外,服务员本身得不到任何好处,酒店更不会赢得什么。

要做到"得理也得让人",必须让服务员明确自己特定的角色,认识在酒店这个特定的环境里,服务员与客人的特定关系。服务员是代表酒店为客人提供服务的,而客人是"上帝",是给酒店以恩惠的人。这种特定的关系,并非社会上一般的人与人的关系。因此,在酒店里,客人虽然错了,如果客人的错不属于违法行为,不会构成酒店的政治影响和重大的经济损失,服务员就要对客人礼让,将自己的"对"让给客人。当然,这种"让"并不等于客人变错为对,服务员变对为错;也不等于客人变无理为有理,服务员变得理为无理。服务员如果能理解这一点,就不会感到自己受了委屈,不会认为自己总是"没理"了。相反,他会觉得这是自己职业道德、职业意识、职业修养的良好表现,从而在日常服务工作中,自觉地对客人礼让。

(4)细微服务

要提高服务质量,细微服务很重要,因为细微服务最能体现服务精神。以无与伦比的优质服务赢得四方顾客的泰国曼谷东方饭店,是十分注意细微服务的。一位商人是东方饭店的常客,有一次他星期五住进饭店,发现饭店把他的房间安排在二楼靠近楼梯的地方。这是因为基于宗教的原因,他不能在星期五搭电梯。得到这样的特别关照,他心里自然充满了对酒店的感激。

为了向客人提供细微服务,不少酒店都注意建立顾客档案。广州东方宾馆就有这种做法,并有不少反映细微服务的生动故事。2501房住过一位荷兰籍顾客,服务员清楚地"记录"着这位客人的饮食习惯:爱吃单面煎的鸡蛋,爱喝不放糖的咖啡……一年后,春交会开幕的第二天,这位客人又来了。当他第一次用餐时,服务员送上来没有放糖的咖啡和单面煎的鸡蛋。他顿时非常惊奇,连连用英语说道:"佩服!佩服!"还有一个故事:住2518房的加拿大籍吴女士对房间布置有特殊要求:喜欢用柔和色调的毛巾,衣柜门要保持打开一半,房间的隔日报纸不要撤。细心的服务员把这些一一"记录在案"。在吴女士入住期间,服务员根据她的爱好提供服务,这使吴女士感到十分满意,她表示,下次还要住东方宾馆五楼。

要向客人提供细微服务,服务员要做有心人,在服务过程中处处细心观察,做到热情、主动、周到。这样,客人自然感受到服务工作的细心、细致、细微,感受到自己得到了一流的服务。

(5)提供及时、妥善、准确的高效服务

时间就是生命,时间就是效率。客人对酒店服务都有求快、求高效率的心理。在当今快节奏的社会,这种心理需求更为突出。为了实施优质服务,酒店各个服务部门,各个环节都必须及时、妥善、快速、准确地为客人提供服务:电话接线要快,办理订房要快,咨询服务要快,餐饮供应要快,为客人订票要快,帮助客人解决困难要快,结账要快等,总之,决不能让客人有半点怠慢的感觉。这样,客人就会对酒店的服务留下良好的印象,给予高度的评价。

当然我们所说的快,不是乱了套的"快",而是"快"得及时、准确、妥善。有位客人曾投诉某宾馆承办的一次婚宴,当第一个菜——"红乳猪拼盘"上了以后,整整20分钟还不见第二道菜上台。经多次催促,第二道菜上来后,又在不到15分钟的时间内,接二连三将全部菜搬上台,弄得盘碟重叠。这就又"快"得离

谱了。如此一"慢"一"快"的服务,毫无优质可言,客人没意见才怪呢!

3)做好长住客的工作

酒店公关工作做好长住客和重点客源户的工作十分重要。长住客在酒店停留时间长,最容易发现酒店的问题,也最容易对酒店的形象起到有影响的宣传作用。做好长住客工作,不是堵他们的嘴,不让他们讲话,而是用优质服务使他们满意。做好长住客工作,必须心中有数,掌握长住客的生活习惯,为他们提供方便的服务;了解长住客所在国的国庆日、主要客人的生日等,为他们进行祝贺;帮助长住客解决急难问题,使他们住在酒店有家的感觉。另外,还应把酒店对外的重大活动通知他们,请他们参加;定期召开长住客座谈会,节假日为长住客安排联谊会、冷餐会等,征求意见;长驻机构人员发生变动,调换新人,做些送旧迎新的工作。总之,把工作做到家,做到客人心上。当然,组织什么样的活动,要根据长住客人的国籍、宗教信仰、文化程度等具体情况决定。

目前,国内有些酒店这方面工作抓得很不错,建立客人档案,进行有计划的服务与公关工作,取得了意想不到的效果。例如广州东方宾馆客房部把长住客的生活习惯和爱好等记录在案,认真做好服务工作。正因为这样,东方宾馆多年来不仅稳住了一大批长住客,使一百多个外国公司在那里租了三百多间(套)客房,而且还源源不断吸引着为数众多的新客户。广东国际大酒店通过有计划地组织长住客外出参加旅游,为客户的孩子专门设置儿童游乐室,开设租户职员餐厅等,努力给长住户以家一样的感觉。正因为这样,该店的长住客占了入住客人的一半。

4)及时处理好顾客投诉

在酒店人与人之间发生直接交往的工作中,总会有人投诉,或者是由于酒店工作中出现的差错和缺点,或者是由于服务人员与客人之间产生误会,也可能是遇上了过于挑剔的客人。来自客人的投诉,有合理的,也有不合理的,怒气冲冲的客人一般都是先来找公关部或是大堂经理倾诉他们的不满和愤懑。作为专事处理顾客投诉的公关人员或酒店管理人员,如何才能平息顾客的不满,帮助他们解决问题使之满意离去呢? 这是酒店公关部能否建立良好顾客关系的重要一环。公关人员和酒店管理人员需要掌握处理客人投诉的一些技巧。

(1)注意倾听

投诉者总是有话要讲,把内心的意见和不满倾诉出来。也许客人声音很大,说话速度很快,甚至大发雷霆,你也必须做到诚恳耐心倾听,千万不要话还没听完就着急解释或辩解,这很容易引起客人的反感。倾听客人投诉还应边听边做好记录,以示重视。

(2)保持冷静

来投诉的客人往往满腹牢骚,怒气冲冲,他们要投诉的问题也许是合理的,也许是误会。不管怎样,一定要沉得住气,保持冷静,切不可与客人争吵。与客人说话要注意使语调平缓,尽量放低声音,讲话速度放慢。首先自己要心平气和,才能使暴怒的投诉者趋于平静。

(3)表示同情

对客人的投诉,要理解他当时的心情和情绪,争取在感情上和心理上与客人保持一致。比如,某位在餐厅用餐的客人投诉比他迟来的客人食物已送到,而他还在等。此时他的心情就是感到被怠慢、受到歧视。实际上他的投诉可能是合理的,也可能是他不了解情况产生了误会,因为他的食物需要较长的烹制时间。不管是哪种情况,如果你用冷漠的态度一下子顶回去,必定会火上浇油,激怒客人。但如果你以同情的态度首先向客人说:"先生,我很理解你的感受,如果是我处于你的地位,遇到这样的事也会不愉快的。"客人听了这样的话,气可能已消了一大半。

(4)诚恳致歉

听完客人投诉后要向客人道歉,使客人平静下来。客人激动或气愤时几乎什么话也听不进去,此时着急作解释将不利于问题的解决,应以致歉为先。可以说:"实在抱歉,由于我们的疏忽,给您带来不便,真对不起,请您原谅……"客人的投诉如果是合理的,确实是酒店工作中的差错和缺点,那就更要马上赔礼道歉。在处理投诉的整个过程中,要始终保持礼貌、友善和谅解的态度,这是缓和紧张气氛的一剂良方。

(5)诚意致谢

客人投诉本身暴露了酒店工作中的缺陷和不足,对酒店的服务也是一种监督和促进。负责接待的公关人员应立即代表酒店向客人表示诚意的感谢,把客人的投诉看做是对酒店的爱护。

(6)明确答复

如果客人的投诉是合理的,应当即表明处理态度,立即与有关部门取得联系。倘若投诉的问题不能马上处理,应把将要采取的措施告诉客人,并确定解决问题所需的时间。但对超权限或解决不了的问题,不能向客人作任何保证,只能

尽最大努力帮助解决。

（7）信函处理

如接到信函投诉,应记下对方通信地址,待处理完后立即向对方函告。但千万不要使用各类印好的既定复函,应由公关部的负责人以总经理名义回复投诉者,以示尊重。

5）顾客关系的科学管理

酒店的顾客是广大而又松散的公众,要与他们保持良好的关系,就有必要对顾客的酒店消费活动进行科学的管理。所谓酒店消费活动管理,是指通过酒店消费调查、酒店消费教育、酒店消费引导,实行酒店顾客的系列化,创造稳定的酒店顾客队伍的一系列的实践活动。通过这种实践活动,能够科学地组织顾客关系,掌握保持良好顾客关系的主动权。

（1）酒店消费教育

酒店消费管理的一项重要内容是进行酒店顾客的教育,其指导思想是:指导公众妥善利用可支配的收入和闲暇时间进行酒店消费,从中受益。这种酒店消费教育要贯穿于酒店顾客购买前的指导到购买后的服务之中。酒店消费者的教育方式很多,例如:通过报纸、杂志的广告,广播、电视的介绍,幻灯、电影放映,座谈会,知名人士的影响,展览会等。

酒店消费教育有以下三个特点:①就酒店消费的意义和酒店服务的内容让社会公众普遍了解;②可求得其近期效果,也可求得其远期效果,能促进社会公众对酒店消费发生浓厚兴趣并产生需求;③配合酒店消费教育,做强有力的宣传促销活动,能让顾客接受,乐于消费。

事实说明,凡热心酒店消费教育的酒店都可以获得顾客的更多依赖和支持,而且可以从顾客那里吸取意见,改进服务,促进营销。

（2）酒店顾客系列化

酒店消费教育的一个直接和重要的目的,就是实行酒店顾客的系列化。所谓酒店顾客系列化,就是培养酒店产品和服务的享用者。日本有家酒店有个烹饪训练班,广收对烹饪有兴趣的公众,教以烹饪的方法,诸如食谱和材料的选购,炒、煎、煮、炖、蒸等技术,均在研究之列,旨在实施酒店消费教育。酒店顾客系列化,不仅可以争取到"今日的顾客",确保"昨日的顾客",更能培养"明日的顾客",顾客在无形中已纳入了该酒店的组织中。

酒店顾客系列化的方法很多,其中最普遍的是建立"酒店消费俱乐部""酒店会员制度"等,主要作用在于:①在顾客中招募会员,给予这些会员以特别的服务,例如比一般顾客更能享受价格优惠,或是定期不定期地观赏戏剧或电影等;②这种会员制度可以说是酒店顾客系列化的代表形态,它强化一种"常客意识",并让顾客感到他们受到特别的关照;③组织一些诸如"摄影会""插花会""烹饪会"等业余兴趣沙龙,营造轻松的气氛,联络感情;④对于这些会员虽然给予特别的服务与关照,但并不意味着要以特殊的价格提供服务。

另一种系列化的方法是"信用卡制度",其作用在于,便于顾客购物,无需考虑手头方便与否;顾客因为是赊账,心理上较为轻松,往往可以多购物;赊账资金的回收较为迅速。

酒店消费领域和生产、流通领域一样,都需要进行科学的管理,而消费管理与生产管理和流通管理相比较,其显著特点是更重视人际关系,而且涉及更广泛的社会公众,因此它被划入公共关系的职责范围。它的基本职能就是把握消费动向,进行消费教育和消费引导,组织消费,创造消费。

6.4 酒店媒介公众关系

6.4.1 建立酒店媒介公众关系的目的

酒店媒介公众关系,也称新闻界关系。新闻传播媒介是以传递新闻信息为主要特征的信息传播工具,报纸、杂志、广播、电视是新闻界最主要的实体。新闻媒介是酒店与相关公众联系的主要渠道,也是酒店最敏感、最重要的公众之一。

对于酒店公关而言,新闻界公众具有双重特殊身份:它既是公关人员赖以实现公关目标的重要媒介,又是公关人员必须尽力去争取的重要公众。新闻媒介传递信息迅速、影响力大、威望度高,可以左右社会舆论,影响和引导民意,对社会的经济、政治局势的变化具有不容忽视的作用。因此,在欧美国家,新闻媒介被看做立法、司法、行政三大权力之后的"第四权力",任何组织和个人都不敢轻视新闻媒介这一重要舆论工具。正可谓:"得之者锦上添花,失之者名誉扫地"。

建立酒店媒介公众关系,对于酒店的发展具有举足轻重的作用。

1)新闻媒介是塑造酒店形象的"把关人"

新闻媒介充当着公众的卫士,它们常常利用手中的宣传工具,利用舆论的力量维护公众的利益;新闻媒介通过记者对组织的采访,收集经济新闻,对酒店的经营活动和服务质量进行褒贬评价,从而影响酒店形象;通过引导社会舆论,扩大酒店影响,提高酒店知名度。由于舆论对酒店的发展有着不可低估的影响,因此,通过新闻媒介传播的舆论,可以给酒店扬名,也可以给酒店毁誉。

2)新闻媒介是酒店与外界沟通的中介

新闻媒介可以为酒店发布广告,介绍新的服务项目,传播酒店的新动向、新发展信息;为酒店召开新闻发布会,扩大社会影响,提高酒店知名度。特别是现代化大众媒介形式的多样化,已使酒店公关活动的宗旨能通过不同方式传递给公众,加之新闻传播已成为现代生活的主要信息渠道,人们通过它们来理解、支持酒店时会更自然、更便捷。但是另一方面,酒店公关活动对大众媒介的使用必须通过新闻界人士的协助才能办到。因此,与新闻界人士建立广泛而良好的关系,是成功运用大众传播媒介的必要前提。

当然,我们必须注意到,虽然酒店公关人员和新闻媒介在公关活动中都具有"耳目"和"喉舌"的特征,他们的工作都是通过宣传去劝说和影响公众,但是,酒店公关人员是酒店的喉舌,而新闻媒介则是政府和社会公众的喉舌,他们工作所属的范畴是不同的:媒介从工作内容到工作效果都属于宣传的范畴,而酒店公关人员从工作目标到工作方法都属于酒店经营管理的范畴。因此,二者的出发点和服务对象存在差异。比如,酒店企业总希望新闻媒介报道对酒店形象有利的"正面"事件,而新闻媒介则本着中立的立场报道事实,满足社会公众的知晓欲,而不是从酒店的需要出发。因此,酒店要时刻注意维护与新闻媒介的关系,保持信息沟通顺畅。

3)新闻媒介对酒店具有反馈信息的功能

新闻媒介可以帮助和监督酒店的经营,对酒店内部的管理人员及广大员工起着鼓舞士气和教育警戒的双重作用。因此,酒店应该重视新闻界这种批评监督的作用,把舆论反应作为参照,来修正自己的言行。

可见,建立好的媒介公众关系,有利于酒店搞好公关新闻传播,塑造良好的企业形象。

6.4.2 搞好酒店媒介公众关系的方法

对酒店公关人员来说,要搞好酒店媒介公众关系,除了要掌握必要的新闻传播知识,不断提高自身的新闻素养和新闻写作水平外,更重要的就是要搞好公共关系新闻联络工作,即通过加强与新闻媒介的交往和信息沟通,不断加深彼此的了解和信任,从而谋取新闻媒介对于酒店的支持与帮助。因此,新闻联络的目的就是要在酒店业与新闻媒介公众之间建立良好的关系,争取媒介公众对酒店的信任、支持和帮助。对酒店公关人员来说,新闻联络是一项富有挑战性的工作,要搞好这一工作,首先应掌握新闻联络的基本原则。

1)媒介联络的基本原则

酒店开展新闻媒介公众联络工作应遵循以下原则:

(1)实事求是,开诚布公

记者的职业是获取新闻,而新闻的基本特征是客观、公正。因此,在媒介联络工作中,不管是接受采访、提供信息、撰写稿件或是说明情况,都应坚持实事求是的原则,突出一个"诚"字。诚实是赢得媒介公众信任的最佳策略。对于某些"敏感"问题或酒店不便公开的事宜,应诚恳地说明缘由,争取谅解。任何欺骗、逃避、隐瞒实情的做法都是媒介联络的大忌。

(2)谨慎对待,小心维护

在现代社会,良好的舆论环境对酒店的生存与发展起着至关重要的作用,而媒介公众手里掌握的就是影响大众思想和态度的舆论工具,因此,媒介公众是企业必须小心面对、谨慎处理的重要公众。特别是当媒介上出现某些对酒店不利的报道时,酒店尤其要以高度重视和谨慎的态度来面对媒介公众,应本着实事求是的原则,分析报道的原因和出处。如果报道属实,则应迅速采取积极的"危机措施",改正错误,挽回影响,并努力争取媒介的同情和理解;如果报道有误或欠属实,同样也应该在实事求是的基础上,迅速通过多方联系、沟通,耐心地向媒介公众解释清楚,争取他们的合作,尽量谋取一个圆满平和的解决办法,以澄清事实真相;当然,如果报道完全失实或别有用心,则应在掌握充分证据和资料的前提下,通过有关部门甚至是法律的手段来明确问题,洗清酒店的不白之冤。总之,当酒店与媒介公众发生矛盾的时候,酒店必须采取谨慎的态度,通过多方协调,以求问题圆满解决,切忌面对舆论批评一触即跳、激化矛盾的做法。即使是最后一种情况,在决定诉诸法律之前,也应进行全面慎重的权衡和考虑。

(3)主动联络,高效工作

对媒介公众应采取主动联系的策略,不能坐在家里等待记者上门,而应积极主动向记者和有关媒介提供信息和各种新闻素材,及时通报酒店发生的重大事件,吸引媒介的关注,争取有利于酒店的新闻报道。而在平时,也应注意与新闻界人士保持良好的沟通与往来。在向媒介提供信息的工作中,最重要的是一个

"快"字。新闻的时效性决定了新闻单位及记者们的工作追求高效率和时效性,因此,酒店公关新闻联络工作应该适应这一要求,主动、及时地向新闻媒介提供最新、最具新闻价值的信息。

(4)尊重对方,提供方便,一视同仁

首先,应该尊重新闻单位及其工作人员的工作方针和合法权利,积极协助他们的工作,任何阻挠、威胁、报复、暴力的手段都是错误的;其次,要尊重对方的工作习惯和工作方式,在工作上给予尽可能多的方便和支持;另外,对各级新闻机构及其工作人员,都应采取一视同仁、以礼相待的态度,对他们的工作给予积极的配合与协助。由此,以自身点点滴滴的真诚与合作获取媒介公众对酒店的好感和信赖。

(5)严守职业道德,正确引导媒介

酒店公关人员不仅应该坚守自身的职业道德,还应自觉地用新闻工作的职业规范和职业道德来要求、约束自己;在向新闻媒介介绍情况、提供信息、递送新闻稿件等新闻联络工作中,应本着实事求是的原则,自觉维护新闻的客观真实性;在增加与媒介公众相互了解的基础上,正确地引导记者,争取他们的理解和支持。只有在这种基础上的合作才可能成为真正长久的合作。

2)新闻联络的方式

酒店可以采取以下几种方式来加强与新闻媒介的联系,维持、巩固和发展酒店与媒介之间的良好关系。

(1)举行记者招待会或新闻发布会

其主要目的是把酒店较为重要的成就或消息报告给所有的新闻机构,同时加深媒介人士对酒店的了解。记者招待会和新闻发布会是酒店公关工作的专题活动,其形式有定期和不定期两种。本书第4章对记者招待会和新闻发布会已有较详尽的介绍。

(2)组织参观活动

为了加深媒介人士对酒店的了解,可以举办小规模的专门以新闻界人士为对象的开放参观活动,通过记者们亲眼所见、亲耳所闻,增强他们对酒店的感性认识,加深彼此的了解。

(3)及时向记者通报消息,提供新闻素材

酒店公关人员应将酒店的新人、新事、新问题、新成绩,以及其他重大事件等信息及时向记者们通报;而且,最好能撰写出合乎新闻规范和有较高水准的新闻稿件提供给记者。这样就有希望争取到对酒店有利的报道。由此可见,酒店公关人员应不断提高自身的职业素质和新闻素养,使自己在媒介联络工作中真正成为记者们离不开的"消息来源",这是维持良好而持久的媒介公众关系的关键因素。

(4)组织各种类型的联谊活动

定期开展多种形式的以增进友谊、加深感情为主要目的的活动,可以为酒店与媒介的合作创造和谐亲近的气氛。例如,各种体育活动、文艺活动、沙龙活动,以及传统节假日的慰问、感谢活动等。

6.5 酒店政府公众关系

6.5.1 建立酒店政府公众关系的目的

政府是国家权力的执行机关,是对社会进行统一管理的权力机构。政府公众关系是指酒店与政府及职能机构、政府官员之间的沟通关系,包括工商管理局、税务局、公安局、旅游局、物价局等。任何企业作为社会的一分子,都必须服从政府的统一管理。因此,政府公众关系也是酒店公关的重要部分。

我国曾长期处于计划经济体制下,那时,作为行政事业型单位,酒店的客源是定向的,不存在倒闭的可能,工资不愁枯竭,财力物力得到国家支持,只要完成政府下达的接待任务就行了。酒店接待的费用是实报实销的,其过程是:接受任务—完成任务—说明情况—账务核算—国家报销。这样的经营方式,不用考虑市场规律,酒店仅仅是执行政府部门下达的任务而已。在这种情况下,酒店与政府的关系变得十分简单,双方的信息交流,多数只体现在书面形式的下达接待任务和酒店完成任务后的情况汇报。

随着市场经济的逐步形成和发展,我国酒店转型成为独立的经济实体,成为自负盈亏的企业,不仅不是消费部门,还要创利,要对社会、酒店和员工的经济利益负责,随之而来的是客源开发、产品销售、服务质量等大量任务需要完成。酒店不再直接隶属于政府部门,除了向政府纳税,只在宏观上受政府的调控。这些情况的变化,使酒店与政府之间的关系变得复杂而丰富起来,这种总趋势要求酒店要不断加强与政府各有关部门的信息沟通。随着酒店所有权和经营权的分离,一方面扩大了酒店企业的自主权,另一方面酒店经营所需的许多外部条件也必须靠自己去创造。其中就经常会遇到与政府的关系,需要获得政府在某些方面的支持和帮助。酒店企业协调与政府关系的目的,就是为了更好地争取得到政府各职能部门的支持和帮助,以利于酒店的生存和发展。

6.5.2 酒店政府公众关系的内容和方法

1)政府公众关系的基本内容

(1)熟悉政策法规,指导酒店经营

政府通过政策法令来管理社会,酒店的一切活动都必须在政策法令范围之内进行。违反政策法令的事,不仅有害于社会,也有害于酒店本身的利益。政府关系的一项主要内容,就是熟悉政府颁布的政策法令,并随时研究政策法令的变动情况,注意按照政策法规来修正酒店的方针和实际活动。此外,政策相对于法律来说,灵活性、变通性大一些,有关政策条文都有具体的解释,如果能吃透政策,就能最大限度地使企业受惠。酒店公关部应有专人研究政府的政策法规,为酒店提供决策依据。

(2)熟悉政府办事程序,提高办事效率

政府机关有不同的层次,其中有比较高层次的间接领导关系,也有较低层次的直接管理关系。酒店企业与政府日常打交道的主要对象是各主管部门或一些相关的具体部门,并不需要与政府中的所有部门都打交道。如果熟悉政府机构的内部层次、职能划分和办事程序,并与主管部门的工作人员保持应有的联系,就可能减少诸如"踢皮球"和"公文旅行"的现象,提高办事效率。

(3)采取积极行动,保持沟通顺畅

酒店在处理政府公众关系中并不是完全被动的,例如在意见沟通方面,酒店公关人员完全可以发挥主动性。政府推行的许多政策都是依据下面的实际情况制定的。酒店要想争取有利于自身发展的立法和政策,就需要不断地、及时地将各种信息和情况上传到政府的有关部门。当某个环节发生人为阻碍时,应设法予以疏通,或者诉诸更高层次的领导。因此,应设法保持渠道的畅通,保持基本的联系,使政府了解酒店企业的基本情况和发展变动情况。在这方面,要注意把握机会,利用诸如新酒店落成剪彩、酒店开业周年庆典等一切重要活动的机会,邀请政府主管部门领导人出席,使他们增强对本酒店的了解。

2）酒店政府公众关系的处理方法

酒店公关部与政府公众的沟通，一般有直接沟通和间接沟通两种途径。

（1）直接沟通

直接沟通指酒店公关人员直接与政府有关部门联系，包括正式的工作接触，也包括在酒店举行宴会或进行其他活动时，与政府有关部门的非正式接触。其方式除了人际接触外，也包括阅读政府各部门颁发的文件、听取报告以及双方的电信和公函往来等，在接触中实现信息沟通。

（2）间接沟通

借助新闻媒介等中介渠道，把酒店的情况向政府公众传递，同时也通过研究政府在新闻媒介发布的政令、通告及与酒店有关的经济动态、经济信息，了解政府的动态和意图。

利用酒店的特点，还可以将能够给予政府一定影响或了解政府动向的社会名流，如科学、教育、学术界的专家学者，文化、艺术、体育界的名人，新闻出版界的重要人物，工商界、金融界人士等，邀请来酒店做客，通过他们实现与政府公众在各方面的沟通。

6.6　酒店国际公众关系

6.6.1　建立酒店国际公众关系的目的

国际公众是指与涉外组织的跨国活动相关的外国公民。华侨虽非外国人，但却因为与国外公众有密切联系，所以也可列入国际公众的范畴。

酒店的国际公众，一般包括旅游者、外国驻华使节、外国驻华专业人员和来华投资的外商，其中主要的国际公众是旅游者。

旅游者来华的主要目的是观光游览。他们虽然来自五湖四海，但一般都有固定的职业、一定的社会关系、一定的思想倾向和性格特征。从传播学的角度讲，他们是积极受众。按公共关系的观点来说，他们既是送上门的顾客，又是酒店公共关系的行动公众。他们已经经历了知晓阶段、兴趣阶段，进入了尝试阶段，进而采取具体行动付诸实践，与酒店组织有密切的利益关系。如果他们的中国之行十分满意，就可能会影响到他们所在圈子中的其他人，成为酒店的义务宣传员。相反,如果他们的中国之行充满了失望与遗憾,也可能成为反面宣传员影响他人,直接危及酒店企业的利益、旅游行业的利益甚至国家的利益。因此,采取积极主动的姿态,针对来华旅游者对中国充满神秘色彩的幻想,开展一些激动人心、富有民族特色的公关活动,是旅游酒店涉外公关的重要任务。

另外,在华工作的外国专业人员,均为所属组织的稳定成员,他们既是与涉外组织跨国活动相关的国际公众,又是酒店涉外公关对象的重要组成部分;外商来华的主要目的是寻求投资项目和合作伙伴,对一些相关组织来说,无疑是积极受众;至于外国驻华机构,也是大型旅游酒店涉外公关的重要对象,他们是最稳定又具有权威的涉外权力公众。在他们之中,行家里手比比皆是,对中国了解程度颇深,并具有自己的独到观念与看法。与他们打交道要谨慎、细致,注意数据的准确性、推理的合理性,以及把握政策的原则性和灵活性。与他们建立良好关系,酒店企业将会受益匪浅。

6.6.2 搞好酒店国际公众关系的原则和方法

1)开展涉外公关的原则

(1)政策指导的原则

涉外公共关系在制订计划与实施时,必须体现和服从我国的大政方针,以及其他各种长期和短期的政策措施、法规法令。

(2)优化形象的原则

涉外公关的主要目的是树立酒店的良好形象,扩大宣传,增强影响,争取国外公众的信任、好感与支持,为酒店的组织目标服务。

(3)增进效益的原则

酒店的涉外公关活动,主要是为适应相关业务工作而开展的对外活动。开拓市场、争取客源,要体现服务性、灵活性、生动性、创新性,为酒店企业增进效益创造条件。

(4)针对性原则

涉外公共关系所涉及的公众,其所在的国家、地区不同,历史发展、文化背景也不同,因此,在传播信息时,要有针对性,要尽量符合外国公众的语言、文化和风俗习惯,对不同国度的公众,解决问题要采取不同的措施。尤其要注意不可触犯外国公众所在国人民特有的风俗民情、宗教信仰等方面的禁忌,以避免引起反感,影响公关工作的效果。

2)开展涉外公关的方法

(1)开展别出心裁、别开生面的涉外公关活动

要把酒店的经营特色、技术力量、独到的经营观念和独特的外观形象,通过各种渠道和传播手段,生动、风趣地自我亮相,引起外国公众的注意,留下深刻印象。采取富有创意的传播手段,使酒店的知名度、美誉度得到提高,为今后的合作铺平道路。

(2)进行监测和预测

涉外公关活动,包括监测所在对象国的政治、经济、市场变化、社会舆论和公众的需求变化等,在监测的基础上进行分析、预测,对酒店企业的总体目标提供咨询依据。

(3)搜集信息,扩大宣传

随时搜集、汇总各种信息情报,编纂和印刷酒店专刊,制作和发行宣传材料,不断扩大宣传效果。

教学实践

请选择一家酒店,回答以下两个问题:

1.对该酒店进行公众环境的分析,指出该酒店的基本目标公众有哪些?

2.与其他酒店相比,这家酒店的公众构成有什么特别之处,为什么?

本章自测

1.请简述员工关系、股东关系、顾客关系、媒介关系、政府关系、国际公众关系的有效途径和方法。

2.与股东进行信息沟通有哪些具体方法?

3.酒店如何向顾客提供优质服务?

4.如何处理顾客投诉?

5.请列举在酒店公关工作中与新闻界加强联络的常用方式。

小知识链接

怎样写年终报告

①编排。要把酒店负责人致股东函、盈亏统计表等放在前面,将有关的统计图表和必要的说明书放在后面。②提前准备。可先拍好照片,设计好图表格式,编写好报告的基本框架,把确切数字填进去。③写好给股东的信函。信不能太长,信中除了报告酒店的一般业务外,也要说明赢利记录、股利政策等,还应检讨酒店经营中的不足并对股东表示谢意。④多用图表,少用文字。⑤印刷装帧。把年终总结报告的印刷装帧做到高雅、美观、充实而适当。⑥分发。一般是邮寄给股东,也可在股东会上分发。在分发年终总结报告时,应该同时在当地媒体的工商新闻栏里播发新闻。

如何与媒体建立良好关系

一位酒店职业经理人说:"我的成功,七分得益于酒店,三分得益于媒体。"

酒店不仅要获取编辑、记者的好感,还要依靠编辑、记者获取更多公众的好感。同媒体打交道,不仅是一个认识问题,也是一个操作问题。①要认识媒体的重要性;②要恰当认识媒体,不能过分地视媒体为工具,单纯地施舍利用,双方的合作应建立在平等互惠的基础上;③要善于和媒体打交道,酒店公关部可以利用自己作为酒店代言人或对外联络员的身份,与编辑记者保持经常的接触,建立良好的工作关系和融洽的个人关系,保障畅通的公关宣传。

耐心倾听的技巧

①不要在对方谈兴正浓时打断对方,而应在某个话题切断待转换时介入。②思想要集中,要培养对交流对象谈话内容感兴趣的能力,这是使自己集中注意力的关键。倾听对方说话应尽量排除个人的主观情绪,克服先入为主的偏见。③善于概括对方说话的要点,能够将说者所讲的内容加以概括、理顺,并抓住要点和中心。④协助对方将话说下去,是对说话者的尊重,也是交往文明的要求。⑤善于听出对方的弦外之音,善于辨别说话者的本意。有的谈话者并不直接表达其观点,而是用暗示、比喻等方式,甚至正话反说。

第7章
酒店CIS形象设计

【学习目标】

本章通过对 CIS 概念以及发展历史、趋势等基础知识的学习,学生初步掌握酒店 MI,BI,VI 的设计原理,具备基本的酒店 CIS 设计实施能力。

【知识目标】

①掌握 CIS 的概念和构成要素。

②了解 CIS 的发展历程以及 CIS 的发展趋势。

③掌握 CIS 与 CS 的区别。

④理解 MI,BI,VI 内容。

⑤掌握 CIS 形象设计的基础知识和基本方法。

【能力目标】

①能够正确评价酒店的 MI,BI,VI 优缺点。

②能够参与酒店 CIS 的策划、设计工作。

【关键概念】

CIS　理念识别　行为识别　视觉识别　视觉识别阶段　文化识别阶段　标准色　标准字　象征图案　形象战略

案例导入：

2001 年，河北点石企划有限公司为石家庄南湖酒家策划了过桥米线美食节活动。整个活动媒体广告及店堂布置，总计费用不超过 8 000 元，但效果却出人意料。活动第三天，就出现了等桌吃饭的现象，并一直持续下来，营业额稳步大幅提高。此次活动内容谈不上新，媒体也是常规媒体，却出人意料的成功。奥秘何在？

首先是有的放矢。此活动的主打广告语是"听过桥故事，品云南文化"。这不仅切合南湖酒家的实际，也体现了南湖酒家的特色。南湖酒家是石家庄较早经营正宗过桥米线的酒家，但过桥米线及背景文化大多数顾客并不了解，此次活动抓住这个点，大力介绍相关文化，激发了人们对过桥米线的兴趣。

其次就是媒体选择。此次活动只选择了一家地方电视台和两家地方报纸为其进行宣传，尽管传播面比较小，但由于选择的媒介在当地百姓中有较高的影响力，虽然费用总计才 4 000 多元，但靠媒体整合，实现了小投入，大轰动。

另外，为了营造气氛，南湖酒家的经营场所也进行了精心布置。店堂门前悬挂了一个条幅，充放了两个和平鸽气模，邻街橱窗上张贴美食节标志，进门处设置了一个高精度喷绘的美食节简介性告示牌。所有这些，营造出简洁又有品位的节日氛围，消费者从门前一过，就会被这种气氛所吸引。大厅里，介绍过桥米线文化和此次活动内容及云南风光的光盘不间断播放，使顾客真正有"食正宗米线，听过桥故事，品云南文化"的享受。

启示：企业为扩大在社会公众中的知名度，通常对其形象要进行精心策划，同时实施传播，这虽是系统工程，但不一定要花费巨额资金，关键是有的放矢。

CIS 是一种行之有效的形象战略。所谓形象战略，是企业运用统一设计和统一传播媒介，塑造与众不同的企业形象，并加强与企业利益相关者的信息传递，唤起其注意和兴趣，使其对企业形成正确的感知，从而达到激发他们的消费欲望和行为等目的的一种战略。酒店作为综合服务的提供者，其内部就如同一个"小社会"，涉及吃、住、娱等诸多方面，它的经营思想、行为举措、视觉形象都需要一种能够体现思想上一致、行动上协调、视觉上统一的形象战略。通过对国内外实例的考察分析，CIS 是一种适应信息社会激烈竞争的行之有效的形象战略，也是国内酒店经营的新领域。

7.1　CIS 发展简况

7.1.1　CIS 概念

1) CIS 内涵

CIS 简称 CI 或 CI 战略,它是英文 Corporate Identity System 的缩写。有人译为"企业形象设计系统""企业形象战略",现在常翻译成"企业识别系统"。根据 CIS 的内涵,CIS 的定义可表述为:它是将企业的经营理念与精神文化,运用行为活动、视觉设计等识别系统,传达给广大公众,促使公众对企业产生一致的认同感与价值观的一整套识别系统。

CIS 是一种由欧美企业开发出来的经营技法,是现代企业经营发展的一种全新概念,是一种借改变企业形象,注入新鲜感,使企业更能引起外界注意进而提升业绩的经营技巧。它是以结合现代设计观念与企业管理理论的整体性运作,是以刻画企业的个性,突出和显示企业的精神,使消费者产生深刻的认同感,从而达到促销目的的设计系统。CIS 将企业作为设计对象进行整体设计,使社会大众容易识别企业性质,它的设计不是零碎的、不规则的、单一的形象显示,CIS 强调统一化、规范化、标准化,旨在强化企业形象,使企业引起外界注意,让人产生一种新鲜感和亲近感,进而提高知名度,获得更好的经济效益。

人们对 CIS 内涵的认识各有不同。归纳起来主要有以下几种观点:

①CIS 就是凸显企业个性;

②CIS 就是企业的差别化战略;

③CIS 就是构筑企业的精神理念;

④CIS 就是企业的形象革命;

⑤CIS 就是创造名牌的有力武器;

⑥CIS 就是企业重塑自我,换血强身。

2) CIS 作用

尽管目前人们对 CIS 的认识有所不同,但从 CIS 的理论和实践上看,企业导入 CIS 有益无害,主要有以下作用:

①有利于全方位的塑造与提高企业形象;

②提高员工士气,增强企业的凝聚力和向心力;

③为企业进行理念定位、行为规程定位、视觉形象定位制订长远的战略战术;

④提高企业在国内外的竞争力、形象力,有利于创造名牌;

⑤优化企业的生存和发展环境,提高企业的社会地位。

3) CIS 的构成要素

CIS 是一项系统工程。CIS 主要是由理念识别 MI(mind identity,简称 MI)、行为识别 BI(behavior identity,简称 BI)、视觉识别 VI(visual identity,简称 VI)三个子系统组成的。

(1)理念识别(MI)

理念识别,是指企业的内在精神、企业信条、企业目标和座右铭,它蕴涵着企业文化,浓缩着企业宗旨,是"企业形象"的灵魂,是 CIS 形象识别系统中的核心。企业理念系统主要包含四个基本内容:企业使命、经营理念、企业精神、行为准则。

理念识别是 CIS 战略运作的原动力和实施基础。企业理念虽然看不见,摸不着,却足以影响企业的兴衰成败。企业的生存就是一种理念的维系。就企业内部而言,一群素不相识的员工集合在一起,必须有一个共同的追求,因此一个杰出的企业除了实质性的目标追求外,一定要构建实现实质性目标的理念,通过这种理念来引发和调动全体员工的责任心,并以此来约束和规范全体员工的行为。另外,市场经济的竞争日益激烈,同类产品之间的技术差距越来越小,企业的竞争力主要表现在信息传达量和企业理念识别中所体现的人格力量和文化力量。因此,完整的企业识别系统的建立,首先有赖于企业经营理念的确立。如建国酒店的温馨与长城酒店的严谨就反映了两个酒店不同的经营理念:建国酒店推崇"温暖如家"的经营理念,使它在众多大酒店的包围中仍能独占风骚;而长城酒店对服务质量、服务规范的一丝不苟则体现了喜来登酒店管理集团物有所值的经营理念。

(2)行为识别(BI)

行为识别是企业整体形象的动态识别形式,它规范企业内部的组织、管理、教育以及对社会的一切活动。BI 是企业理念的具体化,是企业理念的表现,当企业的理念确定后,就要通过一切渠道或方式把信息传递出去,行为识别就是信息传递的渠道之一。

行为识别系统主要包括对内行为识别和对外行为识别。内部行为规范包括组织结构、管理导向、运作流程、人事政策、培训制度、奖惩制度、福利政策、职业道德、行为准则、沟通方式、公司礼仪、文化活动、环境规划等;外部行为规范包括市场推广、售后服务、物流处理、招聘方式、竞争行为、协作方式、公众咨询、社区服务、公益活动、环保措施、展示规则、外交活动、宣传广告等。对内行为识别是对外行为识别的基础,对外行为识别是对内行为识别的延伸。如现代许多酒店开展评选优秀员工、微笑大使、服务标兵的活动,就是一种典型的企业行为识别。

　　(3)视觉识别(VI)

　　视觉识别是企业的静态识别系统,它运用视觉传达整体形象设计的方法,采用直观设计上的差别将企业理念系统的内容用企业的标志、标准字、标准色等视觉形式,更准确、更快捷、更凝练地传达出来,它使企业社会公众一目了然地掌握企业的信息,产生认同感,从而达到识别的目的。视觉识别是企业建立CIS的中心环节和重点。

　　视觉识别系统包括基础要素和应用要素两类。基础要素:企业名称、企业标志、企业名牌专用字体、企业标准字体、企业标准色、企业象征图案、企业专用印刷字体、企业宣传标语和口号等。应用要素:广告媒介、交通运输工具、事务用品、制服设计、室内设计、建筑设计、展示设计、包装设计等。基本要素为企业进行视觉形象设计提供了基本规则和要求,因而在应用要素中包括的内容进行视觉形象设计,就必须恪守基础要素的规定,以使应用要素中的内容均能形成统一的视觉形象。

　　心理学的研究表明,一个人在接受外界信息的时候,视觉接受的信息占全部信息量的83%,11%的信息来自听觉,3.5%的信息来自嗅觉,1.5%的信息来自触觉,1%的信息来自味觉。因此,在塑造企业形象的过程中,视觉识别占有十分重要的地位。它是表达企业文化、企业理念的重要载体。

　　除了上述三个系统外,其实CIS还有其他子系统,如 AI—企业的听觉识别,如企业的店歌、广告曲、特别音响等;EI—企业的环境识别,如企业整体的氛围。

　　(4)MI,BI,VI 三者关系

　　完整的 CIS 应该是 MI,BI,VI 的和谐统一。MI 作为最高层次的思想和战略系统,是 CIS 的基础和灵魂,支配和作用于其他两个系统;BI 作为动态识别系统,是企业的运作模式,服务和服从于 MI,是 CIS 的保证和具体行动;VI 是静止的识别符号和外在表现,与 BI 一道,体现着企业的经营理念的实质和内涵,三者相互渗透,相互支持,共同构成 CIS 的完整内涵。有人将三者的关系予以形象的

比喻:如果把 CIS 比做一棵树,那么 MI 就是树的根部,BI 就是树的躯干、树枝,VI 就是树的树叶、花、果实;如果把 CIS 比做一个人,那么 MI 就是人的心、脑、中枢神经,BI 就是人的躯干、四肢,VI 就是人的面部。这些比喻比较形象地说明了三者的密切关系。

7.1.2　CIS 发展简况

1) CIS 发展历程

最早的 CI 识别符号是一些不识字的码头工人凭直觉发明的。如他们在蜡烛包装箱上画上黑色的"×",借以同肥皂包装箱区别。其实早期的 CIS 侧重于视觉识别系统,而忽视了企业内在的行为要素及价值体现。随着 CI 的发展,CI 的内涵不断丰富,外延不断扩展。CI 实践的深化,才促进了 CI 理论的科学化。可以说 CIS 作为一种现代企业经营战略,其形成并非一蹴而就,它经历了一个从 CI 到 CIS 的演进过程。

(1) 视觉识别阶段

早在 20 世纪初,意大利企业家密罗·奥利威蒂在伊布里亚开设工厂生产打字机,为了提高自己产品的竞争力,他一方面重视企业标志的设计,并使其商标不断完善,另一方面他还开设了托儿所,以此举提升企业形象。1914 年,德国著名建筑学家彼得·贝汉斯受聘为德国 AEG 电器公司的设计顾问,并为其进行了统一的商标、包装、便条纸和信封设计,这为统一企业视觉识别起到了积极作用。1933—1940 年间,英国工业设计协会会长弗兰克·毕克负责伦敦地铁设计,他组织设计统一字体应用于站牌、指示标记和车票上,随后,地铁本部、纪念碑、地铁系列海报等也都实现了统一设计和造型,这使伦敦地铁的建筑景观与运输机能实现了统一。以上这些商标、标志统一设计虽还不能视为严格意义上的 CI 设计,但却可以看做 CI 视觉识别的雏形。

真正意义的 CI 正式产生于 20 世纪 40—50 年代的美国。当时的美国经济高速发展,企业经营转向多元化、国际化,因而迫切需要一整套系统的企业形象塑造方法以体现企业的经营思想,并在消费者面前制造视觉冲击和识别差异,从而提高市场竞争力。在此期间,美国先后有三家企业采用 CI 设计,它们分别是 CBS 公司、IBM 公司和西屋电器公司,其中以 IBM 公司的标志设计最为著名。因此,有人将当时 IBM 公司导入 CI 计划视为 CI 创立的标志,如图 7.1 所示。

1956 年以前,国际商用机器公司(Internation Business Machines)的商标是个

图7.1 IBM 公司的 CI

圆形图案,上面是公司的全称。1956 年,著名设计师保罗·兰德受顾该公司做企业形象策划。根据设计要求,公司应在世界市场的开发和竞争中,有意识地在消费者心目中留下一个具有视觉冲击力的形象标志,这一标志能充分体现公司的开拓精神、创造精神和具有独特个性的企业文化。为此,保罗·兰德把公司的全称缩写为"IBM"三个字母,作为企业和产品商标的名称,并创造出富有美感和动感的字体造型(根据具体要求用 8 行或 13 行横线构成),同时选用蓝色作为企业的标准色,以此象征公司高科技的精密和实力。这样,一个崭新的形象——IBM 凸现于世界,IBM 公司成为公众信赖的"蓝色巨人",并在美国及全世界计算机行业占据霸主地位。

初创期的 CI 策划几乎只有设计的实践探索,而无理论概括。到了 20 世纪 60 年代,纽约一家设计咨询公司的设计人员沃特·马格里斯正式提出 CI 这一术语。从此,企业标志等设计不再被看做是设计工作的最后结果,而成为企业战略的表达方式。在新兴的 CI 理论指导下,再加之 IBM 等公司的示范效应,20 世纪 60—70 年代美国逐步形成了一股 CI 热潮,许多企业通过导入 CI,提升企业形象,增强了竞争力。美国无线电公司、可口可乐公司等企业的 CI 策划都是这一热潮中的成功典范。这一时期,CI 策划主要局限于视觉识别领域,通过视觉形象来突出企业个性。这一特点的形成,有其深层次的原因:首先是美国汽车普及的社会背景。20 世纪 50 年代以来,美国的公路交通得到高度发展。发达的交通带来相应服务业的发展,诸如加油站、停车场、餐厅、旅社等随处可见。为了吸引顾客,也为了消费者们易于认同和识别,各服务业在招牌、建筑、广告、标志等视觉设计上,力求规格统一、简洁明快,能够使人在高速行驶的车辆中做到瞬时识别,并留下深刻的印象。其次,美国是一个多民族的国家,存在着多种语言,因此非常需要企业标志、标准色等共同性信息传递系统。为了把企业形象在瞬间传递给消费者,标志没有过多的文字,往往只是一个象征性的图形或颜色,通过一种强烈的视觉冲击,使人一看就懂。第三,工业设计学的兴起。工业设计学在

20世纪20年代的德国创立。二战后,工业设计在制作高质量的产品过程中的作用明显增强,工业设计成为企业扩大市场销售和提高产品竞争力的有效手段。工业设计学的兴起,为CIS的设计提供了方法。

1970年,被誉为"美国国民共有财产"的可口可乐,以引用视觉强烈震撼的红色,与充满波动条纹所构成的"COCACOLA"标志,在全球消费者心中成功地塑造老少皆宜、风行世界的品牌形象,并促进了CIS在美国的发展及世界各地的普及,如图7.2所示。继美国之后,英国、法国、意大利等西欧国家的企业也纷纷采用系统识别。

图7.2 可口可乐公司的CI

(2)公司文化识别阶段

日本是亚洲国家引入CIS较早且有成效的国家。日本从美国引入CI理论后,并不是机械地仿效,而是结合本国特点和需要,将CI进一步完善和发展,形成了具有日本特色的企业策划理论——CIS战略。

日本较早实施CI的公司,如MAZDA、大荣百货、松田等大企业最初均接受美国式CI的影响,重点在企业标志上下工夫,以标准字、商标、标准色的视觉统一和美化作为CI策划的核心。但是,日本企业在实施CI的过程中逐渐意识到,随着科技的不断进步,产品生命周期不断缩短,那种偏重于市场营销的空壳视觉识别传达已经很难实现预期目的。特别是20世纪80年代,日本进入了所谓"成熟社会",社会对量的发展的追求已由对质的发展的追求所取代,公众消费观念发生变化,价值观日益多元化,这就使得传统的市场行销活动缺乏应有的效力。实践表明,企业要想在公众中树立良好形象,增强自身的竞争力,不仅要扩大企业的认知度,更重要的是要让公众对企业产生好感和信赖。因此,企业必须树立正确的经营理念,开展具有整体性和独创性的多种识别活动并提供良好的产品和优质服务,才能产生效果。事实上,从20世纪70年代初以来,日本企业在导入 CI 的过程中就在尝试如何在重视视觉信息传递的同时,探索企业深层次的东西。例如,1971 年第一劝业银行导入 CI,以"和蔼可亲的银行"为标语,以心形图案为标志,这里实际上已蕴含了后来被称为企业理念的展示。1978 年,松屋百货导入 CI 时,总结创立了"创造松屋新文化"概念。新概念标示,企业必须以良好的企业理念为前导,提高员工素质,规范员工行为,通过提高产品品质和服务来确立企业形象。20 世纪 80 年代,日本企业凭借"识别概念"——"我们到底是谁""公司究竟是为什么而存在"的再思考,掀起了第二次 CI 革命浪潮,形成了具有日本民族特色的全新的 CI 策划,即 CIS 战略体系。在 20 世纪八九十年代,CIS 成为日本企业在改善体制,增强国际竞争能力的强有力武器。

随后,CIS 又在中国台湾、韩国等地盛行,并于 20 世纪 80 年代中后期从广东"登陆"进入中国内地。1988 年太阳神集团有限公司率先导入 CIS 新思路,先是在包装装潢上与商标创意上巧妙地以带有东方神秘色彩的设计迎合中国人特有的本土情怀,典雅华贵、雍容堂皇、黑色三角形顶起红色圆形把天长地久的爱传送到消费者的内心深处,继而借助新闻传媒,从电视、广播、报纸到各类赛事,"太阳神"无处不在,无论男女老少都知道"当太阳升起的时候"的营销口号,几年之内,其产值激增至十几亿元。这种神话般的速度,也第一次让中国领悟了CIS 的奇效,如图 7.3 所示。除"太阳神"外,20 世纪 80 年代末到 90 年代初,"神州""黑妹""健力宝"均为运用 CIS 取得成功的著名品牌。北京中关村的高科技企业,从一开始就全方位策划和实施 CIS 战略,很快树立起卓越的企业形象,带来产值利润的高速增长,是我国 CIS 导入的成功范例。

图 7.3　太阳神集团有限公司的 CI

我国旅游业是最早进入市场,最快接触国际先进管理的行业。喜来登、希尔顿、假日、香格里拉等跨国酒店管理集团于 20 世纪 80 年代进入我国酒店业带来了业已成熟的企业管理模式,其经营、管理理念强烈地影响着我国酒店业。许多酒店在接受外来影响的基础上进行了创新,形成了卓有成效的管理模式。但是从我国旅游业总体来看,真正导入 CIS 的企业比重并不大,较多的只是局部导入。不过注重应用 CIS 战略来塑造企业形象的观念已被越来越多的旅游企业所接受,旅游业导入 CIS,实施形象战略将是必然。

2)CIS 与国际流行的新趋势

目前,在日美等国又日渐流行 CS 经营战略。CS 是英文 Customer Satisfaction 的缩写,译为"顾客满意"。CS 包含了两层含义,既:"顾客至上"和"顾客总是对的"。类似于 CIS,CS 也可划分为三个子系统:视觉系统 VS、理念系统 MS、行为系统 BS。

CS 经营战略的指导思想是:企业的整个经营活动要以顾客满意为中心,要从顾客的角度,用顾客的观点而非企业自身的角度来分析、指导和控制营销计划。CS 由商品、服务和企业形象三要素组成,它们在不同的消费环境中发挥的作用并非均等。在商品较匮乏时,"商品"要素在 CS 中所占的比重很大,商品价廉物美、经久耐用则顾客就满意;当商品逐渐充裕时,"服务"就成为 CS 中的主要要素,顾客选择产品的判断标准是服务;在今天商品丰富且许多产品质量无太大差异的时代,CS 中"企业形象"所占比重呈直线上升趋势,企业形象是获得顾客满意的关键。

倘若将 CS 经营战略与 CIS 形象战略相比,两者起点不一样,CS 起点是顾客,CIS 起点则是企业本身。CS 以顾客满意为目标,是一种由外至内的思维方式,CIS 则以塑造企业形象为目的,是一种由内至外的思维方式。CS 和 CIS 两者在营销中的作用是企业营销战略的两个方面,二者相辅相成互为补充,使企业更主动地参与市场竞争。

7.1.3 企业 CIS 的导入

任何一个想要导入 CIS 系统的企业,均须首先全面认识 CIS 作为企业战略的重要地位,深刻理解"硬件决定地位,软件决定形象,形象塑造直接影响企业经营的成败"这一观念,调动一切积极因素,塑造企业独特的形象。CIS 的导入一般分为 4 个阶段:

1)准备阶段

这一阶段主要是进行可行性分析和相关的准备工作。

①CIS 导入的由头、提案。任何一个企业导入 CIS 都基于一定的原因,要么

想使内外公众对本企业有一个清晰的定位,要么想突出企业的个性,要么想打开国际市场,要么想创立名牌,要么想提高企业形象,这样就产生了要导入 CIS 的动机。其后则是拟订一份 CIS 导入的提案,这一提案实际上是 CIS 导入的初级策划书,它的内容一般包括:提案的目的,导入 CIS 的理由、背景,CIS 策划的方针、施行细则、计划、组织、人员、经费预算等。

②决策部门讨论、审核、批示。

③设置导入 CIS 的组织机构,其中包括设置 CIS 委员会和 CI 执行委员会。CIS 委员会一般由企业的主要领导人、部门负责人、CIS 策划专家组成;CI 执行委员会一般由创意策划专家、设计员、市场调研人员、文案人员组成。

2) 调查研究阶段

这一阶段主要是确定调查方针、调查对象、调查机构、调查方法、调查内容,分析调查结果,制作总概念报告书。调查可在企业内部、外部分别进行。企业内部调查的内容主要包括:企业内外形象、基本概况、员工素质、产品质量、经营观念、规章制度、视觉标志、信息传递渠道等;同时还要通过亲自访谈,了解企业主要领导者和中层以上干部的意愿、意见、建议;通过问卷调查或典型调查,了解员工的基本情况、意见、建议等。企业外部调查的主要内容包括企业外部形象,市场环境调查,公众消费情况调查,企业产品质量、销售及其形象调查,公众对企业的认知程度、综合评价等。调查内容根据实际策划需要来确定,调查结束后,对调查结果进行综合整理,写出报告书。

3) 创意策划与设计阶段

这一阶段实际上是策划人员根据总概念报告书,结合企业决策层的意图,对企业的理念识别系统、行为识别系统和视觉识别系统进行定位设计。

4) 实施与反馈阶段

这一阶段主要是根据 CIS 基本内容逐步地实施 CIS。在实施过程中,策划者不断听取反馈意见、建议,不断修正完善 CIS 设计。其主要内容包括:

①举办新闻发布会,开展 CIS 导入的发布活动。策划 CIS 发布活动,既可由内到外,也可由内外同时发布。其目的是传播这一具有战略意义的信息,以便使内外公众对此有所了解、认识,强化 CIS 导入效果。

②CIS 相关计划的推行。企业可建立相应机构,监察 CIS 计划的执行。CIS 策划委员会至此也完成其使命,CIS 委员会可继续保留,并可成立 CIS 推进委员

会,负责 CIS 计划的监察和实施。建立必要的管理系统有助于巩固与扩大 CIS 策划的成果。

③建立 CIS 的信息传递机制。CIS 策划的根本目的是要全方位地塑造企业的整体形象。因此,CIS 策划必须注重 CIS 信息的传递与交流。一方面,利用广告、宣传资料、新闻媒介、专题活动等对内外进行宣传推行;另一方面还可及时搜集来自各方面的反馈信息,修正与完善 CIS 设计成果。

7.2 酒店 CIS 形象设计

CIS 是顺应时代发展,适应日渐激烈的市场竞争而产生的企业形象战略。在我国已经加入 WTO 的今天,中国酒店企业应向国际高水平的酒店集团学习,迎接市场竞争的挑战。企业形象是企业最为宝贵的无形资产,因此,实施 CIS 战略对入世后的中国酒店的生存和发展有重要的现实意义。

7.2.1 酒店 MI 形象设计

现代社会,企业出于竞争的需要越来越重视形象设计,酒店企业要树立和保持良好的企业形象,得到公众支持和肯定,形象设计就更为重要了。企业形象设计被当做提高企业经营管理水平的有效战略手段和法宝。

1)酒店 MI 的特征

酒店的理念是基本的、核心的思想意识,是确定和规范酒店整体行为、员工行为的基石和准则,对酒店员工有导向作用、规范作用和凝聚作用。酒店的理念要想有效发挥各种功能,应具备如下特征:

(1)崇高性

酒店如果没有崇高的思想境界和远大目标,就容易在经营活动中为了追求蝇头小利而失去长远利益,对内对外缺乏凝聚力和感召力,员工就可能不求上进或唯利是图。

(2)实用性

酒店企业理念不只是供人观赏,而应该具有实用性,应该真正成为组织文化、组织形象的核心,真正内化为广大员工的主导意识,才能对酒店的长期健康发展起积极作用。

（3）社会化

酒店理念及其表达方式要为社会所理解、接受和认同，才不会被公众排斥和误解。

（4）时代感

每一个时代都有一些带有时代印记的文化、精神甚至语言，只有符合时代潮流的酒店才具有更强的生命力和感召力，因此，酒店理念应符合时代潮流，切合未来发展脉搏。

（5）独特性

虽然现在人们普遍认为导入 CIS 是一次从精神层面到物质层面对组织文化和形象进行再创造和完善的过程，但导入 CIS 的一个根本目标在于组织能被人易于识别。因此设计酒店理念时，要让酒店理念有一些实质性差异或至少在具体表述上有独特性。

2）酒店 MI 的主要内容

酒店理念的主要内容有以下几个方面：

（1）酒店使命

酒店使命主要反映酒店存在的意义和经营的目的。酒店作为营利性组织，追求赢利和不断发展必然是其根本目标。但酒店又是一种社会组织，它的正常运行既依赖内部的员工、股东，又依赖于外部各类公众的支持，同时又对各类公众和整个社会产生重大影响。因此，酒店通常不会只宣称自己只是追求利润，而会更多地强调为各类公众负责，为各方作出更多贡献的追求。如：北京香格里拉酒店 1993 年春节前夕在北京社会福利院和四季青敬老院，为孤寡老人举办的"人帮人"活动，取得很好的社会效应，树立了良好的酒店形象。

（2）酒店理想

酒店理想也叫酒店愿景，它是酒店使命在一定时期内的具体化，主要反映酒店在一定时期内要追求的目标、要达到的水平。酒店理想一般都是经过艰苦努力才可能达到的，有时也可能是一种良好愿望，一种艺术性的夸张。由于酒店愿景是企业使命的具体化，因此酒店愿景的提出可以联系酒店的许多特点而使其具有独特性、实用性。

（3）酒店经营哲学

酒店经营哲学是指导企业行为，使企业走向成功的方法论原则和行为纲领，包含营销观念、经营方针、经营策略。如果说酒店使命、酒店理想是着重说明企业的目标,要做什么,那么酒店经营哲学则是着重说明酒店应该怎样做、怎样走。影响酒店赢得成功的因素很多,因而经营哲学的内涵十分丰富,比较重要的有:①对待顾客的经营哲学。在现代市场经济条件下,各类企业都在强调以顾客需求为导向,以市场为中心。顾客至上、诚实经营、信誉第一、提供优质产品与服务等,已成为各类酒店共同的座右铭。②对待竞争者的经营哲学。竞争是各类酒店无法回避的现实经营环境,不怕竞争,提倡公平竞争,合理竞争已是一般酒店公开表达的观点。③对待生产资源的经营哲学。酒店资源已经突破了人、财、物的传统范围,酒店声誉、酒店营销网络、社会关系等也被视为重要的酒店资源。随着技术经济的发展和品牌时代的到来,尊重知识、尊重人才、重视品牌乃至整个酒店形象,已经是大部分酒店所推崇的理念。

(4)酒店精神

酒店精神是建立在共同的价值观和共同的信念的基础之上的,为酒店员工广泛认同和接受的一种群体意识。酒店精神是酒店素质的综合反映,是酒店成员意向的集中。酒店的精神要想充满朝气必须具备两个特征,一是时代性,二是目标性。酒店精神必须要有明确的企业目标为指向,以酒店目标为依托,这样的酒店精神才是现实的、充分的。

3) 酒店 MI 设计的基本原则

酒店理念的设计是为了增强酒店理念的识别力和认同力。在设计过程中,应从 CIS 导入的整体出发,遵循以下原则:

(1)个性原则

通过精心的酒店理念设计,展示酒店的独特风格和鲜明个性,从而体现酒店与其他酒店理念差别的设计原则,就是个性原则。只有这样才能鲜明地把本酒店与其他酒店区别开来。我们一提起"QSC + V",就联想起麦当劳公司;一提起"红棉精神",就想起花园酒店,就是因为它们的理念设计极富个性,因而能以鲜明的个性化形象展现在公众眼前,给公众以强烈而深刻的印象。我国很多酒店的门墙上、经理的办公室里都赫然写着或挂着"质量第一、宾客第一、服务第一"或"宾客至上"的标语,实在是贫乏、苍白之词,因为这种千篇一律的辞藻根本不能向公众传达出任何有价值的东西,根本不能显示出酒店的个性,当然也不会给公众留下什么印象,反而容易显得虚假做作。

（2）概括性原则

酒店在进行理念设计时,确有很多想要表达的思想,但作为酒店理念则必须将其进行归纳、提炼,最终以精炼的语言表达出来。精炼的语言完全能够浓缩企业文化,提炼企业精神。麦当劳公司的"QSC＋V",虽然只有几个字母,但所表达的思想却是极为丰富的,人们不会对此产生任何误解,相反却使酒店理念得到迅速而广泛的传播。

（3）民族性原则

一个民族的精神、文化、价值观等本身就对国人具有一种无形的凝聚力、认同感、感召力。在酒店理念设计时充分考虑本民族的特色,设计出带有民族性的酒店理念,对于公众的认同与支持,对于吸引人才,对于赢得消费者等都会产生积极的作用。日本的企业在理念设计中就很强调"和谐"的观念,忠诚于国家的观念等,而英美企业在理念设计中则忘不了强调人的个性展示,它们都考虑到了民族特性。据调查,在日本2 005家公司中,以"和谐"作为公司方针的有548家,占27.3%,比重最高;以"诚实"作为公司方针的有466家,占23.2%;以"努力"作为公司方针的有380家,占19%。三项合计占总数的69.5%,这反映了日本重人和、重朴素、重勤奋的民族文化。另据调查,在美国,则有1/3以上的企业明确强调以充分展示每个员工的个性,让每一个员工的潜力得到最大发展作为企业理念,反映出美国强烈的"个人主义"这种民族文化的特性。

（4）开放性原则

酒店是一个开放的社会群体,因而酒店理念的设计应充分考虑到酒店所立足的环境,要根据酒店内部文化的沉淀、物质技术条件和结构以及所面临的社会任务来确定酒店的今天、明天和未来,使酒店理念的认同具有广泛深厚长远的群众基础。

4）酒店MI的实施

理念识别的实施目的在于将理念转化为企业共同的价值观及员工的心态,从而树立良好的企业形象。在酒店CIS实施过程中,酒店自始至终要重视酒店MI,不可忽视理念识别的能量。企业理念的实施要经过企业全体员工的了解、领悟和实践。具体步骤如下:

（1）了解酒店理念

员工对企业理念的了解程度从企业内部讲主要取决于两个方面:一是企业领导对企业理念传播的态度。如著名的日本松下电器公司8万员工,每天早上上班第一件事,就是全体起立,齐声朗诵创始人松下幸之助提出的"七精神"——工业报国、光明正大、团结一致、奋斗向上、礼貌谦虚、顺应时势、感恩戴德。二是企业信息的沟通渠道及传播媒体。如通过创业史的教育、先进模范人物的典型宣传、重要的动员大会、企业历史等知识竞赛进行渗透性灌输,通过经常性的群众性活动,使企业员工在潜移默化中逐渐熟悉并了解企业理念。

(2)领悟酒店理念

领悟的途径有多种,如企业领导或先进模范通过切身体验和感受阐释企业理念,从而引导员工领悟理念。企业可以通过培训,让新员工了解和领悟企业理念,使他们上岗后自觉或不自觉地适应企业理念。

(3)实践酒店理念

即把领悟到的精神运用到服务和管理的实际行动中去。如企业可通过赏罚分明的措施,对遵守企业规范的行为进行奖励,对违反企业规范的行为进行批评、惩罚。通过奖罚,达到员工重复或终止某一行为,强化企业理念。

7.2.2　酒店 BI 形象设计

当酒店的经营理念确立以后,传递酒店理念的信息渠道有两条:一条是行为识别(动态识别),即 BI;一条是视觉识别(静态识别),即 VI。我们说酒店理念是 CIS 的灵魂,那么 BI 是 CI 的肢体,是 CI 系统中最活跃也最难以控制的部分,它是酒店理念的外化和展现,是酒店理念的现实保障;VI 是 CI 的脸面,是 CI 系统中最直接、最容易被公众接受的部分,也是最富有创意的部分。

1)酒店 BI 的内容

酒店 BI 指酒店经营过程中所有具体的执行行为在操作过程中的规范化和协调化,包括规范和协调企业内部的组织、管理、教育,以及企业及其成员对外的一切活动(如酒店内部的各项规章制度、员工的行为方式、酒店对外公关宣传和社会性、公益性活动)。不管对内行为还是对外行为,酒店 BI 的种类十分丰富,包括教育研究、研究发展、生产管理、人事、分配、内部沟通、文体活动等。这里简单介绍几种。

(1)人事制度、人事安排

酒店的人事涉及招聘、培养、使用、考核、奖励、晋升、流动等一系列问题,其中招聘与使用、晋升制度最为重要。人事制度、人事安排关系员工的根本利益。好的工作岗位和职务职称,不仅决定员工的基本物质利益,也影响着员工精神需要的满足。企业的人事制度、人事安排不仅影响到每个当事人及相关群体的利益,而且能产生许多形象信息,如现代感、活力、未来性、民主性、以人为本、尊重人才等或与其相反的形象特征。

（2）分配制度

酒店的分配制度及其实态最大限度地决定着员工的积极性及相互关系,同时也影响着企业形象。酒店的分配制度及其实态的主要内容包括:员工平均工资、平均收入、个人收入结构(工龄工资、岗位工资、绩效工资、各种津贴、补贴等收入之间的比例关系),酒店代缴的保险金额、福利待遇等。其中员工平均收入及各类员工的收入关系最为重要,直接影响到酒店的效益形象、员工的积极性和凝聚力。

（3）酒店公益性活动

公益性活动的内容比较丰富,如文体教育、科学研究、城市交通、社会治安、环境卫生、抗灾救灾等,既要追求赢利,又要塑造良好的酒店形象,在开展公益性活动时要注意 3 个问题:①频度和力度。没有一定的频度和力度,就难以有力地塑造出良好的社会形象。②公益活动受众与目标公众的关系。如果酒店开展的公益性活动连信息都没有传播到目标公众那里,那就是失败的。③公益活动的类别与企业形象特征的关系。公益活动所隐含的形象信息最好能与企业的形象定位相吻合。

2）酒店 BI 的实施

要想 BI 成为酒店经营的魔方,在酒店 BI 的实施过程中必须强化以下几点:

（1）塑造企业英雄

在 BI 的设计过程中,酒店要注意挖掘酒店的英雄,即典范人物,如评选优秀员工、温馨先生、微笑大使、服务标兵、"金钥匙"等,为酒店员工树立起学习的榜样,展示了企业的良好形象。

（2）规范酒店员工行为

酒店员工行为规范的内容,涵盖仪表礼仪、工作着装、服务态度、服务技能、服务程序、服务语言、服务行为、职业道德等,可分解为具体标准和规范动作。BI的导入会使企业在行为识别上获得更大的成功,并在短期内使企业形象发生巨大变化。

（3）注重企业典礼仪式

酒店作为一种外向型、窗口型行业,经常举办纪念、节日、公益、赞助、促销等各种庆典活动。这些庆典活动应能体现企业个性与特征,渗透企业文化与企业经营理念。因此应注重企业典礼仪式,把其作为传播企业文化、企业经营理念的重要途径,是 BI 导入的重要环节。

(4)制订企业的行为规范

企业的行为规范,是企业向外部社会公众展示企业经营理念、企业文化的动态表现,能使社会公众对企业形象感知并评价,是酒店 BI 功能的重要方面。制订企业行为规范应遵循以下原则:①顾客至上:把顾客至上、消费者第一的经营思想落实到企业经营目标和经营中的每道工序、每位员工和每个部门。②追求 CS 效应:酒店提供的服务设施和服务产品得到顾客的认可和接受,最大限度地让顾客满意。③重视社会利益:通过良好的社会效益达到良好的经济效益,是企业成功的必由之路。④承担社会责任:体现酒店强烈的社会责任感,向社会证明,酒店不仅为国家创造了大量的社会财富,而且是可信赖、有信誉的经济组织。

7.2.3 酒店 VI 形象设计

VI 设计虽说是企业外在的一种静态表现,但在树立企业形象上起着比 MI 和 BI 更为直接的作用。VI 设计既要准确地体现企业的精神实质,另一方面又要使公众易于接受并留下深刻的印象。

1)酒店 VI 的内容

(1)店标与店徽

如:香格里拉酒店、建国酒店的店标,人们一见到这些标志,就会立刻想起这些酒店从而起到识别作用,如图7.4 所示。

图7.4 店标

（2）酒店建筑

包括大楼、庭院、大堂的格调、装饰风格等。如西藏拉萨酒店,采用藏式的柱头、柱身、小亭、窗楣,其建筑风格融汇了藏族文化特色和民族风味,表现了藏族建筑的艺术特色。

（3）宣传用品

包括酒店的介绍册、服务指南、菜单、入住卡等。

（4）制服

员工制服的款式、材料、颜色应该大范围统一,小范围区别,与酒店的风格保持一致。

（5）展览与展示

努力使户外广告、橱窗销售专柜及展览与展示会的设计、布置等做到系统化、统一化。

（6）广告

把传播内容、手段及形式加以系统化,作为所有广告的制作依据及参考。

（7）其他

包括酒店的型号、办公用品、电话号码、标语、口号等。如香港半岛酒店由10辆奔驰小轿车组成的迎宾车队,引起公众极其强烈的视觉识别效果。

2）酒店 VI 设计的原则

（1）传达酒店 MI 的原则

酒店 VI 设计的核心和目的,是有效地传达酒店 MI,如果一个标志或一个商标既不能揭示它所代表事物更深层的本质东西,也不能表现它所象征的优秀的酒店身份和产品,那么这个标志或商标就没有任何价值。因此,VI 设计就不能单纯追求所谓美学效果,而应力透酒店的精神、经营哲学。

（2）必须遵循美学原则

视觉识别符号是一种视觉艺术,作为艺术则追求形式美的内在特征,而接受者进行识别的过程中就是一个审美的过程。也正是由于酒店 VI 所具有的美感和艺术表现力,才唤起了接收者的热情和冲动。根据艺术形式美的规律,VI 设计的美学原则上概括为秩序和自然、统一与变化、对称与平衡、调和与对比、节奏与韵律、比例与尺度、色调与情感等。

（3）遵守法律法规的原则

由于 VI 识别符号多用于商业活动,因而必须遵守国际国内重要的法规,从而保护消费者的利益以及生产者的权益。VI 在设计时必须熟知与酒店经营关系密切的国际法规和公约。

此外,VI 设计还应遵从人性化原则、民族个性原则、化繁为简原则等。

3）酒店 VI 的实施

酒店 VI 在实施过程中最主要是对 4 项基本要素的设计,即:企业名称、企业标志、企业标准色、企业标准字的设计,即:名、图、字、色。

（1）酒店名称设计

酒店名称要名副其实,与酒店的身份相适应,与酒店的理念、识别、行为识别相统一,便于人们了解酒店的个性与特色。总的来说,酒店取名须遵守以下原则:

①要简洁响亮,好听易记。简洁指名称字数不多,字形简单易写,好看。响亮指的是发音要响亮,有起伏,清晰,有韵味,不容易被误听和产生歧义。

②酒店名字要具有新颖性和独创性。与众不同的名称容易从众多的组织名称、品牌中凸显出来。如"黑土地",表达了酒店所面向的特定的消费者(老三届),也表达了酒店的经营特色。

③寓意原则。将企业的信念与愿望凝结在产品名称或企业名称之中。例如:香格里拉一词在藏语中是太阳和月亮的意思,喻指世外桃源、人间天堂。

④要慎用地名和人名。用著名的地方、人物名称来命名,有"搭便车"的功能,且会发挥"名胜效应""名人效应"。但以地名、人名作为酒店名称、品牌名称也有缺陷。地名的缺陷主要是缺乏差异性、独特性,而且似乎有地域上的局限性。而人名作为酒店名称、品牌名称的缺陷是,人的品行将会直接影响酒店形象、品牌形象。

（2）企业标志设计

企业标志是企业或商品的文字名称、图案记号或两者相结合的一种设计,用以象征企业或商品的特性。在进行标志设计时注意以下几个原则:

①合法性原则。首先是商标设计要符合产品行销的法规和风俗。各国的商标法对什么样的商标、标志能够注册都有明确的规定。如果你选择的商标违反了有关法规,就不能在该国注册,当然也得不到该国法律的保护。例如中国的《商标法》规定:商标不得与中华人民共和国的国家或其他国家的名称、国旗、国

徽等相同或相似;不得与军旗、勋章相同或相似;不得带有民族歧视性;不得与他人注册商标相同或相似。

②可呼性原则。可呼性就是指标志可以用语言来称呼。为了使标志具有更广泛的可呼性,许多企业采用文字与图形相结合的组合商标。懂文字的消费者,按文字称呼;不懂文字者,可按图形称呼。这样,商标的可呼性、适应性会更广泛一些。

③易识性原则。易识性是指一个标志容易被人识别、被人记忆的性质。要使标志设计有成效,只能在有限的空间内,传达出最能代表企业的、并给人留下最深刻印象的信息。

④普适性原则。标志的运用非常广泛,在企业的建筑物上、产品的包装上、办公用品上、员工徽记上、广告媒体上、交通车辆上都可应用。因此在设计时,应考虑标志在多种场合使用,同时还应考虑在上述宣传媒体上的制作方便。

⑤习俗原则。在 VI 设计时要特别注意各国的图案和禁忌颜色。例如穆斯林国家认为猪是不干净的东西,不吃猪肉;中国人不喜欢乌龟,日本人喜欢乌龟,姓龟田;英国山羊图案和英文均视为"不正经的男子"。

现在国内外酒店标志设计的趋势,由绘画处理转向图案格式,由一般图案转向几何图案,由抽象形式取代具体形式,出现了具有手绘随意性的简笔图形(如耐克标志),追求纯朴、自然和简洁、完整的装饰美,突出表现酒店标志的象征意义。例如假日酒店公司对其标志和招牌在 20 世纪 80 年代初进行了重新设计,将五颜六色背景改为只用一种蓝色,使其鲜艳明亮,手写标准字改得更易辨认,去掉内光的五角星和箭头,而用风车形状的图案代替。

(3)标准色设计

标准色是企业根据自身特点制订的某一色彩或某一组色彩,用来表征企业实体及其存在的意义。一些色彩和企业形象紧密相连,在消费者心中已深深定位,如"可乐红""柯达黄""富士绿"。标准色设定的色彩种类不宜过多,一般限制在 3 种颜色以内。标准色的设计应遵循下面两个原则:

①规范与创新相结合。根据企业的行业特征选择主题和题材,当选择了表现主题后,即可根据色彩的联觉效应和象征性来选择标准色。这是强调了规范化。在我国,人们一看到深绿色的建筑外观、制服,就知道是邮局、邮递员。红、白、蓝三色相间的图形旋转标志,是理发店的象征性标志。酒店未必要刻板地选择标准色,标准色的选择有较大余地,有创新的可能。如广东三家五星级酒店,针对自己的特性,采取不同的标准色作为出租车车身的颜色;中国大酒店用杏黄色,说明它舒适豪华、充满温馨;白天鹅宾馆用白色,说明它用真诚迎接四方宾

客;花园酒店用绿色,突出其宁静充实的环境。

②合理组合,形成特色。标准色的种类选择,一般既非单色调,又不能过于复杂,限制在三色之内较好,并且在设计中要区别主色和辅色。单一标准色容易使消费者记忆,但比较单调,而且某种颜色已被许多企业选用后,就无法形成差别化。复色标准色的好处是,一方面通过色彩的组合对比,可增加色彩的律动,更完整地说明酒店的个性;另一方面,通过合理组合可有效地避免重复,形成与众不同的视觉形象。

(4)标准字设计的方法

标准字设计涉及线条的粗细、笔画的搭配、字距的宽窄、造型和总体布局。字体包括汉字和外文。汉字作为书法,是中国独有的艺术种类和审美对象,汉字字体的种类十分丰富,表现力强。因此虽然标准字通常包括汉字和外文,但设计对象主要是汉字。标准字与一般文字的主要区别是:一般文字是一种即成文字,即能与各种文字进行任何组合;而标准字则通过字距、笔画的配置,线条的长短、粗细作统一设计,强调的是整体风格和形象,在文字组合上有严格的限制。

(5)附属要素的设计——象征图案的设计

在酒店的 VI 设计师中,象征图案设计是附属设计要素,它与酒店标志、标准色、标准字等是主宾关系。它的作用有:第一,通过象征图案的丰富造型,对以标志、标准色、标准字建立起来的酒店形象加以补充,使其意义更为完整、更易识别。第二,利用象征图案性格化的造型符号使视觉效果更强烈。第三,通过象征图案与标志、标准色、标准字的组合,创造宾主律动感,强化视觉的冲击力。如杭州黄龙酒店的标志,就是一条飞舞的龙形图案,整个标志呈“品”字形结构,它是黄龙酒店主要建筑群构造的浓缩,表现出中国传统建筑与现代设计相结合的情趣,富有个性。再如我国旅游业的标志马踏飞燕(又名马超龙雀)就生动鲜明地表现了我国旅游业蒸蒸日上、跃马腾飞的气势。

4) VI 应用设计要素系统

酒店应用设计要素,就是基本要素的一系列应用规范和要求,包括各种变体等。一般而言,应用要素的项目,以下各项是必须考虑的:

①酒店办公用品系列:名片;公函信纸(常用);公函信纸(小规格);常用信纸;告示传达纸;常用型信封;航空信封;开窗信封;牛皮纸信封(大);牛皮纸信封(小);贺礼信封;常用便笺;便笺(函文起草纸);介绍信;员工申请表格;邀请函;贺卡;证书;明信片;有价证券;优惠券;贴纸;公文卷宗;公文夹;资料袋;笔记

本;专用袋。

②酒店证件系统:工作证;名牌;徽章;臂章;出入证;旗帜。

③酒店对外账票系列:酒店事务专用账票;酒店订单、受购单、估价单、账单;酒店各类申请单、送货单;酒店明细表、票据、支票簿和收据;酒店契约文书、各种通知、确认书。

④酒店制服系列:酒店前厅部人员及管理人员服装;酒店餐饮部人员及管理人员服装;酒店客房部人员及管理人员服装;酒店公关部人员及管理人员服装;酒店商品部人员及管理人员服装;领结、手帕;领带别针、领带;公事包;工作帽。

⑤酒店指示符号系列:酒店名称招牌;酒店建筑物招牌、路标招牌、活动式招牌、商业用标准招牌;酒店外照明、霓虹灯等;酒店大门、入门指示;酒店纪念式建筑、纪念性模型;酒店各类参观指示、橱窗展示。

⑥酒店办公环境设计规范:办公室环境空间设计;公司门厅接待处;办公室设备(式样、颜色);部门牌;告示牌;记事牌;公告栏;茶具、烟具、清洁用品。

⑦交通工具系列:酒店业务用车、载运用车;酒店宣传广告用车;酒店各类货车;酒店小车(车用饰物和示牌)。

⑧酒店产品包装系列:酒店各种包装纸、粘贴商标、胶带、包装材料、包装箱;酒店各种商品容器、商品标签。

⑨酒店广告应用系列规范:报纸广告样式;杂志广告样式;直邮广告样式;日历;户外路牌广告;展示灯箱;电视广告;电台广告;海报;促销礼品;酒店目录单和菜单;企业宣传册。

⑩酒店出版物、印刷物:酒店报纸;酒店简史;年度报告表;调查资料、调查报告;奖状、感谢信。

教学实践

"综合式 CIS 作业流程"实践——为本系导入 CIS 战略。组织全班讨论为本系导入 CIS 的目的、意义,确立导入 CIS 的重点和评估体系;同时选择部分同学成立 CIS 委员会;把本班分成几个小组,分别调查本系的实态,分析本系内部情况、外在形象,拟订未来本系定位与应有形象的基本观念;各小组讨论,将上述基本形象概念转变成具体可见的信息符号,各小组分别负责本系的理念识别、活动识别、视觉识别;由 CIS 委员会策划对外告知活动。

本章自测

1.什么是 CIS,它由哪些要素构成?
2.简要介绍 CIS 的发展历程和国际流行新趋势?
3.CIS 与 CS 的区别是什么?
4.简述酒店 MI 的设计原则。
5.在酒店 BI 的实施过程中要注意哪些方面?

小知识链接

标准色的选择

标准色的数量选择和精度要求不仅应考虑企业的经营理念,也应考虑制作成本和由设计转为产品的技术因素。以印刷品为例来说,每增加一种颜色,成本就会增加30%左右。同时印刷的要求也相应提高,从而增大了制作难度和成本。

企业理念的实施

企业理念的实施和渗透工程有种种方法,目前广泛采用的实施方法有反复法、翻译法、环境法、游戏法和英雄式领导法。反复法通常采用所谓"唱和"的做法;翻译法是指结合自己的切身体验阐释自己公司的理念;环境法是将酒店理念视觉化,使之适用于酒店环境;游戏法就是将企业理念的传播融入仪式或游戏活动之中,以增强凝聚力;英雄式的领导法是利用英雄式领导起到示范作用。

VI 小故事

美国人做过一个试验,在4张桌上分别放置4杯同一个品牌的咖啡,但是在杯子旁边摆放着4种(可可色、蓝色、红色、黄色)不同颜色的咖啡罐,表示杯里的咖啡是从这4罐不同颜色的咖啡罐里取出而泡成的。然后,请一些人来品尝杯里的咖啡。结果人们都认为从可可色的咖啡罐泡出来的咖啡最香浓味纯;从红色咖啡罐泡出来的咖啡虽然味道浓,但口感纯正度差;从蓝色咖啡罐泡出来的咖啡气味不佳,并感到有异味;从黄色咖啡罐泡出来的咖啡清淡乏味,无法产生喝咖啡的满足感。从此,咖啡生产厂几乎清一色地把可可色作为自己产品及其外包装的基本色彩。

第8章
酒店新闻宣传

【学习目标】

本章通过对新闻宣传的基本特点,酒店新闻稿写作的基本要求,制造新闻的原则、策略和主要形式的介绍,学生初步具备酒店新闻稿的写作能力,能够根据酒店的具体情况"制造"新闻,提高酒店的知名度和美誉度。

【知识目标】

①了解新闻宣传的基本特点。

②掌握酒店新闻稿写作的基本要求。

③掌握酒店制造新闻的原则、策略和主要形式。

【能力目标】

①具备酒店新闻稿的写作能力。

②能够根据酒店的具体情况"制造"新闻,提高酒店的知名度和美誉度。

【关键概念】

新闻宣传　新闻稿　消息　通讯　标题　导语　主体　制造新闻
倒金字塔　新闻价值

案例导入:

长城饭店是我国第一家五星级的合资饭店。它创建于 1980 年,饭店成立之际,旋即聘请了美国达拉斯凯饭店富有经验的公关经理露西·布朗女士担任该店公关部经理。1984 年初,传来美国总统里根访华的消息,当时,饭店尚未全部竣工,服务设施不尽完善,公关部人员克服各种困难,夜以继日地做了大量准备。他们不厌其烦地让美国驻华使馆的工作人员参观饭店,征求意见,不断改进服务质量;接待上百名外国记者,为他们提供材料和通讯设备,协助其采访,做到有求必应。经过努力,他们终于争取到了里根总统在"长城"举行答谢宴会的机会。1984 年 4 月 28 日,来自世界各地的 500 多名记者聚集在长城饭店,向世界各地发出了里根举行告别宴会的消息。这些消息,无一不提到长城饭店。于是,长城饭店在全世界名声大振,许多外国人产生了好奇心:"长城"是怎样一家饭店,为什么美国总统选择在这里举行宴会? 后来,许多外国来宾一下飞机,就想到"长城"住宿。此后,长城饭店的生意格外兴隆。据统计,开业的头两年,70% 以上的客人来自美国。这不能不归功于极为成功的公关活动。

启示:公共关系是免费的广告。公共关系运用传播手段,使组织和社会公众之间建立互相了解、信赖、支持和合作的关系,从而促进组织本身目标的实现。

8.1 酒店新闻宣传

8.1.1 酒店新闻宣传的概念

新闻是对新近已经发生和正在发生或者早已发生却是新近发现的有价值的事实的及时报道。宣传则是运用各种符号传播观念以影响人们的思想和行动的社会行为。

新闻宣传作为一个概念,有两种含义。广义的新闻宣传,是指新闻传媒所做的一切宣传;狭义的新闻宣传,指具有宣传功能的新闻传播。酒店公共关系中所指的新闻宣传,指的是后者,即酒店利用新闻媒介,把酒店近期发生或正在发生的事实传递给公众,以便让公众了解酒店,达到宣传的目的。利用新闻宣传的方式向公众提供信息,为酒店创造良好的舆论氛围,它是公共关系宣传最常用的方式。

8.1.2 酒店新闻宣传的特点

真正的新闻宣传是新闻与宣传完全交叉重叠,融为一体。新闻宣传作为酒店公共关系中重要的传播工具,具有以下特点:

1) 客观性强,可信度高

新闻宣传是记者站在第三方的立场上客观地向公众报道有关组织的信息。新闻宣传要讲真话,写实情,人是真人,事是真事,具有很强的客观性和较高的可信度,比较容易能取得公众的信赖。

2) 社会影响大

一种观点,一经付诸新闻宣传,可能就会迅速产生广泛的社会影响。一次会议,一个文件,其内容一旦作为新闻报道出来,其影响就非原来的会议和文件可以相比。在社会宣传中,哪一种宣传都有可能转化为新闻宣传,而某种社会宣传一旦实现这种转化,其社会效果就成倍地增加,甚至达到非凡的程度。

3) 时效性强

通过新闻的含义,我们不难发现,"新"是新闻最大的特点,这就要求新闻宣传必须讲求实效,对组织的新情况、新经验、新信息、新问题应及时地报道。现代社会,由于新闻传输设备的现代化,报道速度越来越快,正在发生的事件尚未出现结局就已经被报道出来。对一个事件连续追踪报道,甚至干脆进行实况转播,让报道和事件的发生发展同时进行,已经是新闻界常采用的手段。

4) 传播成本低

做广告需要花费大量的资金,而发布新闻却是免费的宣传,不费分文,却提高了组织的知名度和美誉度。

正是由于新闻宣传具有这些优点,酒店在对外宣传时,应有意识地多加利用各种新闻媒介,吸引新闻界的注意,争取新闻报道的机会。

8.2　酒店制造新闻

由于新闻宣传具有强大的传播优势,许多酒店企业都想利用新闻媒介对外

宣传,但一个酒店很难经常发生具有新闻价值的事件,因此,为了吸引新闻媒介的注意,争取媒体的报道,酒店的公关人员需要"制造"一些新闻出来,这就是我们所要说的制造新闻。

8.2.1 制造新闻的概念和特征

所谓制造新闻,是指社会组织为吸引新闻媒介报道并扩散自身所想传播出去的信息而专门策划的公关活动。也可以说组织的传播者(公关人员)用特有的新闻敏感将原本普通或一般的事件挖掘出来,赋予浓重的新闻色彩,使其具有新闻价值。制造新闻有以下显著的特点:

1)目的性

一般新闻是社会、生活中已经发生的事件,是在事物发展变化中自然而然发生的事件,或是偶然突发的事件,具有不以人们意志为转移的客观性。一般的新闻报道又带有很大的随机性,被报道者一般处于被动的地位。而制造新闻是经过公关人员挖掘和推动出来的,是通过抓住一切可利用的契机将事件转为"新闻"的;有的甚至是尚未发生的事件,是组织专门精心策划的某种活动,以促使新闻媒介把该组织的这种活动作为新闻加以宣传报道,所以具有很强的目的性。

2)戏剧性

欲成功地策划、制造新闻,以期吸引新闻界人士的兴趣,就得使新闻事件更富有戏剧性,最大限度地发挥新闻"新""奇""特"的价值要素作用,使之更能迎合新闻界及公众的兴趣。因而公关人员总是别出心裁,或以快捷的应变力巧妙地利用稍纵即逝的偶然事件做文章,或以敏锐的洞察力将平凡事件化为神奇,给媒介和公众耳目一新的感觉。如下面这个案例:

香港一家经营强力胶水的商店,坐落在一条鲜为人知的街道上,生意很不景气。一天,这家店主在门上贴了一张布告:"明天上午9点,在此将用本店出售的强力胶水把一枚价值4 500美元的金币粘在墙上,若有哪位先生、小姐能把它揭下来,这金币就奉送给他(她),本店绝不食言!"这个消息不胫而走。次日,人们将这家店铺围得水泄不通,电视台的录像车也开来了。店主拿出一瓶强力胶水,将它粘在墙上。人们一个接一个地上来试运气,结果金币纹丝不动,从此,这家商店的强力胶水销量大增。

这个案例的轰动效应充分地说明:制造的"新闻事件"常常比社会真实事件更奇特有趣和更富戏剧性。

3）依赖性

对于组织和公关人员来说，制造的新闻是否成功，一定程度上取决于新闻媒介报道。对新闻界人士而言，由于策划、制造的新闻往往价值高、资料齐、可采访性强，愿意主动采访报道，制造新闻的新奇、独特的特点常常可以触发他们的新闻灵感。新闻界人士的这种新闻敏感的职业特点，使他们对事件和事物往往独具慧眼，他们不仅对制造的新闻加以报道，还会利用组织提供的信息发现和挖掘潜在的"新闻资源"，激发其新闻灵感，促成其报道的冲动，从而自然地跟踪追击和连续报道相关新闻背景、新闻分析等信息。新闻媒介报道的程度直接影响组织的社会知名度。

4）效应性

自然发生的新闻有些对组织的声誉有利而产生正面效应，也有些对组织的声誉不利而产生负面影响，这种社会生活中自然出现的新闻，不是人为可以控制的。而经过公关人员精心构思、周密策划的新闻活动、事件，都是围绕提高组织知名度和美誉度为中心而展开的。因此，制造的新闻都是对组织的正面报道和宣传，可以产生有利于组织声誉的正面效应。即使是对组织不利的事件发生，也可以通过制造解决危机公关的"新闻"来化解危机，转毁为誉。而且，由于新闻媒介的权威性、严肃性和可信性特点，使获得媒介刊登的公关人员策划、制造的新闻比借用新闻媒介发布的带有自吹自擂性质的组织信息更容易为社会公众所相信和接受；新闻媒介传播面广泛的特点，又极有利于提高组织的知名度；新闻机构对于社会公益活动的热心关注，使组织开展的造福社会的公益活动的新闻，自然会赢得广大公众的好感，从而提高该组织的美誉度。

5）两面性

制造新闻是一把"双刃剑"，组织如果能很好地加以运用，可以大大提高组织的知名度和美誉度，为组织塑造良好的形象。相反，如果运用不当，不仅达不到组织的目的，反而会招致社会公众和新闻界的反感，使组织陷入困境，甚至声名狼藉。因此，组织必须认真研究制造新闻，根据组织对外宣传的需要、制造新闻的特点和基本要求、社会公众和新闻界的具体情况以及社会环境的变化趋势，采取灵活有效的方法，以最大限度地发挥制造新闻的有利作用，从而避免其不利影响。

8.2.2 酒店制造新闻的策略和原则

1）酒店制造新闻的主要策略

（1）围绕某个时期社会热点话题制造新闻

为使酒店制造的新闻具有吸引力，酒店应该就一段时期内社会公众和新闻界最关注的话题制造新闻。特别是当酒店新成立或要推广新产品、服务，而社会公众和新闻界还不知道时，这一要求就显得很必要和很重要，其效果也就表现得更为明显。如每年的六、七月份是全国高考的时候，"高考"是这一段时期媒体热议、公众关注的焦点话题，酒店如果在这个时候围绕"高考"制造一些新闻，就很容易把公众的注意力吸引到自己身上来。北京友谊宾馆从1998年开始就推出了高考房，他们针对考生的特点，提供个性化的服务，客房部经理在考生入住后，立即走访考生及家长，征求意见，力求做到让他们满意。在高考期间，宾馆组织员工向在考场外等候的家长送绿豆汤。同时，他们还积极与媒体沟通，由于宾馆高考房做出了特色，在每年高考期间，北京的主流媒体，如中央电视台、北京电视台以及《北京青年报》《北京晚报》等都进行了报道，甚至吸引了CNN的注意，从2005年开始，CNN连续两年对友谊宾馆的高考房进行了报道。实际上，"高考房"的经营收入对酒店来讲是微不足道的，但它产生的社会效益却非常巨大，大量新闻媒体报道，在酒店未花一点广告费的情况下，得到了广泛的宣传。

（2）借助人情味制造新闻

人情味是新闻事件所蕴含的动人情感。人世间只要有人，就有人情味。喜、怒、哀、乐、爱、恶、欲，人之七情，缘事而发。纯真的爱情、高尚的友情、缠绵的乡情、真挚的亲情和执著的爱国之情，是新闻报道永恒的旋律，也是制造新闻绝妙的主题。如1991年夏季，百年不遇的特大水灾袭击我国华东数省。海内外同胞纷纷捐钱捐物，向灾区人民伸出了援助之手。北京香格里拉饭店也决定支援灾区人民，不过他们没有沿用"送支票"的简单做法，而是举办了一个以"人帮人"为主题的"赈灾义卖活动"。该饭店组织1 200名员工利用轮休时间义务加班，在店外设立柜台，以便宜的价格，出售寻常百姓平时无缘品尝的五星级饭店特有的小食品。此活动备受人们欢迎，并引起《人民日报》、北京人民广播电台、香港《文汇报》《大公报》的广泛关注和报道，获得了社会公众的交口称赞。

（3）抓住"新、奇、特"三个特点制造新闻

酒店在制造新闻时，应该努力抓住"新、奇、特"三个特点，以使制造的新闻

取得成功。例如,2004年春节,重庆一厂商制造一个直径10米、深0.46米、容积30吨、可容纳68人同时就餐的"天下第一锅"——大型火锅,因为火锅个大并打破吉尼斯世界纪录而炒得沸沸扬扬,一时轰动。重庆做火锅生意的德庄火锅酒店看好"天下第一锅"早已被炒热的知名度,特别是由此带来的市场前景,出价买断、"娶"了她,并把这个大块头包装成一道风景,吸引市内外游人来看稀奇,游客还可以围着大锅"打边炉"。仅春节期间就有数十万人为睹其芳容前来就餐。之后该酒店以"天下第一锅"为宣传点,名声大噪。又如,2003年10月,西安市南郊一家酒店将单调枯燥的托盘训练项目,编成单人交谊舞,由服务员每天向路人表演一段"端盘街舞"。每天清晨开业前,几十名男女服务员托着啤酒瓶,唱着店歌,在路边整齐地跳起了托盘交谊舞,引来不少群众看"表演",当地媒体也当成了新鲜事儿报道给市民。

(4)从平凡小事中挖掘新闻价值

也就是说要善于利用酒店中发生的一些偶然事件或突发事件,在一般人视为平凡小事中挖掘出内蕴的新闻价值,以吸引新闻媒介广为传播。如2006年12月,北京丰台区某酒楼向各家报纸报料宣称,该酒楼饲养的一只海豹欢欢在表演时,误将一名观看者向场内扔进的黄色打火机当做爱吃的黄花鱼一口吞下。顿时,这则新闻引起了北京各家媒体的极大兴趣,北京各大报纸在相应版面的头条位置,用了半个版的篇幅来登载这条新闻,并且文章中都提到了该点的店名、位置、有海豹表演、海鲜价格低廉等酒店想宣传的信息。酒店知名度极大地得到了提升,而且大家都知道了这家店有少见的海豹表演。

(5)选择适当的时机

最佳的时机在制造新闻中尤为重要,要善于捕捉各种随机事件,抓住各种千载难逢的机会,制造出轰动性的新闻。一般来说,下列这些情况是比较容易制造新闻的机会,酒店公关人员应该要善于捕捉。

①酒店庆典、纪念之日以及重要节日时。每个酒店都有值得纪念和庆祝的日子,如新建筑奠基、庆祝新建筑落成、颁奖、塑像揭幕、就职仪式、周年庆典、获得荣誉和成就等。公关人员应将酒店各种庆祝活动明确地作为宣传本酒店的机会,并以独创为要求来策划、制造"特殊事件新闻",连续不断地激发社区公众和媒介公众的兴趣,有计划地强化酒店在公众心目中的形象。例如,香港文华东方酒店花了9个月时间、耗资11多亿重新装修以后,在2006年9月28日,举行了隆重的重开揭幕仪式,吸引了包括《文汇报》、《大公报》、《星岛日报》、美联社在内的各大媒体的争相报道。

　　另外,在一些重要节日,如春节、中秋节、圣诞节及情人节等来临时,也是酒店制造新闻的最佳时机。如 2007 年情人节,上海浦东香格里拉大酒店和上海波特曼丽嘉酒店分别推出了 388 888 元和 188 888 元的豪华套餐,将 2006 年 18 万多元的情人节套餐纪录甩在了身后,吸引了众多消费者的眼球。

　　②名人来酒店之时。要有意识地把企业同某些权威人士或社会名流联系起来,因为名人大都是公众关注的对象,他们的一举一动都可能影响公众。利用名人制造新闻一般可分为 3 个步骤:一是搜集名人的信息资料并加以整理;二是对名人进行超常服务,以获得其对酒店的最佳印象;三是通过新闻媒介大力渲染传播,影响公众。如有一次,世界著名艺术大师朱宾·梅特率纽约交响乐团到泰国演出,住在泰国曼谷东方饭店。酒店公关部早以各种渠道了解到大师喜欢吃芒果,玩蟋蟀。经理们四处奔波,在芒果早已下市之际,送来了芒果;还动用外交途径,得到了一盒新出版的蟋蟀比赛录像带,赠送给大师。结果朱宾·梅特率喜出望外,新闻媒介大加渲染,使曼谷东方饭店的美名不仅在泰国、在美国,而且在全世界得到了传播。社会名流对公众舆论和社会生活有特大的影响力,往往是新闻界和公众舆论注意的焦点。利用名人进行公关,不仅能为酒店创造良好的舆论气氛,而且还可以通过名人疏通各种公众关系,扩大社会交往,提高酒店在公众心目中的地位。

　　③国家有重大政治活动之时。凡是重要的政治、外交、军事、经济、科教、文化体育活动,都是重要的新闻事件,也是街谈巷议的热门话题。因此,公关人员要敏锐地捕捉这大好时机,巧借这一机会,使组织活动的"事件"与国家和地方新闻联系起来,吸引媒介的追踪报道,借以树立自己美好的形象。同时必须注意的是,制造新闻要避免与国家、地方新闻在时间上、地点上的冲突,而导致记者和媒介无暇顾及本酒店的"事件"。

　　④新产品、新服务出台之时。当今的国内酒店业市场已经成为一个竞争激烈的买方市场。顾客面对众多的酒店,往往眼花缭乱,很难抉择。而各家酒店更是使出浑身解数,向顾客提供各种各样的个性化服务,希望顾客在众多的酒店中能够记住自己的服务,从而在竞争中立于不败之地。公关人员要策划独具特色的公关活动新闻,巧妙而诚实地利用新闻媒介来建立产品形象的知名度和美誉度,向公众大力宣传和介绍新产品、新服务,使其在公众脑海里留下深刻的记忆。如 2002 年 10 月,济南经十路上一家饭店打出了"半盘菜"的招牌,即顾客可点半盘菜,价格也一半。因为"半盘菜"很符合人们节约的生活理念,得到顾客青睐。结果,媒体也大力提倡酒店"半盘菜"做法:一方面人们吃的花样相对增多,更重要的是浪费现象大大降低了。

⑤国家新方针、新政策下达之时。当面对新形势,国家新的方针政策、新的改革措施时,公关人员要紧扣新形势,跟上改革的步伐,认真领会新的方针政策,不失时机地制造新闻来对应,定会赢得媒介的关注。制造新闻最好是与新闻界联合举办活动,让新闻界直接参与,无疑会成为"热点"获得报道。

2)酒店制造新闻的原则

新闻有自身的规律和原理,酒店公关人员在"制造"新闻时必须了解和遵循其规律和原理方能奏效。酒店在制造新闻时除了要遵循公共关系的一般原则以外,还必须了解和遵循以下原则:

(1)真实性原则

新闻的真实性是新闻的生命。酒店公关活动的制造新闻,也必须遵循这一原则,新闻所利用的必须是真实的人物和事件,不能违反客观基本事实,为制造新闻而随意改动,或者任意拔高,或者加重程度,更不能任意编造事实。1993年被新闻界"炒"得烫手的"龙都豪门宴",就是典型的"制造假新闻"。真实的情况是:深圳龙都大酒楼在正式开业前,以召开记者招待会的名义举办了一次试宴,每席的价格实际在14 050港币左右。而该酒店为了哗众取宠,扩大名声,任意夸大事实。他们向外公布每席为188 888元港币,甚至编造说请客的东道主是内地一家集团公司。由于酒宴价格惊人且涉及公款请客,全国报刊争相报道,一时龙都大酒楼名振全国。但假的终究是假的,热闹一阵之后便是遭人唾骂。因此,"制造新闻"同样不能违背新闻真实性的原则。制造出来的新闻与一般的新闻区别只是在于前者是人为策划、有意传播的,后者是自然发生、选择传播的。

(2)时效性原则

新闻的时效性指一个事件发生的时间与报道的时间间隔,间隔越短越有时效性。注重时效性是任何新闻都必须讲究的前提。具有时效性的事件才能引起公众的兴趣和注意。因此酒店的公关人员在"制造"新闻时,必须考虑所报道的新闻是否是刚发生的事件,或是已发生但却对当前的社会生活的某个方面仍起着重要的影响和牵动作用。

(3)重要性原则

新闻的重要性是指一个事件对国家或某个地区的政治、经济和社会生活产生的影响力。影响力越大越重要。这种具有重要性的事件特别受到新闻媒介的重视,通常放在显著版面上报道,或作为头条新闻播发。酒店的公关人员在利用普通的事件时,要有新闻敏感力,善于发现、深入挖掘潜藏于事件深处的不易觉

察的重要价值。

(4)关键性原则

制造新闻的关键性是指把握住事件中可以作为新闻的热点,即最能够引起公众兴趣和关注的焦点。这种新闻热点一般指一段时间内新闻界注意的中心、报道的重点,也是公众最关注的焦点。

(5)接近性原则

接近性是"制造"新闻需要考虑的原则之一,它是指被报道的事件与将要接受消息的公众之间心理距离和感情距离,事件发生地点与接受消息的公众之间空间距离的远近,其距离越小就越有接近性。"制造"这种具有接近性的新闻事件,易于在公众中引共鸣,也易于被新闻媒介报道。上海银河宾馆推出职工顾锦江感人事迹的策划,就是在富有浓浓的人情味和贴近大众生活上做文章。从一封寄给宾馆的署名"张民权"的表扬顾锦江6年如一日地照顾年近七旬的老人的信,到上海电视台《纪录片编辑室》及晚间新闻对顾锦江的新闻报道、《新民晚报》对顾锦江事迹的刊登以及上海人民广播电台"旅游巴士"节目中作为嘉宾主持的顾锦江谈体会;从银河宾馆内部掀起的向顾锦江学习推动优质服务的活动,到设立"银河宾馆精神文明奖励基金"给顾锦江的首笔奖励,再到将顾锦江事迹"搬"进上海市委宣传部制作的30集电视系列片《凡人美德》中,每一次新闻的"制造",都是在向大众宣传平凡人的平凡事,真情感人至深,打动了新闻工作者,打动了公众,一时间,顾锦江事迹成了上海新闻媒介竞相报道的主题,引起社会各界的瞩目,"顾锦江"的名字飞进了千家万户,银河宾馆的形象也随之深入人心。

(6)目的性原则

制造新闻有明确的目的和具体实现目标的具体手段和方式。一般来说,在公众中塑造组织的良好形象,提高组织的知名度和美誉度,这是公关活动中"制造"新闻的最终目的。一个酒店企业要想在公众面前建立良好的形象,莫过于表现出强烈的法律意识、坦诚的处事态度、尊重公众的品质,那么,就会收到预期的效果,最终达到目的。这也是酒店塑造良好形象、建立良好声誉的有效手段。如果在具体的"制造"新闻过程中,一味地只想提高组织的知名度,而不考虑获得公众的赞誉;或者不惜置法律和他人利益于不顾去"制造"新闻,其结果往往是适得其反,只能在自己的形象上抹黑。

(7)辅助性原则

制造新闻只是酒店公共活动的一个辅助内容,它不能也不应该成为公共关系的全部。酒店公关人员制造新闻是为了更好地更有说服力地宣传本酒店,塑造良好的社会形象,因此其立足点是从酒店内部做起,把酒店内部的工作做好。正如美国著名公共关系专家亨得利·拉尔特所说:"公共关系是 90% 靠自己做的对,10% 靠宣传。"

8.2.3　酒店制造新闻的主要形式

根据酒店经营活动中新闻发生的条件和规律,酒店制造新闻可以分为以下几种形式:

1) 事件活动型

这是许多酒店采用较多的形式,就是酒店围绕某个主题开展活动,并由活动引发出来的事件具有丰厚的新闻价位,使事件与活动成为各大媒体争相报道的热点,再通过人际传播成为舆论的热点。比如前面提到的北京香格里拉大酒店向灾区人民进行捐助,北京某酒楼饲养的海豹误吞打火机事件等,都属于事件活动型。

2) 人物事迹型

酒店在制造新闻时,对人的宣传是十分必要的,所形成的影响也是较大的。该新闻活动又可分力两类:一类是酒店内部的先进人物或企业家事迹;一类是酒店外界的典型人物事迹。酒店通过挖掘或有目的地塑造自己酒店的某个人物,树立典型,通过先进人物的先进事迹来反映酒店的良好形象。如前面提到的上海银河宾馆对职工顾锦江感人事迹的新闻策划,就属于比较典型的人物事迹型。对外界的典型热点人物,酒店给予一定的赞助、支持和关怀,会引起新闻界的报道以及社会的广泛赞同,也会树立酒店的良好形象。例如 2003 年,徐州某酒店刚刚被评为四星级饭店,正在考虑如何向外界宣传时,正好有一位下岗青年,由于坚持在因欠费被断电的公共卫生间内放置蜡烛,为上厕所的人提供光明而被各大媒体作为徐州精神的典型纷纷报道,这位下岗青年一时成了当时徐州的焦点人物。这家酒店灵机一动,便主动联系报社询问这个青年愿不愿意到酒店上班,表示酒店刚晋升四星,正需要这样的人才。这位青年到酒店上班后,各家媒体又纷纷进行了报道,而在报道的时候,都没有忘了提一句,酒店刚刚晋升为四星级酒店,同时对酒店也进行了详细介绍,人们也都为这个青年能到这样一家酒店上班而高兴,而酒店也借助这位青年迅速树立了良好的形象。

3)危机反弹型

一旦酒店发生危机事件,要紧急处理,化不利为有利,利用危机事件的新闻热点,将报道中心引导到有利于酒店声誉上来,使消费者看到和听到的是一个实力强、有责任心的酒店。这就要充分利用危机事件处理的艺术来扩大企业的影响力。例如,"非典"期间,很多平时客源火爆的酒店不得不关门歇业,龙都大酒店是郑州一家当年刚开业的三星级酒店,但由于他们采取了良好的危机事件公关策略,不仅开房率名列本市前茅,而且短期内赢得了政府及顾客的认同,并以专业的公关敏感度与运作力在业界引起关注。

总之,酒店制造新闻并不是单纯一味地"制造",而是巧妙地挖掘、开发和利用新闻内在价值,酒店要把握好机遇,将酒店经营所遇到和蕴含的新闻充分加以利用,"制造"出引起轰动的新闻。同时,酒店要恪守一定的原则,才能使制造的新闻成为"新闻",而不能成为被批评的对象。

8.3 专题操作训练——酒店新闻稿的写作训练

【训练目标】

培养学生新闻稿的撰写能力。

【训练方法】

①以班级人物、活动为背景,每周写一篇新闻稿件。

②以社会事件为背景,每个月写一篇新闻稿件。

【知识背景】

撰写新闻稿是酒店公关部的一项重要工作内容。酒店公关人员向新闻媒体进行信息交流最主要的工具就是新闻稿。因此,如何写好新闻稿,最有效地传递信息,是考验公关工作人员基本功的重要指标。

1)新闻稿的类别

酒店新闻稿基本都是模仿平面媒体的稿件形式来写的,按照基本的形式来分,可以分为消息稿和通讯稿。简单地说,可以按照这样的标准来对两种文体进行区别:报纸上新闻正文前面有某某报×月×日讯(消息头)记者某某人,然后才新闻正文的,就是消息;直接就是正文,最后才署作者名字的新闻,多数是通讯。

对于酒店来说,一个事件的新闻稿应该准备两篇以上,至少保证1篇消息,1篇通讯。消息中应该包括整个事件的过程;通讯则是对消息内容的补充,可以是整个事件组织的背景情况介绍,也可以是一些花絮或者是酒店中参与事件的人物故事等。

2)消息稿的写作

消息,是传播媒体向社会输出新鲜信息的重要载体,也是公众获取新闻的主要来源。它是目前最广泛、最经常应用的一种报道形式。消息写作是酒店新闻写作中最基础的部分。

(1)消息稿写作应遵循的原则

①真实性原则。新闻是新近发生的事实的报道,真实是新闻的生命。新闻是客观事实的反映,事实永远是第一性的。

②及时性原则。消息有一种非常形象的说法,就是消息是一种"易碎品",也就是指新闻的发布如果错过时机,时过境迁,新闻马上就会贬值,甚至变得毫无价值。

③可读性原则。消息写出来、登出来是给人看的,如果引不起人们阅读的兴趣,就起不到传播的作用。消息写作中的呆板枯燥、千篇一律、缺乏新意、令人生厌等,都是大忌。任何一篇消息,如果没有可读性,不管其主题有多深刻,新闻价值有多高,也不能算做成功。

(2)消息稿结构

消息稿从结构上看主要包括4部分,即标题、导语、主体和结语。

①标题部分。消息标题即消息的题目。它揭示消息的内容,并以醒目的形式刊出。读者接触报纸,首先是读标题,通过读标题来选择想读的新闻。因此,标题就成了报纸吸引读者、引导读者的重要手段。确定好标题,是酒店公关人员应高度重视的事。

一个好的消息标题不仅要符合新闻事实,还要有好的内容。标题必须具有很强的表现力、吸引力、说服力和感染力。为此,在标题制作时,应至少从以下两个方面努力:

第一,要准确简洁、新鲜醒目。新闻标题要求字数少,特别是主题,语句要求十分凝练,不能啰嗦也不允许啰嗦,要引起读者注意,要生动活泼,具有感染力。

第二,虚实相间,互为补充。在新闻标题的作用上,概括事实、揭示主要内容、说明结果,即昭示"谁"、"怎么样"的标题为实题;交代背景、说明形势、烘托气氛和表明作者倾向的标题为虚题。制作多行标题,一定要使其互相配合、互相补充,做到各行题目之间虚实搭配、相得益彰。如厦门悦华酒店为迎战台风写的新闻稿标题:

珍珠襄风挟雨肆虐鹭岛　悦华齐心合力战台风

这则新闻标题,前一句主要是交代了新闻背景:台风尚未来临,就已经显示了其凶猛之势,"肆虐鹭岛",充分烘托了气氛。后一句则揭示了新闻要报道的主要内容,即酒店齐心合力,为防御台风做好各项准备。

第三,语言秀丽的标题,也容易打动人心。在制作新闻标题时,修辞上还要讲究对仗、押运,追求韵律之美。有些好的标题,甚至直接化用古诗词名句。如:

春风吹得远客醉　直把店家当自家(主题)
镇江饮食店热情待客真个名不虚传(副题)

这个标题的主题,是从宋代诗人林升《题临安邸》一诗中的"暖风熏得游人醉,直把杭州作汴州"两句衍化而来的,放在这里,既简洁,又富于表现力。

②导语部分。导语是新闻稿的开头,它是提炼新闻精髓并提示主题以吸引读者阅读全文的第一句或头几句话,或第一段话。导语在新闻中占有举足轻重的地位,写好导语是写好消息的关键。因此,新闻作者都特别注重导语的写作,刻意求新,力求使导语先声夺人,紧扣读者心弦,这就引发出新闻导语花样繁多的表达方式。导语的作用在于"导",一定要先声夺人,让受众一见倾心,一目了然。导语的写法很多,可以根据消息文体的需要,大胆创新。

一般说来,导语写作要遵循以下几点要求:

第一,开启全篇,吸引读者。任何一篇文章的开头,都应具有开启全篇吸引读者的品格,消息导语尤其如此。导语的一个重要作用就是吸引读者往下读,并且是非读不可。美国新闻学者杰克·海敦说:"导语需要你付出最大的力量。它是促使读者读下去的诱饵。"要吸引读者,首先要在导语内容的写作上努力考虑如何去接近读者,同时又要在表现手法上突破单一的写作形式,以多姿多态的面孔吸引读者。

第二,要有新闻事实,抓住核心,突出优点。导语中要包含并突出新闻中最有新闻价值的内容,并且反映的是最重要、最核心的新闻内容,或是最生动的细节、场面,通过它们来反映事件的核心,或体现新闻本身的特点。消息的导语既要包含最有价值的新闻事实,又要将它放在突出位置。要从读者的角度去考虑什么要素是读者最为关心的,读者最为关心的内容,理所当然是记者报道中应特别加以突出的。

第三,要新颖别致。要采用灵活多样的表达方式,手法上不拘一格,努力把导语写得生动活泼。尽可能使导语出语不凡,先声夺人,最好一开头就有摄人魂魄的力量,紧紧地抓住读者。另外,在表达上应做到开门见山,力避空泛,切忌空洞。空泛的语言、抽象的概念、流行的口号,往往会挤掉重要的新闻事实。

第四,要简明扼要。叙述、描写、评论都要做到简洁明了,掌握分寸。这就要求在选材时,要好中挑好,把最重要、最新鲜、最能引起读者兴趣的东西,突出地写在导语中。在表述上,则要言简意赅,恰到好处。

第五,要吸引和引导读者阅读新闻的其余部分。导语写得再好,也是起到开启全篇,吸引读者的目的。导语写作要处理好表达主要事实与启发、吸引读者的关系。写作时,要对所报道的内容统筹兼顾,仔细地谋篇布局,在写导语的同时,兼顾到以后的内容如何展开、发展,使读者读完导语,忍不住要看下文,直至阅毕全篇。

导语写作常见的有以下几种方法:

第一,叙述式导语。这是最基本的一种导语类型,它用客观事实说话,直截了当、简明扼要地反映出新闻中最重要最新鲜的事实,突出新闻要旨,让读者获得对新闻事实的总的印象。这种导语类型是最常见的一种,比较适合于快速的报道新闻。如2006年北京饭店委托给新加坡莱佛士集团管理后,《北京晨报》对该事件发布的消息导语:

北京饭店携手"洋管家"

经过半年的试运营,百年老店北京饭店日前正式携手"洋管家",饭店的B座、E座共171间客房正式委托新加坡莱佛士集团管理,中文名称定为"北京饭店莱佛士"。

上述导语就把该事件中最重要的事实(北京饭店委托给外资酒店管理集团管理)既生动又简洁地告诉了读者。

第二,描写式导语。这种导语是一种以生动具体的描绘见长的导语类型。作者抓住新闻中的主要事实、事件发展的高潮、事件的某一有意义的侧面或某个特定的场景等,作简洁质朴而传神的描写,以造成现场感来感染和吸引读者。如下面这篇新闻稿的导语:

民族品牌握手 传奇品质续"传奇"
百年张裕为金陵饭店酿制"店酒"

2005年5月26日,初夏的烟台,海阔天高,风和日丽。张裕葡萄酿酒公司为金陵饭店特制的百年窖藏"2002年蛇龙珠卡斯特"桶装酒启封仪式在张裕总部隆重举行。金陵饭店股份公司董事长李建伟和张裕葡萄酿酒股份公司总经理周洪江亲临现场为特制酒揭幕启封。木桶打开,浓郁醇厚,璀璨芬芳的酒液喷薄而出,滴滴甘醇。仿佛是源远流长的酒文化从远古姗姗走来。以酒为媒,葡萄搭桥,从此,中国两个著名的民族品牌"金陵—张裕"实现了具有重要意义的"握手"。

导语勾勒出的画面,让人仿佛亲身感受到了烟台的海风,闻到了张裕葡萄酒的醇香,给人留下深刻的印象。

描写型导语虽然能以生动的画面感染读者,但过多的描写又不符合导语简短的品格,因此,在什么情况下采用此类导语必须谨慎考虑;要防止描写过多,冲淡了主题,要以写意传神为宗旨;描写一定要注意具体生动,避免陈词滥调和空泛的辞藻堆砌。

第三,提问式导语。这种导语先用设问或反问的方式提出一些为读者所关注的问题,然后用事实作简要的应答。这种导语,要有现实针对性,所提出的问题确实是人们所关注的、感兴趣的,不能无疑而问或故弄玄虚。如 2006 年 8 月 24 日,第 11 届女垒世界锦标赛即将在北京举行,参赛的队伍均住在深圳大厦,为了了解队员们在酒店的情况,《北京晨报》作了一次探访,当时新闻的导语如下:

本报探访各队驻地　特色服务打动人心

第 11 届女垒世界锦标赛开赛在即,包括中国队在内的 16 支队伍 400 多人已陆续抵京,下榻驻地深圳大厦。运动员在比赛期间吃什么? 女垒运动员住宿有什么特别要求? 带着这些好奇,记者开赛前特意走访了"运动员村",看看在队伍的接待上,深圳大厦有何高招……

这则新闻在导语中提出了一连串的问题却不作回答,吊起读者的胃口,激发读者阅读全文以获得答案的兴趣。

第四,评论式导语。这种导语在叙述事实的同时,立即对事实进行简洁、精辟的评论,以揭示事物的性质、特点或作用,唤起人们的注意,引起读者重视。写这类导语必须把握两点:一是冷静地、客观地对待所要报道的问题;二是实事求是、掌握分寸,以毫不含糊的事实为根据进行评论,切忌夸大其词、胡乱比附或以偏概全。如 2006 年 5 月 24 日北京《新京报》对 CBD 两大型酒店封顶新闻报道的导语:

近日,位于 CBD 地区的华贸中心丽思卡尔顿酒店和 JW 万豪酒店结构封顶。这两所酒店由国华置业和泰国素拉潘投资公司合资组建的华贸素拉潘投资有限公司开发建设,总建筑面积超过 13 万平方米,落成后将极大提升北京接待国际高端客户和国际会议的能力和水准。

这条导语的最后一句是评论,点明了两大酒店的落成对北京酒店业的影响。

第五,引语式导语。这种导语引用消息中主要人物的尖锐而有新意的语言,或引用俗语格言等,放在开头部分,给读者留下深刻印象,这种写法既可以突出新鲜尖锐的内容,又可以保留客观公正的形象。引用式导语还可以引用与新闻事件有关的令人感兴趣的材料。如2006年7月份23日《北京晨报》的一则新闻《星级酒店出租率涨至九成》,其导语是:

　　"现在许多星级酒店都在装修,我们的客房出租率平均都在90%以上。"昨天,北京喜来登长城饭店公关部的相关负责人告诉记者。据了解,从2004年开始,京城的星级酒店都在陆续装修改造,近期如京伦饭店、华北大酒店等已停业装修,这就使没有装修和已经装修完的酒店呈现出了反季节火爆的现象。

　　这段导语以酒店工作人员的话做开头,很大程度上提高了读者的信服度。

　　③主体部分。消息主体是消息的主干部分,也是消息的展开部分。在一条消息中,导语虽然已经包含并突出了最重要的新闻事实,但对整个新闻事实的全部内容还表现得很不充分,尤其是还没有用具体的材料来阐明和表述新闻主体。因此,在主体部分中,消息必须用充分具体而典型的事实,进一步表现新闻主体。消息主体是阐述新闻内容的主要部分,对主信息的强化有着非常关键性的作用。

　　消息主体的结构形式有多种,在酒店新闻写作中常见的有以下几种:

　　第一,"倒金字塔"式。即把最重要、最新鲜的事实放在最前面,其他内容按照事实重要与新鲜程度的大小依次排列,这是最常见也是最常用的一种方式。这种形式的好处是便于读者阅读和收听,能在最短的时间里了解到新闻的重要内容。对于编辑来说便于选择和删节稿件。对于作者来说,迫使自己首先必须分清楚材料的主次,稿子出手快,写得短。如2007年4月6日《北京晨报》刊登的下面这条消息:

国际饭店摘得"五星钻石"

　　4月1日,北京国际饭店获得由美国优质服务科学学会颁发的"国际五星钻石奖"奖牌。"国际五星钻石奖"是全球服务领域的最高奖项,是由美国优质服务科学学会颁发的国际服务业最高荣誉桂冠,也是国际公认的最具权威的优质服务奖。该奖项主要颁给金融业、酒店业、航空业和餐饮业等服务领域里作出突出贡献的企业和个人,目前北京只有3家酒店获此殊荣。

　　第二,"金字塔"式。也有的称做是"时间顺序"式,即开始设置"悬念",将最重要的事实放在后面,按事情发生、发展的自然顺序去搭配和排列材料。这种形式的好处是能把事情的来龙去脉、前因后果说得比较清楚,适合一般人的习惯和口味,写起来也比较自然,便于掌握。不足之处是可能篇幅较长,容易造成平铺直叙,缺乏新鲜感。

第三,"并列式"。即平行排列事实,是上述两种方式的综合。

那么,如何才能写好消息主体呢? 一般来说,要注意以下几个方面:

第一,要注意变换角度,不要重复导语。写好新闻主体,一个重要的问题是如何处理好与导语的关系。我们知道,大多数的新闻都是把最重要的事实写入导语,主体是对导语中所涉及的事实加以深化和具体化,如果把握不好,主体就有可能与导语产生重复现象。

第二,要注意扣紧主信息,不要离题千里。在发挥主体的深化和补充的功能时,有些人往往将没有写入导语的材料统统塞进主体,这就造成了有些新闻主体中的材料与新闻主信息关系不大,甚至离题千里。主体容纳的材料虽然远比导语要多,但它们必须是围绕新闻主信息从不同侧面展开的,它们与主信息必须保持十分密切的关系,而不应游离于主信息之外。

第三,内容要充实,防止空洞无物。新闻以事实说话,作为阐述主题的新闻主体部分,自然应该内容充实、材料具体,这样表现主题才能有力。主体中选择的事实是否内容充实,直接关系到这篇新闻的说服力。总之,主体作为新闻的展开部分,一定要言之有物。

第四,要波澜起伏,防止罗列事实。"文似看山不喜平",新闻同样要避免平铺直叙、简单罗列事实。

④结尾部分。消息的结尾是消息的尾巴,标志一条消息的终结,常常一两句话。如果事尽文止,就应自然收束。

3) 通讯稿的写作

通讯是运用叙述、描写、抒情、议论等多种手法,详细地报道新闻事件或典型人物的一种报道形式。它比消息更详细地报道具有新闻意义的事件、经验或典型人物的一种文体。它一般篇幅较长,内容充实,多是深度分析,重点报道。消息不能讲清楚的背景等问题可以在通讯稿里进行详细阐述。通讯一般分为人物通讯、事件通讯、工作通讯、风貌通讯、人物专访等。

通讯稿写作时应注意以下几点:

①选好典型,确立主题。典型是通讯的筋骨,主题是通讯的灵魂。选好典型,确立主题对通讯来说十分重要。选择什么样的典型呢? 要选择那些具有代表性、具有普遍意义、具有宣传价值和教育意义的人和事,选择那些在一定时期内人们所关注的问题。确立什么样的主题呢? 要确立体现时代精神,表现时代风尚的主题,确立反映人物和事物、本质和规律的主题。

②写好人物。写好人物是通讯写作的重要任务。不论是人物通讯还是事件

通讯,都要把人物写好。写人离不开事,因此,写人必写事,写人物自己所做的事,写能揭示人物内心世界的事。写人物还要用人物自己的语言、行为、活动来表现人物,人物要写得有血有肉,有音容笑貌,有内心活动;写事要具体形象,有原委,有情节。

③安排好结构。纵式结构,是按时间顺序、事物发展的顺序或作者对报道事物认识发展的顺序来安排结构。在这种结构里,时间发展的顺序、情节展开的顺序、作者认识事物的顺序成为行文的线索。在采用这种结构时,要详略得当,布局巧妙,富有变化,避免平铺直叙。横式结构,是指用时间变换或按照事物性质来安排材料的。这种结构概括面广,要注意不同空间的变换,恰当地安排通讯所涉及的各方面的问题。采用空间变换的方法组织结构时,要用地点的变化组织段落;按事物性质安排结构时,要围绕主题,并列地写出不同的几个侧面;纵横结合式结构,是以时间顺序为经,以空间变化为纬,把两者结合起来运用。采用这种形式,要以时空的变化组织结构。

对酒店来说,通稿中的通讯内容重点就是学会讲故事,把与事件相关的内容以一种讲故事的形态描述出来。通常来说,通讯稿的字数在 2 000 ~ 8 000 字。下面是一条通讯类新闻通稿的文案:

湘味乡情金陵行

南京金陵饭店出色接待亲民党主席宋楚瑜一行

(2005 年 5 月 7 日,南京)备受海内外普遍关注的亲民党主席宋楚瑜率领的内地访问团一行于 5 月 6 日下榻南京金陵饭店,开始了内地之行的第二站行程——这是南京金陵饭店继不久前出色接待了中国国民党主席连战率领的内地访问团之后接受的又一重要任务。

5 月 6 日 22 点 30 分,早早等候在南京金陵饭店大厅的"金陵人"以长久热烈的掌声欢迎这位阔别南京 56 年的"老南京"光临。刚刚游览了夫子庙迷人夜色的宋楚瑜和夫人兴致不减,以标志性的挥手高兴地不断向两边人群致意。

下榻"金陵特套" 体验"管家式"服务

亲民党主席宋楚瑜和夫人陈万水下榻在南京金陵饭店 29 层的"金陵特套",这是饭店最高规格的套间,曾接待过邓小平、江泽民、吴邦国等党和国家领导人以及法国前总统密特朗、朝鲜劳动党中央总书记金日成、美国前总统乔治·布什、德国总统约翰内斯·劳等政要,前不久中国国民党主席连战夫妇也下榻于此。南京金陵饭店同样提供 24 小时"管家式"服务,并且由刚刚为连战夫妇服务的丁芳再次担当任务,全程固定,以熟悉他们的生活习惯,提供最佳服务。饭店还特地在房间里配备了乌龙茶、龙井茶、碧螺春和南京特产的明前雨花茶等供

客人选用。

煎饼包油条　早餐很另类

宋楚瑜夫妇的早餐菜单很"特别"，除了果汁、煎蛋和米粥外，竟然有饭店特意为他们安排的南京地道的平民化早点：煎饼包油条。宋楚瑜先生离开南京56年了，在他下榻金陵饭店期间的第一顿早餐就能再次品尝地道的南京早点，就是希望他能感受到南京"老乡"对他的一片心意，能够回忆起儿时在南京的美好时光。这份用面粉、杂粮粉摊制，包裹了豆瓣辣酱、肉松和油条的地道南京早餐让宋楚瑜夫妇的早餐时间十分愉快和难忘。

学习南京话　挥毫寄深情

为宋楚瑜服务过的人对他的印象是：亲切、幽默、随和。小时候在南京白下路和健康路一带居住过的宋楚瑜一路上都常常冒几句南京话。闲暇时也没忘了向服务人员讨教几句地道的"南京腔"。当他得知为他提供早餐服务的乐少美和李寅静两位都是地道的南京人后问：南京话"好"怎么讲，李寅静告诉他：呱呱叫，他便现学现用：你们的酒店"呱呱叫"，你们的服务也是"呱呱叫"。看到他学说南京话的认真劲，为他服务的工作人员也是忍俊不禁。

拜谒中山陵归来，也许是看到太多乡亲太多的热情，也许是被中山陵的大气万千所感染，也许是为"金陵"的细意浓情所折服，回到房间稍事休息后的宋楚瑜在书房欣然为金陵饭店挥毫："龙蟠虎踞今胜昔，金陵更上一层楼"，并认真地签下自己的名字送给李建伟董事长。

金陵美食倾倒宋楚瑜夫妇

南京金陵饭店此次接待宋楚瑜一行，依然拿出了看家本领，对菜肴进行了精心安排。金陵特色、南京地方风味、季节时令性依然成为此次菜肴安排的"主旋律"，菜肴的选料、安全卫生也是责任到专人，确保万无一失。

5月7日中午，中共江苏省委书记李源潮、省长梁保华在南京金陵饭店钟山厅亲切会见并宴请了宋楚瑜和夫人，以及亲民党内地访问团全体成员。李源潮书记代表中共江苏省委向亲民党内地访问团赠送南京的云锦工艺品的"金丝团龙"，他说："龙是中华民族的象征，团龙象征着中华民族的团圆。我相信，两岸的中华儿女总有团圆的一天。"宋楚瑜回赠了一件名为"虎踞"的琉璃工艺品，他解释道："人们常说南京是虎踞龙蟠，昨天来时从飞机上看到，南京是青山依旧在，只是更加繁荣进步了，我们希望的是'龙蟠虎踞今胜昔，金陵更上一层楼'。"

金陵饭店股份公司董事长李建伟和南京金陵饭店行政总厨孙学武经过精心研究，将金陵特色和宋楚瑜的家乡风味巧妙结合，"荷香烟笋腊味""剁椒菊汁鱼头""雨花莼菜虾仁"等菜肴跃然而出。"荷香烟笋腊味"选用湖南特色烟熏笋加上湖南正宗腊肉、腊鸡等融入江南荷叶的清香精心蒸制;"剁椒菊汁鱼头"则在剁椒鱼头的基础上再与菊花脑汁鱼圆精心组合,既有湖南风味,又有金陵特色的清鲜;而"雨花莼菜虾仁"则选用了南京最有特色的明前雨花茶入菜,与江南水乡之最的莼菜和白虾组合,充分体现了金陵饮食文化的精髓所在。除此之外,大厨们还精心熬制了蒜蓉黄金酱和正宗湖南豆豉辣酱供客人选用。

午宴期间,宋楚瑜和夫人陈万水对精心安排的菜肴赞不绝口,陈万水女士指着"瑶柱炖翅"对服务员说:"太好吃了,真不知道你们这个汤是怎么做出来的。"对于金陵饭店特意安排的几道湖南风味菜也是十分感动,连声称好,令宋楚瑜夫妇最难忘的当数"荷香烟笋腊味",特色浓郁,荷香熏香别具特色。"好得不得了。"当品尝了这道菜后,宋楚瑜又用南京话幽了一默。服务员为他们端上"剁椒菊汁鱼头"时,对美食很在行的陈万水女士立即对正在敬酒的宋楚瑜说:"这个很著名,好吃的很,凉了就不好了。"没想到陈万水女士还对"金陵方糕"情有独钟,在用完这道金陵饭店著名的点心后她笑着问服务员:"能不能让我打包带一点到飞机上再细细品尝?"看到她这么喜欢"金陵"的菜肴,在场的服务人员都非常开心。

临行赠送吉祥物

相聚总是太短暂,宋楚瑜一行在南京总共不过20小时,但"金陵"独有的细意浓情和精妙的美食已经让亲民党内地访问团一行深深折服。临行前,李建伟董事长特意将《金陵饭店食谱88款》和一只"吉米鸡"赠送给陈万水女士。李建伟董事长说:"这个吉祥物象征着鸡年吉祥如意,送给您也祝您吉祥如意。"并向宋楚瑜赠送了一枚金陵饭店金质店徽:"希望你们能够常回来。"一句真诚的话语让宋楚瑜夫妇再次感动不已。上了车后,宋楚瑜特别按下车窗,向送行的"金陵人"抱拳致意:"谢谢你们做的这么好吃的菜,你们做的笋让我太难忘了。"身边的陈万水女士早已向"金陵人"高高竖起了大拇指……

湘味乡情的金陵之行让亲民党主席宋楚瑜一行充分感受到了内地同胞的殷殷之情和内地台湾亲如一家的感觉。所有"金陵人"期待着再次听到他的"乡音",并真切祝福他们访问圆满顺利。

4)酒店新闻稿的写作技巧

公关人员在撰写酒店新闻稿时,除了要掌握新闻稿写作的基本要求以外,在实际操作过程中还要注意一些技巧。

①导语尽量不要把事情说完,因为编辑往往会在酒店提供的稿件基础上进行修改。对酒店公关人员来说,新闻稿一定要把比较核心的内容分散在整篇文

章中,这样让编辑删改起来比较费力。如果总是一成不变地按照新闻稿的三段结构形式,一段导语、一段新闻主体,再加上结尾,编辑往往只保留其中的一段。这样,酒店如果想突出荣誉就很难得到实现。通常来说,比较巧妙的做法就是把酒店的概况等新闻背景散放到新闻主体的内容中去,而不要单独成一段。

②从酒店单独案例中找到社会的关注点或行业特性。对媒体记者而言,"一厂一店"的稿子是最难处理的,这类稿件不仅有广告的嫌疑,而且本身很难做大的处理。因此,公关人员一定要从中找到普遍性的东西,把稿件写成是反映普遍问题的文章,而自己的酒店不过恰巧是代表这种现象的一个例子而已。如前面提到的《北京晨报》刊发的那篇《星级酒店出租率涨至九成》消息:

星级酒店出租率涨至九成

"现在许多星级酒店都在装修,我们的客房出租率平均都在90%以上。"昨天,北京喜来登长城饭店公关部的相关负责人告诉记者。据了解,从2004年开始,京城的星级酒店都在陆续装修改造,近期如京伦饭店、华北大酒店等已停业装修,这就使没有装修和已经装修完的酒店呈现出了反季节火爆的现象。

据了解,2007年年底前,京城要做大规模装修改造的星级酒店将有上百家,而算上局部装修调整的酒店,数量还远不止这些。"我们原本打算要在近期装修的,但发现其他酒店装修的时候,我们这里的客人则增多了。7月份本应该是酒店的淡季,往年出租率只有30%,但现在出租率都到了90%,所以我们打算2008年后再装修。"喜来登长城饭店公关部的相关负责人表示。该负责人介绍说,平时北京酒店的旺季一般出现在9月到11月,这时的商务客人和旅游者都比较多,而现在的客房出租率已经达到了90%,相信9月份达到100%不成问题。据调查,目前,昆仑饭店、希尔顿饭店、凯宾斯基大饭店和中国大饭店等出租率均在80%左右,一改往年淡季景象。

一家酒店出租率的高低,一般是很难引起媒体和读者的兴趣的,但长城饭店公关部却另辟蹊径,通过对近期酒店出租率上升原因的分析,在反映普遍问题的同时,又巧妙地突出宣传了自己,可谓是构思巧妙。

总之,一篇新闻稿能否被新闻机构采用,关键在于其是否具有新闻价值。因此,酒店公关人员应在这方面下大工夫,与此同时,也要注意新闻稿的写作技巧、表现手法和一些细节问题,从而有利于酒店宣传工作的顺利进行,达到良好的效果。

教学实践

2006年5月25日是北京大观园酒店13周年店庆日,他们组织全体员工进行了一次捐款,决定把店庆款项和员工捐款全部捐赠给北京市太阳村的孩子们,还为那里的孩子们购买了一批文化衫、学习用具和书籍。

请根据这个事件写一篇新闻稿。

本章自测

1.新闻宣传有哪些特点?

2.消息导语的写作一般要遵循哪些要求?

3.制造新闻的含义是什么? 它有哪些特点?

4.酒店制造新闻的策略是什么? 它要遵循哪些原则?

5.酒店制造新闻有哪些主要形式?

小知识链接

消息和通讯的区别

①选择不同。消息选择广泛,可大可小;通讯要选择含量较大的真实典型材料。

②表述详略不同。消息的内容表述简单概括;通讯内容表述比较复杂详尽,讲究场面和细节描写。

③表达方式不同。消息多用叙述;而通讯在叙述的基础上,还要运用描写、议论、抒情手段。

④结构不同。消息有固定的结构形式;通讯的结构与一般记叙文章相同,基本上按时间、逻辑及二者结合的顺序安排结构。

新闻稿"七要"和"五不要"

七要：

①要发有价值的新闻稿,题材要新,能引起兴趣,并有社会影响力,扩大酒店知名度。

②要注意报社新闻的截稿时间,注意重大活动新闻稿要及时发出。

③要与编辑建立直接联系,稿件直接寄到或送到,不要请他人转交。

④要适当地利用名人,以引起编辑的兴趣。

⑤要选择发稿时机,注意编辑动态。

⑥需用图片说明时,要将照片随新闻稿一起发。

⑦要用书面向编辑致谢。

五不要：

①不要无选择地乱寄新闻稿,因为无的放矢不会成功。

②不要希望报纸编辑会退稿,因此要留底稿。

③不要影响报纸是否刊登你的稿件。

④不要把新闻稿寄给一般的文化小报,要选择报纸。

⑤不要利用新闻稿做免费广告。

E 时代的酒店管理的特点

万豪国际酒店集团堪称是全球酒店业中应用高新科技的"领头羊",它旗下的酒店,在客房和商务中心里提供24小时的STSN高速互联网服务,上网速度是传统拨号的50倍,且可直接上网。STSN系统还可提供酒店设施、服务项目、餐饮特色、旅游景点、购物指南等详尽资料。同时客人还可方便地访问自家公司的网站、收发电子邮件、使用程序,从而使酒店真正成为客人旅行在外的办公室。所有这些高科技硬件设施的采用,使软件服务依托硬件设备设施,通过有形或无形的服务,充分发挥硬件的服务功能,使二者同时发挥最佳效能,相得益彰,为酒店产生良好的经济效益和社会效益。

第9章
酒店公关专题活动

【学习目标】

本章通过对酒店公共关系专题活动定义、类型、策划要点的介绍,学生初步知晓几种常见的酒店公共关系专题活动,为学生将来开展公共关系活动提供操作技能。

【知识目标】

①了解酒店公关专题活动的含义和特点。

②明确酒店公关专题活动的类型。

③理解酒店公关专题活动的策划要求。

【能力目标】

①具有一定的酒店公关专题活动的策划知识。

②具有开展酒店公关专题活动,树立企业形象的能力。

③对庆典活动、公益活动、展览与展销活动、服务促销活动的、危机事件处理等酒店常见的公共关系专题活动能灵活运用,组织开展。

【关键概念】

公关专题活动　庆典活动　展览　展销　公益活动　赞助活动
服务促销活动　开放参观活动　危机公关　危机管理

案例导入：

几年前,新疆环球大酒店由于经营酒店有方,生意火红,他们致富不忘回报社会,希望企业能更多地关心社会老、弱、残、贫群体。这一想法得到了自治区、市两级政府的赞赏和支持,通过与新疆乌鲁木齐市养老院和街道办事处的联系与合作,2006年12月30日,在环球大酒店举行了一场"尊敬老人,服务社会,创建和谐生活"为主题的活动。100名孤寡老人欢聚在富丽堂皇、装饰典雅的多功能厅,自治区有关领导、市委领导也参加了活动,对老人们进行了亲切的慰问,酒店还邀请市歌舞团的演员,为老人奉献了一台精彩的节目。新疆电视台对此次活动进行了直播,在社会上引起了巨大的影响,受到了社会各界的广泛赞誉。

事实上,新疆环球大酒店每年都组织关怀慰问残疾人、扶贫助学、慰问鳏寡老人的活动,酒店各个部门与养老院、福利院以及街道特困户搭班配对,经常送米送面,上门服务,义务理发、洗头、刮脸,做家务活,使这些老、弱、残、贫群体体会到和谐社会的温暖。据统计,仅2006年承办的社会公益活动,环球大酒店捐款捐物折合人民币就达100 000多元。

启示:公共关系专题活动是酒店与广大公众进行沟通,塑造自身良好形象的有效途径。社会公益活动是一种重要的公共关系专题活动。从短期来看,它也许不会给酒店带来直接的经济效益,但从长远来看,却为酒店创造了一个良好的发展环境。

9.1 酒店公关专题活动的策划

9.1.1 酒店公关专题活动的含义与特点

1)酒店公关专题活动的含义

所谓酒店公共关系专题活动,是指酒店为了某一明确目的,围绕某一特定主题而精心策划的公共关系活动。酒店公共关系专题活动是酒店与广大公众进行沟通,塑造自身良好形象的有效途径。因此,国内外许多酒店经常采用公共关系专题活动的形式来扩大影响,提高声誉。

公共关系专题活动是一种常见的公关活动,专题活动涉及范围广,内容丰富,对公众吸引力大,几乎所有的酒店在建立、发展和壮大过程中,都要定期或不定期地举办一些专题活动来宣传自己、协调关系、塑造形象、争取公众。富有新鲜感和纪念意义的专题活动,能使参与者在融洽和谐的气氛中感受到活动组织者的各种意图,接受各种信息,增强对组织者的亲善感,达到提高酒店知名度和美誉度的目的。同时酒店公共关系专题活动是一个有计划地进行准备、实施和总结的过程,因此,策划和举办成功的专题活动,要求酒店公关人员不仅要有广博的知识,而且还要熟练掌握进行专题活动的技能。

2)酒店公关专题活动的特点

(1)针对性强

公共关系专题活动是酒店企业在审时度势后,根据某种特殊需要而举办的,也就是说活动的目标很明确,能够较好地解决某一特殊问题。成功的专题活动有明确的针对性,即针对公众的某一种特定的问题、利益、需要、意愿、品位、审美取向,按照特定公众的地域、文化、经济特点而策划,并以明确的目标、鲜明的主题、周密的计划作保证。

(2)感染力强

酒店公共关系专题活动通常与某一种类型的公众进行重点沟通,使特定的公众对象或耳闻目睹组织的情况,或与组织直接交往沟通。这种亲身体验会使公众留下深刻的印象,再加上情境气氛的烘托,具有较强的感染力。主题明确,题目新颖、别致、不落俗套,以吸引更多公众的注意力。如杭州丽晶饭店5周年"千叟宴",宴请杭州90岁以上的千位老人,社会反映强烈,轰动整个杭州。

(3)可控性强

酒店公共关系专题活动由酒店自己主办,比起利用大众传媒进行的活动而言,受到媒体的限制要少得多,因而可高度自主开展活动,活动的进展也具有较高的可控性。时间上也不受限制,举办的时间上可长可短,既可短小精悍,只用一两个小时,也可周密策划,持续数周时间;举办时间也可选在需要的任何时候。

(4)活动方式灵活

酒店公共关系专题活动活动方式很多,可以是记者招待会、展览展销会、赞助活动、庆典活动、联谊活动、参观活动、会议活动等,可以小到几个人的简单活动,也可以大到成千上万人共同参与。同时,活动内容、活动规模也可随需要而定,并且在活动举行的过程中还可随时作出一些调整,以求更好地达到活动的目的。

(5)排斥性较低

广告等明显以营销为目的的活动,容易使公众戒备、厌烦、排斥,而酒店公共关系专题活动诉诸对公众的关爱和友情,以文明的、负责任的、富于道德情感的活动深入人心,从而使其容易被公众接受,达到特定的效果。

9.1.2 酒店公关专题活动的类型

酒店公共关系专题活动的种类很多,较常见的有新闻发布会、庆典活动、展览与展销活动、开放参观活动、赞助活动、服务促销活动、危机事件处理、联谊活动、公关谈判、宴请等。酒店企业在开展这些公共关系专题活动时,必须根据公共关系专题活动的基本特点和要求,采取恰当的工作方法,确保公共关系专题活动取得良好效果。

9.1.3 酒店公关专题活动的策划要求

酒店公共关系专题活动的上述特点能使公共关系活动具有很好的效果。为了使公关活动达到这种效果,酒店公关人员要了解并掌握专题活动策划的一些基本要求。

1)明确目标

目标是公共关系专题活动的灵魂和统帅。目标直接控制着公共关系专题活动的整个过程,不仅可以提高专题活动的工作效率,而且可以增强专题活动对公众的影响,扩大专题活动的工作效果。因此,酒店在开展专题活动时首先要明确目标。

酒店公共关系专题活动的目标不能过于抽象、概括,更不能含糊其辞。一般地说,一个专题活动只有一个基本目标,而且这个目标必须具体明确。常见的专题活动目标主要有:让公众接受某个信息;消除公众对酒店企业的误解和偏见;让公众知晓酒店企业的新发展;加强内部公众的相互了解及相互信任;巩固酒店企业与社区公众的友好关系;促使新闻界对酒店企业的关注;鼓动公众支持酒店企业的某项决策;收集公众对酒店企业的意见和对酒店企业提出的建议等。

2)精选主题

公共关系专题活动的主题是目标的生动体现,主题的恰当与否将直接影响专题活动的成败。因此,酒店企业开展专题时需要精选主题。

酒店公共关系专题活动主题的选择,要求酒店企业围绕公共关系专题活动的目标考虑酒店企业、公众及社会环境3方面的因素,使活动主题既适合酒店企业的公共关系目标,又适合公众的心理承受力和兴趣爱好,同时还要与社会环境相吻合。

3)周密筹备

酒店公共关系专题活动涉及面广、工作量大,因此,酒店在开展专题活动时需要周密筹备。酒店公共关系专题活动的筹备工作主要是做好以下几件事:

(1)确定名称

名称是公共关系专题活动的眼睛,一个好的名称可以增强公共关系专题活动的吸引力。理想的公共关系专题活动的名称,既要明确体现专题活动的主题内容,又要有丰富的文学艺术色彩。

(2)选择日期、地点

开张吉庆、周年纪念、节假日以及某些社会活动时期,都是开展公共关系专题活动的大好时机。但应注意的是,酒店公共关系专题活动的时间安排不能与重大事件或重大节日的庆祝活动相冲突,否则不易收到好的效果。开展酒店公共关系专题活动的地点,一般应选择酒店企业所在地或酒店企业熟悉的地方,因为酒店企业在熟悉的地域内容易支配公众的心理过程。此外,也可以选择在交通方便或公众集中的地方。

(3)选择来宾

每个公共关系专题活动都要根据活动的目标选择特定的公众,除了邀请这些公众参加活动之外,还可邀请公众所欢迎的社会名流助兴,以渲染气氛。

(4)做好接待

酒店公共关系专题活动的效果与接待工作有很大关系。每个公共关系专题活动都要做好这些接待工作:提前一周左右发出请柬和通知,预先布置好活动现场,培训接待人员和服务人员,精心准备讲话稿和致词等。

4)策动宣传

为了扩大公共关系专题活动的影响范围,造成公共关系专题活动的轰动效应,使公共关系专题活动取得更大的成功,酒店在开展专题活动时需要策动宣传。酒店公共关系专题活动的宣传工作主要是做好以下几件事:

①力求使公共关系专题活动充满特色、富有魅力,以引起新闻媒介的关注,

争取新闻媒介的报道。

②积极制作社会组织的媒介刊物,如厂报、厂刊、黑板报等,及时向公众发布有关的信息,使公众充分知晓公共关系专题活动的内容。

③自觉做好公共关系专题活动的记录工作和摄影工作,主动为新闻记者和电台报刊提供宣传材料和新闻稿。

④如果有条件,在开展公共关系专题活动时事先召开记者招待会,争取电台、电视台、报纸杂志为公共关系专题活动的开展大张旗鼓地宣传。

5)灵活驾驭

公共关系专题活动内容丰富,方式灵活,因此,酒店在开展专题活动时,需要灵活驾驭。每个公共关系专题活动,都需要有一个主持人。这个主持人必须具备较强的组织能力和驾驭能力,既能使专题活动忠实原订计划方案,按照既定的基本程序进行,又能及时利用专题活动过程中出现的各种机会,机智而幽默地活跃专题活动的气氛,使整个公共关系专题活动过程都盎然有趣、轻松活泼而又井然有序,提高专题活动艺术感染力。

9.2　庆典活动的组织

9.2.1　庆典活动的类型

1)庆典活动概念

庆典活动是指酒店在其内部发生值得庆祝的重要事件时,或围绕重要节日而举行的庆祝活动,酒店一般将其视为一种制度和礼仪,庆典活动往往给公众留下"第一印象"。

2)庆典活动类型

常见的庆典活动有开幕庆典、闭幕庆典、周年庆典、特别庆典和节庆活动5种。

(1)开幕庆典

开幕庆典即开幕式,就是指第一次与公众见面的,展现酒店企业新风貌的各种庆典活动。包括各种博览会、展览会、运动会和各种文化节日的开幕典礼;酒店企业的开业典礼;重要工程的开工典礼或奠基典礼;重要设备及工程首次运行或运转的庆祝活动等。

(2)闭幕庆典

闭幕庆典是酒店重要活动的闭幕式或者活动结束时的庆祝仪式。包括各种博览会、运动会和文化节日的闭幕典礼;重要工程的竣工或落成典礼;酒店重要活动或系列活动的总结表彰或者为圆满结束举行的各种庆祝活动等。

(3)周年庆典

周年庆典是指酒店在发展过程中的各种内容的周年纪念活动。包括"生日"纪念,如酒店的店庆等,还包括酒店与相关公众之间友好关系周年纪念,也包括某项技术发明或某种产品服务问世的周年纪念和其他内容的周年纪念活动。酒店企业利用周年庆典,举办庆祝活动,借机振奋员工精神,扩大宣传效应,协调公众关系,塑造组织形象。

(4)特别庆典

特别庆典是指酒店为了提高知名度和声誉,利用某些具有特殊纪念意义的事件或者为了某种特定目的而策划的庆典活动。根据不同的目的,酒店的特别庆典可采取不同的方式,如酒店策划世界环境日纪念活动、消费者权益法颁布10周年庆祝活动等,以表达企业关心社会的理念。

(5)节庆活动

节庆活动是指酒店在社会公众重要节日时举行或参与的共庆活动。这里的重要节日可以是传统的节日,还可以是源自西方的节日如圣诞节等。节庆活动一般可分为2种:一种是酒店利用节日为社会公众举办的各种娱乐、联谊活动,免费或优惠提供的服务,目的在于联络感情,协调关系;另一种是酒店积极参与当地社区组办的集体庆祝或联欢活动,目的在于塑造一个积极参与社会活动的形象。

9.2.2 庆典活动的组织工作

要把庆典活动办得圆满成功不是那么容易,尤其是大型的庆典活动,牵涉面广,具体而复杂,酒店公共关系人员一定要精心策划,周密实施。具体地说,要办好一次庆典活动,应认真做好以下的一些工作:

1) 精心选择对象, 发出邀请, 确定来宾

宾客名单可以体现庆典活动的层次、规格, 同时也是加强联系的重要手段。一方面要力争公众的全面性, 切不可有任何疏漏, 如邀请与酒店有关的政府领导、行政上级、知名人士、社区公众代表、同行组织代表、组织内部员工和新闻记者等; 另一方面, 要力争政界要员出席, 他们在庆典活动中亮相、剪彩、讲话会给公众造成很大的影响力, 会决定大众传媒的宣传规格和宣传力度。

2) 合理安排庆典活动的程序

庆典活动的程序一般由这样几方面内容组成: 安排专门主持人宣布活动开始, 介绍重要来宾, 由组织的领导和重要来宾致辞或讲话; 有些活动需要有剪彩和参观的安排; 安排交流的机会(或座谈、宴请, 或安排喜庆的节目, 席间进行交流); 重要来宾的留言、题字(该项活动, 也可安排在活动开始前)。

3) 安排接待工作

庆典活动开始前, 应做好一切接待准备工作。应事先确定签到、接待、摄影、录像、扩音等有关服务人员。重要来宾的接待, 应由酒店负责人亲自接待; 要安排专门的接待室或会议室, 以便在正式活动开始前, 让来宾休息或与酒店的领导交谈; 入场、签到、剪彩、留言等活动都要有专人指示和领位。

4) 物质准备和后勤保安等工作

庆典活动的现场, 需要有音响设备、音像设备、文具、电源等; 需要剪彩的要有彩绸带; 鞭炮、锣鼓等在特殊场合, 也要有所准备; 宣传品、条幅和赠予来宾的礼品, 也应事前准备好, 赠送的礼品要与活动有关或带有企业标志; 为活动助兴, 可以安排一些短小精彩的文艺节目, 这些节目可以由酒店内部人员表演, 也可以邀请有关文艺团队人员表演, 节目力争要有特色。

总之, 庆典活动要做到准备认真充分, 接待热情有礼, 场面热烈有序, 这样就能吸引社会公众的广泛关注, 就会使庆典活动取得成功。

9.2.3 开展庆典活动应注意的事项

庆典活动是一种技巧性很高的酒店公共关系专题活动, 为了达到预期的目的, 还需要注意以下事项:

1）要有计划

庆典活动应纳入酒店的整体工作安排，应使其符合组织整体效益提高的目的。组织者应对活动进行通盘考虑，切忌想起一事办一事，遇到一节庆一节。

2）要选择好时机

调查研究是酒店开展公共关系活动的基础，庆典活动也应在调查的基础上，抓住酒店企业时机和市场时机，应尽可能使活动与组织、市场相吻合。

3）科学性与艺术性相结合

公共关系活动是科学地推销产品和形象的过程，但要赋予其艺术性的化身，使其更具有魅力，这样会有更好的宣传效果，使企业形象更佳。如酒店可以关心组织员工，增进内部团结为主要目的，为婚龄男女员工举办集体婚礼、为退休老职工举办银婚纪念等活动。

4）要制造新闻

酒店公共关系活动应能够为公众的代表——新闻媒介所接受，新闻媒介的反应是衡量活动成功与否的标尺。因此，庆典活动应尽量邀请新闻记者参加，并努力使活动本身具有新闻价值。如电视剧《公关小姐》中的公共关系部经理，在酒店即将开业之际，巧妙地利用中国农历年虎年，策划在酒店大厅摆上一只真的大老虎，以此来制造新闻，让公众在争相看老虎的同时，也了解了中国大酒店。

5）要注意总结

酒店公共关系活动应讲求整体性和连续性，作为整体公共关系一部分的庆典活动，应与其他公共关系活动协调一致。为保持组织形象的一体化，保证今后开展活动的连续性，对每一次庆典活动的总结，就显得十分必要了。

9.3 展览与展销活动的组织

展览、展销，一般是通过集中的实物展示、图片资料和示范表演，配之以多种传播媒介的复合传播形式来宣传酒店产品和组织形象的专门性公共关系活动。展览、展销是酒店较为重要的公共关系专题活动之一，它以极强的直观性和真实

感给观者以强烈的心理刺激,不仅会加深参观者的印象,而且会大大提高酒店及其产品在参观者心目中的可信度;在展览会上还可以了解公众的反映和意见,相互沟通,增进友谊;还可以吸引众多的新闻媒介的关注,由记者将展览展销会的盛况传向社会,取得更大的宣传效果。

9.3.1　展览与展销会的作用

展览、展销会通过实物、模型和图表来进行宣传,不仅可以起到教育公众、传播信息、扩大影响的作用,还可以起到使酒店找到自我、宣传自我、增进效益的作用。

1)找到自我

中国有句古话"酒香不怕巷子深",亦即高质量的产品会得到社会的认可,广大消费者会对其产生偏好。但是,随着商品经济和科学技术的高度发展,产品和生产者的独一现象已不复存在,若不借助其他的工具,人际间的传播已很难使好酒飘香万里,故"酒香也怕巷子深"。

2)宣传自我

展览、展销会通过实物、文字、图片、图表等客观手段,来展现成果、风貌和特征,与其他形式的宣传效果相比较,其说服力大大提高,这会使社会公众对酒店及其产品的信任度大大提高。优质的产品、精美的图片、动人的解说、艺术的陈设,加上轻松的音乐,使参观者有入胜之感,极大地强化了酒店宣传自我的感染力。

3)增进效益

公共关系的基本原则是:真诚合作,互利互惠。作为一个组织,找到自我,宣传自我是十分必要的,但是,要想最终得利,就必须以真诚的态度,为社会、为公众服务。展览、展销会在宣传自我,告诉社会"庭院深处有好酒"的同时,又服务于社会,为消费者提供了消费指导。

9.3.2　展览与展销会的特点

1)直观性

展览活动是一种非常直观、形象的传播方式。它把实物直接展现在公众面前,并有现场操作表演,给人以"亲眼目睹""眼见为实"的感受。如雕塑作品展览会上,艺术家当场雕刻作品、民间艺人现捏泥塑品等。

2) 双向性

展览活动不仅可以当面向公众展示自身形象,同时为组织与公众提供了直接接触、相互交流的机会,通过听取意见、相互交流、深入讨论,参展单位在让公众了解自己的同时,也了解了公众对展品、组织形象的意见反映,还可以有针对性地就个别公众或某种特殊情况进行交谈,做到良性的双向沟通,收效较大。

3) 复合性

展览展销活动是一种复合性的传播方式,它通常运用多种媒介进行交叉混合传播,包括:实物媒介,如展品、模型、实物演示、展台及展厅布置;文字媒介,如印刷宣传材料、组织或产品介绍材料、展品的文字注释等;声音媒介,如讲解、交换、广播录音或现场广播;图像媒介,如各种幻灯、照片、录像等;人体媒介,如主持展览的各种服务人员、礼仪人员等。展览展销活动综合了多种媒介的传播优势,具有很强的吸引力。

4) 高效性

展览活动可以一次展示许多行业的不同产品,也可以集中同一行业的多种品牌来展示,是一种高度集中和高效率的沟通方式,它为参观者提供了更多的机会并节省了大量的时间和费用。

5) 新闻性

展览活动是一种综合性的大型活动,展览会一般都预先做广告,搞宣传,开幕时还要请政府官员、知名人士前来庆贺。除本身能进行自我宣传外,往往能够成为新闻媒介追踪的对象,成为新闻报道的题材。通过新闻媒介的报道宣传,展览活动的宣传效应将大大扩展。

9.3.3　展览与展销会的类型

1) 从展览展销会的性质分,有贸易展览会和宣传展览会

贸易展览会的特点是"展"且"销",展出实物产品,目的是打开产品的营销局面,提高产品的市场占有率,促进商品的销售,如"迎春节吃穿用商品大展

销"。宣传展览会是只展不销,目的是宣传一种观念、思想、成就等,通常通过展出照片、资料、图表和有关实物达到宣传的效果,如北京的中国国际展览中心举办的国际图书博览会。

2)从举办的地点来分,有室内展览会和露天展览会

大多数展览会在室内举行,显得较为隆重且不受天气影响,举办时间较灵活,长短皆宜。但室内展览会的设计布置较为复杂,花费较大,宜安排高档次展品展览。露天展览会的最大特点是布置工作较为简单,所花费用较少,但受天气条件影响大,因此,宜安排大型机械展览、农副产品展览和花卉展览。

3)从展览展销的性质、内容、规模等因素来分,有综合性展览会和专项展览会

综合性展览会通常是由专门性的组织机构或单位负责筹办,企业应召参加的一种全方位的展示活动。它的规模一般很大,参展项目多,参展内容全面,综合概括性强。像每年春秋两季在广州举行的"广交会"、世界著名的"日本筑波国际展览会"、"中国改革开放十年成果展览会"等,都是规模宏大、内容丰富,全面展示世界范围或一个国家和地区的优秀成果。综合展览会的时间一般都较长,影响也相当大,是组织宣传形象的好机会。但由于其形式不拘一格,对主办者和参展者的技术要求很高,故需要充分的准备。

专题性展览会通常是由企业或行业性组织,围绕某一特定专题而举办的展示活动。与综合展览会相比,其内容较为单一、规模较小、无综合性,但更要求展示的主题鲜明、内容集中而有深度。像"中国酒文化博览会",就是专门以展示酒为核心,通过酒来展示企业文化和中国传统的酒文化。此外,更有一些小型展览会,是由企业自办的,因此灵活性很强。企业自办的小规模新产品展览会、企业产品(样品)陈列、与产品销售相结合的展销(以展为主)和橱窗展示,也都是专题展示活动。

4)从展览展销的规模来分,有大型展览会和小型展览会

此外,展览展销会还有国内展览会和国际展览会,固定地点展览会和流动展览会,长期展览会和短期展览会等。酒店企业要根据自己的情况和目标,恰当地选择展览会的类型,以收到更好的效果。

9.3.4 展览与展销会的组织

展览展销会为酒店开展公关活动提供了一个良好的机会,企业应该充分利

用这个机会展示自己的产品,传递必要的信息,加强与社会公众的直接沟通。

1)举办展览展销会应做的准备工作

为使展览展销会办得卓有成效,组织者应认真做好以下工作:

(1)分析参展的必要性和可行性

在举办展览会之前,首先要分析其必要性和可行性。展览展销会需要投入较多的人力、物力和财力,如果不进行科学的分析论证,就有可能造成两个不良后果:一是费用开支过大而得不偿失;二是按时盲目举办而起不到应有的作用。

(2)明确主题

每次展览展销会都应有一个明确的主题,并将主题用各种形式反映出来,如主题性口号、主题歌曲、徽标、纪念品等。必须弄清楚是要宣传产品的质量、品种,还是要宣传酒店形象;是要提高酒店的知名度,还是要消除公众的误解。

(3)构思参展结构

酒店经营的服务产品,其组合的深度、广度各不相同,项目和品牌差别也很大。哪些产品参展,其参展产品的深度、广度、密度如何确定,参展产品项目和品牌怎样搭配,都需要认真构思。

(4)选择地点和时机

地点的选择要考虑三个因素:交通是否便利;周围环境是否有利;辅助系统如灯光系统、音响系统、安全系统、卫生系统等是否健全;如果自己组织的展览会,宜选在交通方便、环境适宜、设施齐全的地方。

(5)准备资料,制订预算

准备资料是指准备宣传资料,如设计与制作展览会的会徽、会标及纪念品、说明书、宣传小册子、幻灯片、录像带等,包括展览会的背景资料、前言及结束语、参展品名目录、参展单位目录以及展览会平面图等资料的撰写与制作。举办展览会要花费一定的资金,如场地和设备租金、运输费、设计布置费、材料费、传播媒介费、劳务费、宣传资料制作费、通讯费等。在作这些经费预算时,一般应留出5% ~10%做准备金,以作调剂之用。

(6)培训工作人员

展览展销会工作人员素质的好坏,掌握展览的技能是否达到标准,对整个展览效果起着关键作用,因此,必须对展览会的工作人员,如讲解员、接待员、服务员、业务洽谈人员等进行培训,培训内容包括公关技能、展览专业知识和专门技

能、营销技能、社交礼仪等。

2）举办展览会应注意的问题

（1）确定参展单位、参展项目和展览会的类型

可以采取广告和给有可能参展的单位发邀请的方法吸引单位参展。广告和邀请信要写清楚展览会的宗旨、展出项目类型、对参观者人数和类型的预测、展览会的要求和费用等，应给潜在的参展单位提供决策所需的资料。

（2）选择展览会的地点

在地点的选择上，首先考虑的是方便参观者，如交通方便、易寻找等；其次，要考虑展览会地点周围环境是否与展览会主题相得益彰；最后，要考虑辅助设施是否容易配备和安置等。

（3）培训工作人员

展览会工作人员的素质和展览技能的掌握，对整个展览效果发生重要影响。必须对展览会工作人员如讲解员、服务员等进行良好的公关训练，并对每次展出的项目进行最基本的专业知识培训，以满足展览会的要求。

（4）成立专门对外新闻发布的机构

其他要负责制订新闻发布的计划和组织实施计划，负责与新闻界联系的一切事务。

（5）准备展览会所需的各种辅助宣传材料

如拍摄幻灯片和录像、制作各种小册子和目录等。

（6）确定展览会的管理机构，提供相关服务

大型的展览会，要设立文书、邮政、运输、保险等专业服务部门。国际性展览会，还应设立处理对外商检贸易的业务部门。一般的展览会应设置：大会领导组、大会办公室、样品办公室、询问室、广播室、卫生保健室、贵宾接待室、保安处、会议室、谈判或签字室、停车场等。在入口处应设置咨询台，贴出展览会平面图，作为参观者的指南。

（7）选用展览方法和技巧

为了使展览会办得生动活泼、新颖别致，还需要适当选用展览方法和技巧，如邀请有关知名人士出席，举行别开生面的开幕式，邀请有关文艺团队助兴等，以活跃展览会的气氛，吸引更多公众前往参观。

（8）其他设计制作展览会徽志,备好展览会纪念品,提前印好入场券并分发出去,准备好售票的地点和窗口等

3）展览会效果的评估

展览会结束后,要测定展览的实际效果,通常可采取以下几种方法:

①举办有奖测验活动。试题的内容可根据展览的内容有重点、有选择地确定,可以有填空题或问答题,当场测验,当场解答,然后根据成绩,当众发送奖品。既活跃了展览气氛,也起到了宣传教育的作用,也为测定展览效果提供了统计的依据。

②组织者在展览厅的出口处可设置公众留言簿,主动征求公众的意见,将其作为日后测定效果的依据。

③组织者还可以召开公众座谈会,随机地找一些公众进行座谈,了解他们对展览会的观后感,讨论一些主要问题,并提出自己的看法。

④登门访问。

⑤发出问卷,进行问卷调查。展览会结束之后,组织可根据签到簿上掌握的公众名单邮寄出问卷调查表,或登门访问使其填写问卷调查表,以了解展览的实际效果。

通过这些活动,对展览会进行效果测定,同时也了解了公众对主办单位的意见和建议,为以后的展览会提供参考。

4）举办展览会的其他技巧

（1）编写酒店或酒店产品简介

酒店简介或酒店产品简介不仅是展览会参展者重要的文字宣传材料,而且在酒店的对外交往或者其他活动中也很有意义。因而酒店公关人员应掌握编写"简介"的有关技巧。

①"简介"应以照片为主,所用照片必须是从最理想的角度拍摄的组织最漂亮的地方,封面的设计特别要注意它应是"简介"中最精彩的一页。

②文字内容包括对本酒店历史和现状的介绍、组织的经营宗旨、经营特色的描述、组织提供的产品和服务项目、特色、供应时间和价格等的介绍。文字力求简明扼要、优美流畅。

③在扉页或其他醒目的地方可写些问候语或祝福语,合适的位置上注明组织的地址、联络处、联系人及电话号码,以方便公众随时联络,酒店及时提供产品或服务。

④"简介"要考虑到酒店企业的经济负担,因此不能编得太厚太烦琐。

⑤对于已导入"CI"现代企业形象设计的酒店应注意"简介"对视觉识别标志的应用。

⑥"简介"的附页可以为公众提供各种有用的信息,如印上飞机、火车的车次和时间等内容。

⑦"简介"没有固定模式,设计者应根据组织特点和公众的心理及需要,使其独具特色。

⑧"简介"应经常更新,不断补充以新的内容和新的信息,使公众产生新鲜感。

(2)组织会议

展览会期间的重要会议,应注意以下事项:

①根据会议的内容,确定好会议的程序,准备好各种文件材料。

②根据会议的规模,确定会议的地址,安排好主会场和分组讨论的地点,分配好会议代表的房间,落实食堂就餐问题,安排代表接车、报到、接待等工作。

③根据会议时间的安排,做好会议的通知。

④布置好会场。会标要醒目、准确;会场的扩音设备、桌椅、水壶、水杯、台签、台布等用品都要一一落实,还要根据情况安排好会议主席台的设置和座位。

⑤会议期间,要及时掌握会议的动态,作好会间记录,有可能的话,可安排摄影或录像。

⑥会议结束之前,要落实代表的返程机票、船票或车票,尽早结算住宿费和伙食费。

⑦会议结束后,要对会议的各类文件材料作善后处理,需发简报或文件的应从速拟发,各类记录、发言稿及原始材料,要立案存档。

⑧会议上注意合理安排日程,适当安排一些娱乐活动,以调节与会者情绪,也可考虑全体代表合影等事宜。

9.4 酒店服务促销活动

酒店服务促销活动是一种销售型公共关系活动。销售型公共关系活动的主要特点是通过宣传树立酒店形象、扩大影响、争取支持、排除障碍,为酒店经营销售创造有利条件,以间接的促销手段达到完成酒店利润指标、创收赢利的目的。

9.4.1 销售型公共关系活动策划要点

1)重视推销酒店形象

现代公共关系推销观,一改传统的"跑单帮"为"全员推销",把推销商品、推销服务的过程,看成是塑造酒店形象的过程。公共关系活动推销的重点不是商品,而是酒店的各项成果信息,使酒店在公众中树立起完美的形象,获得公众的支持,在获得良好的社会效益的同时也获得良好的经济效益。

2)注重"名人效应"

公共关系策划中策划酒店总经理的"名人"策略,绝非只是个人声誉问题,而是与酒店形象密切相关的。公众对总经理的看法往往不是对他个人的评价,而是对酒店的评价。如果一家知名度不高的酒店上任了一位声名显赫的酒店企业家,该酒店就能名声大振,其间的"名人效应"是不可低估的。

3)推行全员公共关系

现代推销倡导的是酒店内人人都树立经营意识、公共关系意识。酒店业的显著特点是生产和消费在同一地点、同一时间,服务人员的一举一动直接影响酒店的声誉。酒店提高服务质量、树立公共关系意识,既是技术上、业务上的要求,也是公共关系工作的要求。如长城饭店成立之际,旋即聘请了美国达拉斯凯饭店富有经验的公关经理露西·布朗女士担任该店公关部经理。一次,有位服务员在打扫房间时,发现客人床头上摊放着一本书,她未挪动书的位置,也未信手将书合上,而是细心地在书摊开处夹进一张小纸条,以起书签作用。事后,客人对服务员细微的服务备加称赞,并将此事告诉了同来的几十名同事,以及她所认识的所有朋友。布朗女士抓住这件小事,告诉大家:这就是公关。公关需要从细微处做起,所有饭店员工都应通过自己的一举一动体现公关意识,从各方面树立完美的形象。

4)提高服务质量

服务质量既是酒店开展公共关系工作的基础,又是进行公共关系工作的内容。销售型公共关系策划要特别注意提高服务质量。完善的服务质量是密切酒店和公众之间的桥梁,它包含的不仅是完善的售前、售后服务,还有服务工作中的技能和技巧。完善的服务还应考虑顾客的个性体验、心理需求等多方面的

因素。

9.4.2　销售型公共关系活动的模式

销售型公共关系活动所采取的活动模式,应以服务型公共关系活动模式为主。服务型公共关系活动,就是一切从顾客出发、一切为顾客着想,以实实在在的行动,主要是提供各种实惠服务为主(如酒店消费指导、酒店产品介绍、服务指南、优惠消费等),获得社会公众的了解与好评,一点一滴都渗透着酒店的真诚与爱心。

9.4.3　酒店服务促销活动的开展

1)优质服务的形象塑造

主要通过为客人提供方便服务、实惠服务、生动服务、细节服务等创造性服务,以情动人、以情感人,满足客人的生理和心理需求。如:雅加达和新加坡的希尔顿酒店主动研究女性客人的消费心理,想方设法增加各种便利客人的服务项目,对女性客人实行特别保安措施,尽量将她们安排在靠近电梯的地方,若她们的房间较为僻静,酒店则派专人送她们回房。此外,鲜花、化妆用品、浴衣、女性杂志等都成为必备物品。

2)美感服务的创造

亲切文雅是一种行为方式,以知识和教养为背景,是善与美的统一。亲切文雅的语言并不简单地等于有礼貌,它的内涵更丰富。在酒店工作过程中,工作人员亲切文雅的语言表达,是创造一种美感服务。

酒店员工在服务工作中应做到"五声",即:

客人来时要有迎客声:"您好,欢迎光临""先生,早上好! 需要帮助吗?"等;

遇到客人时要有称呼声:"早上好""您好"等;

受到帮助要有致谢声:"给您添麻烦了""谢谢您的帮助"等;

麻烦客人时要有致歉声:"打扰您了""实在很抱歉""对不起"等;

客人离店时要有送客声:"欢迎您下次再来""一路顺风""再见"等。

3)服务形象的推广

主要由专题活动进行服务形象的推广。如前几年,云南发生大地震后,广州中国大酒店公关部策划了一次"云南日"活动,服务员穿上云南少数民族的服装,用餐车推着云南特产"一品鸡"到餐厅售卖,还设了两个募捐箱。一天下来,纯收入6万元。酒店马上举行新闻发布会,并请云南省政府派代表来接受捐款支票。"云南日"募捐活动使中国大酒店得到了公众的好评,酒店的形象更加完美,生意也更加兴隆。

9.5 公益活动的组织

"在巨富中死去是一种耻辱",这是美国钢铁大王、慈善家卡耐基去世前的名言。

酒店公益活动是以赞助社会福利事业为中心开展的公关促销活动,比如赞助社会福利、慈善事业,资助公共服务设施的建设等,通过这些活动,在社会公众中树立酒店注重社会责任的形象,提高酒店的美誉度。

社会公益活动从短期来看,往往不会给酒店带来直接的经济效益,还使酒店付出额外的费用,但从长远来看,通过这些公关活动,公众对酒店产生好感,为酒店创造了一个良好的发展环境。

9.5.1 酒店开展公益活动的意义

1)易得到公众支持

公众是酒店形象的裁判,公众对酒店的接受,首先取决于一种心理、文化的认同,取决于酒店的社会形象塑造。举办公益活动能为酒店争取公众的了解和赞赏,为酒店营造一个良好的社会环境。当酒店能抓住机遇奉献爱心时,酒店的美好形象也就在公众心中树立起来。

2)易吸引大众传媒

公益活动处处、事事以情感人,从公众的利益出发,体现着真诚,易于为人们接受。举办公益活动还能够推动社会道德进步,净化社会风气。如此具有社会意义的事件,必然能吸引大众传播媒介的注意。透过媒体的正面报道,扩大酒店知名度,提升酒店形象。

3）易提高酒店的知名度和美誉度

如上海浦东圣莎大酒店是一家以五星级标准装修建造的酒店,2006 年 9 月份开业。上海浦东新区金桥立交桥至杨高中路金海路的绿化带,由于长期以来无人管理和清理,这里的卫生状况极其糟糕和恶劣。每逢夏季,绿化带中的污垢积水便成了蚊子、苍蝇的滋生地,不仅给周边市民的生活带来不便,也影响了浦东新区的区容区貌。为有效解决这一问题,为浦东新区的环境美化作出贡献,2007 年 4 月 13 日,浦东圣莎大酒店发起了主题为"小区是我家,美化靠大家"的社区公益活动,来自该酒店的 60 名员工,在酒店领导的带领下,利用工作之余的休息时间,主动担负起了这条绿化带的卫生清理工作,在大家的共同努力下,整个绿化带面貌焕然一新。这一行为在当地传为佳话,大大提升了酒店的知名度和美誉度。

4）易使酒店商业利益最大化

通常指通过赞助、捐赠等公益手段对酒店社会公众形象进行商业推广的营销方式,称为公益营销。公益行为效果亲切自然、易于被接受,而它实质上是一种软广告,只不过其商业性及功利性不像硬广告那么明显。公益活动的沟通对象面广量大、有针对性,在不经意间以春风化雨的形式在公众心目中树立酒店的良好形象,而良好的酒店形象拉动产品的销售。

9.5.2　酒店开展公益活动的原则

酒店的财力是有限的,开展社会公益活动是必要的,但不能盲目。因此,在公益活动中应掌握以下原则:

1）一致性原则

酒店开展的公益活动是对酒店品牌建设的长期投资,因此,公益活动主题和类型应与酒店的品牌有关联,相互一致,这样有利于酒店知名度和美誉度的提高。如泰国正大集团未在中国投资以前,由其赞助的中央电视台《正大综艺》节目却早已先声夺人,捷足先登,在中国家喻户晓。于和风细雨中,一个高大美好的企业形象呼之欲出,栩栩如生,乃至后来企业在中国市场登台亮相,各界公众欣然接受,这无疑得益于赞助节目中的"正大"二字。其主题"爱是正大无私的奉献",既是正大光明的正大,又是正大集团的正大,主题与企业品牌之间有机融合。

2)长期性原则

酒店开展的公益性活动应持之以恒,不应稍纵即逝的,昙花一现。

3)传播效果原则

酒店公益活动要善于抓住时机,要选择影响力较大,有利于扩大酒店声誉,与酒店有密切联系的活动,吸引大众传播媒介。如新疆的五月花酒店推从"健康人生,美好生活",抓住奥运这一影响范围大的活动,赞助中国 2008 奥运,以其独特的民族餐饮成功地进驻北京奥运村,得到了有关媒体的报道。

4)计划性原则

酒店公益活动具有长期性,因此必须制订详细的工作计划,确保酒店的形象塑造与酒店的战略目标相一致。

5)量力而行原则

公益活动的承担要根据酒店的实力进行,必须列入酒店的预算,依财力情况量力而行,有选择地对学术活动、体育比赛、文艺竞赛、社会热点事物进行赞助,而不是越多越好,有求必应。涸泽而渔进行赞助,有时会影响酒店自身的发展。

9.5.3 酒店公益活动的实施过程

1)酒店公益活动主题

酒店公益活动一般以社会公众关心的热点、热线为中心,常见的主题有:

(1)支持社会福利事业

酒店通过提供资金或物品为老年人、残疾人、孤儿开展养护、康复、托管等服务,兴建医院、疗养院;与社区内的非营利组织(如社区委员会)合作,支持他们的活动;宣传扶助贫困地区、救助弱势群体,引起市民对社会问题的关注。

(2)资助教育事业

协助建立希望工程小学,在各高校设立奖学金,赞助高考状元,资助特困生,捐资教育基金等是酒店企业最常用的方式。

(3)热心社区服务

酒店可以通过提供人力、物力、财力建设与完善社区内的基础设施,热心社

区内的文化事业,为社区增添光彩;参与力所能及的市政建设,以酒店或个人名义命名有关道路等。

(4)保护环境

酒店加强对环保意识的宣传,唤醒公众的绿色意识;资助有关组织的环保研究;组织员工共同参与义务植树绿化活动等。

(5)协助发展体育事业

体育活动是许多人的爱好,也是媒介热衷报道的内容,对公众的吸引力极大,这是赞助中最常见也较成功的。有赞助大型比赛的,如奥运会、亚运会;有赞助某一球队的,如沙市日化每年出资 7 万元与湖北省体委合办省足球队;有设立竞赛奖励的,如霍英东先生 1993 年 2 月奖励给威震海内外的马家军重 1 千克的纯金奖牌。

(6)资助医疗、保健事业

向医院捐赠医疗设备;从人力、物力、财力等方面资助医学研究的发展;组织专家进行医药知识的讲座,让公众掌握相关卫生知识等。

(7)资助文化艺术事业

赞助文化艺术事业不仅可以培养与公众的感情,也可扩大影响。举办或赞助一些艺术展览、歌唱比赛;举办社区内的文化节;组织关于伦理道德、家庭文化知识的大赛等。

(8)赞助学术研究

通过与科研机构、高校联系,资助部分研究;酒店也可以与高校合作,资助其研究课题,促进科技的发展等。

2)酒店公益活动的实施过程

①酒店公共关系部门应协助酒店领导,对公益活动进行研究,根据酒店的总体目标以及相关的公共关系目标,确定公益活动的方向和政策,选择公益活动开展的方式和活动的内容。

②制订全年公益活动工作计划,其中包括赞助的金额、赞助的范围和赞助的预期效果等。

③对外界的赞助要求进行审核与评议,决定赞助的金额和赞助的时机。

④在公益活动实施过程中,酒店还要科学地选择适当的宣传媒介和方法,主动地将公益活动的情况告诉公众,使公众能更好地了解酒店的独特之处,强化他

们心目中有关酒店的印象。

⑤当公益活动结束后,酒店应将活动效果进行评估,多方面地了解反馈信息,总结经验,指导今后工作。

9.6 酒店危机公关处理

9.6.1 酒店公共关系危机特征及类型

1)酒店公共关系危机的含义

危机,一般是由客观或主观的因素,有时甚至是"不可抗拒力"所引发的意外事件。酒店公共关系的危机,是指由于某些人为的或非人为的突发事件及重大问题的出现,打破了酒店正常运转状态,使酒店声誉与利益受到损害,甚至遭遇生存危险,从而不得不面对和处理的一种紧急状态。

在市场经济环境中,酒店的生存和发展与社会生活的方方面面息息相关。酒店在其发展过程中,不可避免地都会发生一些问题甚至面临危机,这些情况都可能对酒店造成伤害,造成直接的经济损失,甚至导致酒店的倒闭和破产。对一个酒店来说,是否建立起一个完善的危机管理机制,从容地应对和处理危机,是对酒店生存能力、应变能力和竞争力的一个重大考验。

2)酒店公共关系危机的特征

(1)危害性

如果说危害程度不大的话,也就称不上是危机。无论是伤人损物的危机还是形象危机,对酒店、对社会都会造成相当的损害。对酒店来说,它不仅会破坏目前的正常生产秩序,使组织陷入混乱,而且还会对酒店未来的发展、经营带来深远的影响。从社会角度看,酒店危机给社会公众带来恐慌,有时还会给社会造成直接的物质损失,如产品不合格的事故,抑或污染公害,给人造成终生残疾或对生态环境造成不可逆转的破坏。

(2)突发性

危机事件一般是在酒店毫无准备的情况下突然发生的。这些事件容易给酒店带来混乱和惊慌,使人措手不及,如果对事件没有任何准备就可能造成更大的损失。特别是那些由酒店外部的原因造成的危机,如自然灾害、国家政策的改变、科技新发明带来的改变、科技新发明带来的冲击等,它们往往是酒店始料不及并难以抗拒的。

(3)层次性

有时危机呈现出的危害只处在初始阶段,如果及时阻止,防止它更加恶化,就能把损失减少到最小;有的危机一旦爆发危害就很大,这就需要我们投入很大的精力和财力,全力以赴,控制事态,以免带来灭顶之灾;有的危机事件在出现时,已成定局,没有继续变化的势头,这时就只能尽量消除影响,处理善后,使危机不要波及其他领域以至于影响其他方面的工作。

(4)关注性

现代社会,大众传播十分发达,酒店危机常常会成为社会舆论关注的焦点、热点,成为媒介捕捉的最佳新闻素材和报道线索。有时候它会牵动社会各界,乃至在世界上引起轰动。所以说危机对酒店带来的影响是非常深刻和广泛的。

3) 酒店公共关系危机的类型

按照不同的分类标准,可以将公共关系危机分为多种类型。

(1) 从内容方面来看,公关危机可以分为信誉危机、效益危机和综合危机

①信誉危机。信誉危机是指酒店由于在经营理念、组织形象、管理手段、服务态度、组织宗旨、传播方式等方面出现失误造成的社会公众对酒店的不信任,甚至怨愤的情绪。信誉危机也称之为形象危机,这种危机尽管看上去是软性的,但是它直接影响酒店的经济效益和可以量化的其他收益。因此,信誉危机是真正意义上的公关危机,它是酒店形象在公众心目中的倒塌,是公关工作的重大失误,如不及时想办法挽救,很快就会波及组织的其他领域,带来灾难性的损失。

②效益危机。这种危机是指酒店在直接的经济收益方面面临的困境。例如出现了同行业产品价格下调;原材料价格上涨;出现了行业的恶性竞争;或者是该产品市场疲软,产品过剩;或者是组织的投资出现了偏差等。这方面的危机出现后,也是很棘手的,因为效益是一个组织存在的生命,所以要想办法、想策略及时补救,使亏损降到最小。

③综合危机。它是指兼有信誉形象危机和经济效益危机在内的整体危机。这种危机的爆发往往是出现了影响重大的突发性事件,而且情况总是从信誉危机引起,由于处理不及时,或者是事态发展太快而造成了经济利润的全面下降,促成了互相联系的连锁损失。在这种情况下,就需要酒店刻不容缓、竭尽全力、

尽快找到问题的突破口,迅速果断地控制事态的发展,有效地解决面临的问题,使组织尽快走出困境。

(2)从形式方面来看,公关危机包括点式危机、线性危机、周期性危机和综合性危机

①点式危机。这种公关危机事件的出现是独立的、短暂的,和其他方面联系不大,产生的影响比较有限,它往往是产生在一定范围内的局部性危机,这也是一种程度较轻的危机状况。在实际的公关工作中,这种危机常属于一般性危机的范围,大部分情况下,处在隐性危机状态。它可能是组织内部某些局部和一些具体因素由于控制不严造成的具体方面的失控和混乱。但是这种危机是大危机到来的征兆,如不及时将问题消灭在萌芽状态,就会酿成大祸。

②线性危机。这是指由某一项危机出现的影响而造成事物沿着发展方向出现的一系列接二连三的危机连锁现象。这种状况往往造成的是一个危机流,如不赶紧阻挡事态发展的势头,就会造成大的灾难。线性危机的根本原因在于事物之间的联系。当酒店在公关的某一方面工作中出了问题,面临危机时,一定要措施得当,力度适当,如果某一环节上出现偏差不及时处理,造成失控,那么困难的局面就会发生连锁反应,最终由一次危机,演变成一系列的危机。

③周期性危机。这是一种按规律出现的危机现象。也就是由于事物的性质和发展规律造成了某些公关工作在经过一段时期后,有节律地出现困难现象,进入危机状态。例如某些产品的销售,有旺季,也有淡季。当进入淡季后,就要有相应的处理措施,以应付不利的局面。这种周期性困难是一种可以预测、能够预防的危机。公关人员经过几次危机的锻炼后,就会找到危机出现的规律,当积累了一定经验后,就能够把握其规律,控制这种危机的出现,避免危害的发生。

④综合性危机。这种危机是指在一个社会组织中,突然出现了兼有以上几种危机汇成的爆炸性危机。它是一种迅速蔓延、向四面发展的危机状态,也是一种最严重的危机状况。它一般是先由点式危机处理不得力造成了线性危机,再加上其他因素的作用,使危机的事态急剧恶化,短期内迅速发展成一种一败涂地的重度危机局面。这种危机的程度最深,挽救和扭转相当困难。一般而言,必须组织内部群众群策群力,上下同心去面对。必要时聘请相关方面的专家,提供专业的意见和建议,或者汇集公关专业人士协同组织的管理和决策者对危机事态进行紧急会诊,及时找到解决的突破口。

除了以上几类危机情况外,还有根据公关危机危害程度的不同,将危机分为一般性公关危机和重大性公关危机。前者程度较轻,是局部性的,危害小;后者

情况严重,是整体性的,危机深重。另外,根据公关危机事件呈现的状态,还可以分为隐性的公关危机(即某些局部要素上的隐患)和显性公关危机(即已经形成事实的整体性危机事件)。

9.6.2 酒店危机公共关系的处理

酒店一旦发生危机事件,公共关系人员不能等闲视之,要高度重视,迅速根据具体情况作出反应,协助酒店负责人调查危机或事故的原委,做好善后工作。

1) 酒店危机公共关系处理的原则

(1) 主动性原则

不论是何种性质的危机,不管危机的责任在何方,遇到危机的出现,酒店就要主动承担处理责任,做到不推卸、不埋怨、不寻找客观理由,这样才能赢得社会的谅解和好感。即使受害者在事故中有一定的责任,在情况尚未查明的情况下,酒店不应首先追究其责任,否则会各执己见,加深矛盾,反而不利于危机的解决。当公众反应激烈时,酒店可采取高姿态,宣布如果责任在己,一定负责赔偿,以尽快消除不利影响。

(2) 及时性原则

危机具有突发性特点,而且会很快传播到社会,引起新闻媒介和公众的关注。尽管发生危机的酒店面临极大的压力,公关人员也要迅速作出反应,果断进行处理,使公众了解危机的真相和酒店采取的各项措施,争取公众的同情,把因危机造成的损失减少到最低程度。

(3) 冷静性原则

公关人员面对危机的灾难和混乱局面,情绪千万不能激动,要沉着、冷静、富于理性精神,更不能急躁、随意、信口开河。具有稳定而积极态度的人,才是在处理危机中应付自如,卓有成效。

(4) 真实性原则

危机事件发生后,可能造成公众心理上的紧张、恐惧或愤愤不平。酒店应及时公布事实真相,不能隐瞒、歪曲,更不能捏造。只有这样才能防止谣言传播,消除混乱,取得社会公众的谅解、支持,尽快恢复社会声誉。如不这样,会使公众产生更大疑虑,招来更强烈的谴责,甚至造成新的事故,影响酒店的形象。

(5) 善后性原则

危机事件带来的不良社会影响,不可能在一朝一夕消失殆尽,因此,还要做好危机事件后的善后工作,包括对公众损失的补偿,对社会的歉意,对自身问题的检讨等。

(6)灵活性原则

公关工作中出现的危机事件是形形色色的,因此,对不同的公关危机的处理手段也不尽相同。所有针对不同情况下的危机情况要具体问题具体分析,只有根据具体情况,才能进行有针对性、灵活性的处理。由于危机多属于突发性的,不可能有既成的措施和手段,因此,根据实际情况,灵活处理很重要,也很关键。

2)酒店危机公共关系处理对策

酒店危机事件的发生对不同的公众产生的影响也不同,针对不同的公众,根据公众的心理和行为特点、受影响的程度,需采取不同的应对措施。

(1)针对酒店内部员工的对策

迅速成立处理事件的专门机构,在稳定情绪、稳定秩序的基础上,向员工告知事件的真相和酒店采取的措施,使员工齐心协力,共渡难关;收集和了解员工的建议和意见,做好说明和解释工作;如有伤亡,要做好抢救治疗和抚恤工作,及时通知家属和亲属,做好慰问及善后处理工作;制订挽回影响和完善酒店形象的工作方案与措施。

(2)针对受害者的对策

派专人与受害者接触;认真了解受损情况,实事求是地承担责任,并诚恳道歉;冷静听取受害人的意见,制订损失赔偿方案,包括补偿方法和标准;给受害人以同情和安慰,避免发生不必要的争执;若因不合格产品引起的恶性事故,要立即收回不合格的产品并组织检修或检查,停止销售,追查原因,改进工作。

(3)针对新闻界的对策

①与新闻界合作。设置临时记者接待场地;主动向新闻界提供事实真相和相关的信息,并表明自己的态度,倾听他们的意见。这样,以真诚的态度去打动人,以真实的信息去引导人,借助新闻媒介表达自己的歉意,并向公众作出相应的解释,促使社会形成对酒店有利的舆论氛围,避免引发舆论的"围攻"和谴责,防止进一步引发酒店的公关危机,从而化危险为机遇。

②慎重选择发言人。酒店要选用训练有素的人员来担任、接受媒体与社会公众的询问,防止因词语表达不当产生歧义,而引起媒体或社会公众的误解;酒店要有统一的对外宣传口径,尽量通过媒体或召开新闻发布会,告诉社会公众发生了什么,我们正在做什么;在事实结果没有明朗之前,不信口开河,不盲目加以

评论,不带有主观情绪,以客观公正的态度表明自己的看法。

③掌握宣传报道的主动权。通过召开新闻发布会以及使用互联网、企业网站、电话、传真等形式向社会公众告知危机发生的时间、地点、原因、现状、问题,以及酒店目前和未来的应对措施等内容,信息应具体、准确。

(4)针对政府有关部门的对策

危机事件发生后,酒店要与政府部门保持密切的联系,以求得指导和帮助。酒店要及时地、实事求是地汇报情况,不隐瞒,不歪曲事实真相,事件处理后详细报告事件经过、处理措施、解决办法和防范措施。

(5)针对其他公众的对策

酒店应根据具体情况,对社区、相关机构通报危机事件和处理危机事件的措施等情况,并制订相应的方案,全面消除危机事件的影响。

总之,酒店应以真诚和积极的态度来处理危机,必要的时候可以邀请社会上公正、权威性机构来协助调查、解决危机,确保社会公众对酒店的信任。同时,还要时刻准备把握危机中的"机遇",尽可能最大限度地减少危机给酒店声誉带来的破坏,建立起有效的沟通渠道。

9.6.3 酒店危机公共关系的应对措施

1)危机早期的应对措施

(1)迅速撤回不合格产品

由于食品质量问题所造成的危机,是酒店最常见的危机。一旦出现这类危机,应不惜一切代价停止销售这个食品,如果是外卖的食品,也应及时利用大众传播媒介告知消费者如何退回食品的方法。如早在 1995 年,苏丹红就被确认为致癌物,欧盟和其他一些国家已开始禁止在食品中添加该染色剂。2005 年 3 月 16 日傍晚,肯德基所属的百胜餐饮集团宣布,肯德基新奥尔良烤翅和新奥尔良烤鸡腿堡调料被发现含有苏丹红(一号)成分,国内所有肯德基餐厅停止售卖,同时销毁所有剩余调料。

(2)公布造成危机的原因及影响的范围

危机发生后,应坦诚向社会公众及新闻界说明造成危机的原因。若是酒店的责任,应勇于向社会承认;若是故意陷害,应通过各种手段使真相大白。

公布公众影响的区域,可以避免其他区域的业务受到影响。如一些连锁酒店,同一城市或不同城市都有不少分店,如果一家分店出现危机而不迅速澄清危机发生的区域,其危机会波及总店或其他分店。

（3）对有关人员予以损失补偿

酒店出现严重异常情况,特别是出现重大责任事故使公众利益受损时,必须承担责任,给予公众一定的精神补偿和物质补偿,以取得公众的谅解。

（4）利用传媒引导公众

危机发生后,酒店应迅速成立处理机构,挑选一个可靠、有经验的发言人,将有关情况告知公众。通常是举办新闻发布会或记者招待会,告知新闻媒体真相,使其及时准确地报道,引导舆论,消除公众疑虑。

2）危机中期的应对措施

（1）利用权威意见处理危机

在酒店危机处理中,酒店与公众的看法不一致时,通常可以依靠权威部门（如政府部门、专业机构、消费者协会等）和权威人士（如有关专家、业内人士等）,在很多情况下,这些权威意见往往对酒店危机的处理能起到决定性的作用。如从 2004 年 1 月份开始,禽流感在亚洲部分地区肆虐,不少国家居民"谈鸡色变",导致以经营炸鸡和鸡肉汉堡为主的肯德基连锁店生意一落千丈,肯德基陷入了一场禽流感所引发的危机之中。2004 年 2 月 5 日,肯德基在北京召开新闻发布会,邀请北京市商务局饮食管理部门领导、农业大学营养专家和畜牧业专家至肯德基店做示范性品尝,以期消除公众的疑虑。

（2）利用法律调控危机

在酒店信誉受到侵害时,运用这种方法会受到较好的效果。利用法律手段调控危机,主要包括两个环节:一是依据事实和有关法律条款进行处理;二是遵循法律程序来处理。

3）危机后期的应对措施

（1）声誉重建

危机发生后,舆论的谴责与报道将持续一段时间,在此期间,酒店公关部门的工作不能停止,还应积极主动地与公众保持联系,如及时向媒体提供有关赔偿被侵害者损失的信息,公布类似事故的预防措施等,如此才能及早赢得公众的谅解和信任,重建酒店在社会上的声誉。

（2）形象重塑

危机事件妥善处理后,酒店要针对形象受损的内容和程度,重点开展弥补形象缺陷的公共关系活动,如敞开酒店大门,欢迎公众参观,了解酒店新的工作进展和经营状态,将质量过硬的产品和一流的服务公之于众,从根本上改变公众对酒店的不良印象。

9.7 专题操作训练——公关专题活动策划训练

【训练目标】

提高学生公关专题活动策划能力。

【训练方法】

班级自由分组,每组分别策划不同主题活动,并拟订一份公关策划方案。经老师及学生集体评议,选出最优方案,集中展示。

【知识背景】

附例:《北京全聚德135周年店庆大型公关活动策划书》

项目策划:中国北京全聚德集团有限责任公司

实施单位:中国北京全聚德集团有限责任公司

1）项目背景

"全聚德"作为我国餐饮业驰名中外的老字号企业,自清朝同治三年(公元1864年)创立至今已有135年的发展历程,经过几代人努力,"全聚德"形成了以烤鸭为代表的系列美食精品和独特的饮食文化。"全聚德"这家百年老店已成为国家领导人宴请国际友人的主要场所,成为国际国内朋友了解、认识北京的窗口。

改革开放以来,我国餐饮市场迅速发展。面对日趋激烈的市场竞争和国外餐饮业的挑战,"全聚德"于1993年5月组建了以前门、和平门、王府井全聚德三家店为基础,包括50余家联营企业的大型餐饮企业集团,结束了过去长期形成的一家一店、分散经营的不利局面,开创了"全聚德"这一北京传统名牌集团化经营发展的新阶段。

截至1999年初,全聚德集团在国内已注册11个商标,涵盖25大类124种商品或服务项目;同时在世界31个重点国家和地区注册了"全聚德"商标。

1996—1998年度"全聚德"商标连续两届被北京市工商局评为"北京市著名商标";1999年1月"全聚德"品牌又被国家工商总局认定为"中国驰名商标",成为我国首例服务类驰名商标。

面对21世纪,全聚德老字号正演绎着它发展历史上的第二个百年。全聚德品牌战略的成败,是决定企业在新世纪能否保持旺盛生命力的关键。

2)项目调查

面对21世纪,全聚德品牌的发展同中国的餐饮业乃至中国商业、服务业一样,面临着良好的机遇和严峻的挑战。

(1)面临的机遇

①随着市场经济的发展和人们消费水平的提高,名牌效应日益明显,使用名牌、享受名牌逐步成为一种社会时尚,久负盛名的全聚德将进一步得到社会与消费者的推崇与青睐。

②全聚德国有企业改革的推进,现代企业制度的确立,企业经营机制的完善,为全聚德企业形象的提升奠定了良好的制度保证。

③全聚德全体员工对全聚德具有深厚的感情,对弘扬品牌、发展品牌具有崇高的历史责任感和社会责任感,成为全聚德企业形象公关的思想基础。

④全聚德品牌形象在社会公众心目中占有较高的地位。1998年3月北京电视台《北京特快》栏目组与中国人民大学舆论研究所就"哪些产品最能代表北京的品牌形象?"这一话题采用问卷方式调查。调查问卷要求被访者具体写出4种最能代表北京经济形象的产品,被提名的北京产品有四五十种之多,其中,全聚德烤鸭名列榜首,被一致认为是最能代表北京经济形象的标志性产品。

(2)遇到的挑战

①从买方消费者的角度看:随着人民生活水平的提高和生活方式的改变,广大消费者对全聚德餐饮的品位提出了更高要求。

②从卖方的自身看:全聚德集团特许经营管理体系的运作,要求统一企业形象。

③从现在国内餐饮竞争者来看:国内餐饮业持续发展,单就北京市目前以"北京烤鸭"命名的烤鸭餐馆就有400多家,兼营北京烤鸭这道菜的酒店、餐厅更是数以千计,竞争更加激烈。

④从未来潜在竞争者、替代者方面分析:全球经济一体化进程加快,我国加入国际贸易组织后,洋餐饮将更加无障碍地长驱直入,对国内包括全聚德在内的

餐饮业的生存与发展将会构成威胁。

为了抓住机遇,迎接挑战,积极参与市场竞争,创造具有中国文化底蕴、实力雄厚、品质超凡、市场表现卓越、享誉全球的餐饮业世界级名牌,集团公司决定以1999 年全聚德建店 135 周年为契机,全年推出多层次、一系列的企业形象公关活动。

3) 项目策划

(1) 公关目标

发扬“全而无缺,聚而不散,仁德至上”的企业精神,对外弘扬全聚德民族品牌,树立全聚德老字号的崭新形象,以店庆造市场,以文化兴市场,对内强化全聚德烤鸭美食精品意识,丰富全聚德企业文化内涵,激励全聚德集团的全体员工以百倍的信心迎接新世纪的挑战。

(2) 公关策略

为了达到这一目标,准备举办“全聚德杯”有奖征集对联、全聚德烤鸭美食文化节、全聚德品牌战略研讨三项大的活动。这些公关活动的宣传媒体主要以报纸为主,兼有电视台、电台,并辅以本公司宣传刊物。

具体计划将全年系列公关活动分为三个阶段:

第一阶段:在含有元旦、寒假、春节、元宵节等节假日的第一季度与《北京晚报》、北京楹联研究会联合举办“全聚德杯”新春有奖征集对联活动(以下简称征联);面向全社会开展《我与全聚德》征文,征集店史文物活动;着手整理资料,编辑、出版《全聚德今昔》一书。

第二阶段:在农历六月初六,即全聚德创建日的 7 月 18 日举办“全聚德建店135 周年店庆暨首届全聚德烤鸭美食文化节开幕式”。

第三阶段:在金秋的 10 月份,借新中国五十华诞举办全聚德品牌战略研讨会。

4) 项目实施

集团公司在工作会上针对全年公关系列活动进行动员,并针对每一活动分别成立由总经理或副总经理牵头的、由不同业务部室有关人员组成的专门工作组负责具体实施。

(1) 序曲

“全聚德杯”新春有奖征联活动(1998 年 12 月至 1999 年 3 月)。

1998 年 12 月 22 日,在《北京晚报》五色土版刊登"北京晚报、全聚德集团、北京楹联研究会联合举办'全聚德杯'新春有奖征联活动"通知。(引起公众注意)

1999 年 1 月 10 日,《北京晚报》公布"全聚德杯"新春有奖征联评委会名单。(突出权威性,以引起读者重视并参与)

1999 年 1 月 16 日,"全聚德杯"新春有奖征联作品选登之一。(6 天后,首次活动提示)

1999 年 1 月 22 日,"全聚德杯"新春有奖征联作品选登之二。(6 天后,再次提示活动正在进行中)

1999 年 1 月 26 日,"全聚德杯"新春有奖征联作品选登之三。(4 天后,第三次提示活动截稿日期将至)

1999 年 2 月 15 日(农历除夕),公布"全聚德杯"新春有奖征联活动获奖作品及名单。(选在大年三十这一天公布,一来读者比平日多,二来也算给广大读者送上新春文化礼物,以示祝福)

1999 年 2 月 25 日,公布"全聚德杯"新春有奖征联活动获奖作者名单。(答谢广大读者及社会各界的关注)

1999 年 3 月 12 日,刊登"全聚德杯"新春有奖征联颁奖会消息。(宣布活动圆满结束)

1999 年 3 月 16 日,北京人民广播电台《企业文化》栏目播放"全聚德杯"新春有奖征联颁奖会记者现场采访录音。

(2)主旋

①全聚德建店 135 周年店庆暨首届全聚德烤鸭美食文化节开幕式。

时间:1999 年 7 月 18 日上午 9:30—11:30。

地点:前门全聚德烤鸭店一楼大厅。

出席:国家内贸局、北京市委、市政府有关委办局、所辖区委、区政府的领导和负责同志、新闻单位的记者及全聚德成员企业代表,约 200 余人。

具体安排:

a. 唱《集团歌》。

b. 集团董事长致辞。

c. 北京市商业联合会致贺词。

d. 向集团总厨师长、副总厨师长、各企业厨师长授聘书、绶带。(展示全聚德雄厚的技术力量)

e. 新编《全聚德今昔》一书首发仪式。(传播全聚德历史文化)

f. 第 135 号全聚德冰酒珍藏仪式。（展示全聚德品牌延伸产品）

g. 请有关方面的领导讲话。

h. "打开老墙，重现老铺"，全聚德老墙揭幕仪式。（向现场来宾再现历史，追溯往昔，给人留下深刻印象）

i. 第 1 亿只全聚德烤鸭出炉仪式。（第 1 亿只烤鸭出炉会成为新闻记者争相报道的热点）

j. 第 1 亿只全聚德烤鸭片鸭仪式。（由原市政府副秘书长、全聚德集团第一任董事长杨登彦先生片下第一刀）

②全聚德特色菜品推出仪式。

时间：1999 年 7 月 18 日下午 15：00—18：00。

地点：和平门全聚德烤鸭店 208 房间。

出席：集团公司领导、各成员企业代表、有关部室负责人。

具体安排：

a. 集团主管副总介绍推出全聚德特色菜的重要意义及安排。（统一菜品质量，实施精品战略）

b. 集团总厨师长讲解全聚德特色菜品的制作、口味特点。（菜品量化定标，提高科技含量）

c. "打通一楼，亮出大厅"揭匾仪式。（重新装修的一楼大厅——"中华一绝"重新开张）

d. 来宾观摩特色菜品制作过程，并品尝用餐。

美食文化节期间（7 月 18—25 日）推出的活动还有：

a. 精品烤鸭优惠销售（真诚回报消费者）。

b. 国际烹饪大师巡回献艺。

c. 亚洲大厨、获奖名厨精彩绝活表演。

d. 发放"全聚德会员卡"。

e. 赠送全聚德 135 周年纪念品。

f. 开展由顾客参加的趣味性烹饪、服务技能、全聚德知识竞赛活动。

(3) 提升

全聚德品牌发展战略研讨会（1999 年 10 月 16 日）。

时间：1999 年 10 月 16 日 9：00—12：00。

地点：和平门全聚德烤鸭店 500 会议室。

出席：邀请中国商业经济学会、中国商业文化研究会、中国社会科学院、中国人民大学、首都经贸大学、北京工商大学、北京工业大学、北京财贸管理干部学院的专家、教授、副教授;集团全体领导及有关部室负责人。

主题:就全聚德品牌战略进行研讨(借助外脑进行分析,理论指导实践)。

效果评价(略)

教学实践

九九重阳节时,某酒店举办了"80老人百叟宴"的大型公关活动。如果你是酒店公关部的工作人员,你将如何起草这次活动的欢迎词?

本章自测

1.酒店公关专题活动有哪些特点?

2.简述酒店公关专题活动的策划要求。

3.庆典活动主要有哪些类型?

4.酒店如何开展服务促销活动?

5.简述酒店危机公共关系的处理原则和对策。

小知识链接

森林之王

狮子听说人类叫他森林之王,非常得意,于是决定去验证一下自己在森林中的威信。狮子遇见了一只猴子,于是大声问道:"我是森林之王吗?"猴子吓得魂飞魄散,连连称是。接着狮子遇见了一只狐狸,又大声问道:"我是森林之王吗?"狐狸早已屁滚尿流,一个劲儿地说:"如果你不是森林之王,那还会是谁呢?"狮子更加骄傲起来。这时迎面走过来一头大象,狮子气势汹汹地问道:"森林之王是谁?"大象没有答话。而是伸出长鼻子,把狮子卷起来,重重地摔了出去。

自己称赞自己是没用的,没有权威的认可只会徒留笑柄。

在危机发生后,企业不要自己整天拿着高音喇叭叫冤,而要"曲线救国",请重量级的第三者在前台说话,使消费者解除对自己的警戒心理,重获他们的信任。

危机公关 5S 原则

关键点公关董事长游昌乔先生通过 10 年积累,提出危机公关 5S 原则,成功帮助众多企业从容应对危机,化危为机。危机公关 5S 原则是:承担责任原则(shoulder the matter)、真诚沟通原则(sincerity)、速度第一原则(speed)、系统运行原则(system)、权威证实原则(standard)。

危机公关"四不要"

危机公关时应做到的 4 个不要:酒店除指定的对外发言人外,任何人都不要对外作非正式的声明,也不要擅自对外发布任何消息;在危机处理的过程中,不要企图去评定罪责,而应该立即提出问题给予解决;任何人都不要背离危机发生后酒店商定一致的政策或应急措施,个人擅自作出其他决定;对危机的发生和对外传播,既不要大惊小怪,也不要言过其实。

第10章
酒店公共关系礼仪

【学习目标】

本章通过了解酒店公关礼仪的基本要求,熟悉酒店公关礼仪的基本内容,逐步掌握日常酒店公关礼仪的操作,学生在今后酒店实际工作中能灵活运用酒店公关礼仪的各方面知识和技巧。

【知识目标】

①理解酒店公关礼仪的功能。

②了解酒店公关礼仪的基本要求。

③熟悉酒店公关礼仪的基本内容。

④掌握日常酒店公关礼仪的操作。

【能力目标】

①掌握酒店公关礼仪的要领。

②培养良好的员工形象、人际交往能力。

③在酒店实际工作中能灵活运用酒店公关礼仪的各方面知识和技巧。

【关键概念】

公关礼仪　仪表　仪态　介绍　握手　名片礼仪　迎送礼仪
会议礼仪　宴请礼仪　酒店文书礼仪

案例导入:

1996 年 3 月 1 日,在宁波东港大酒店员工餐厅的通道上,一位 20 来岁的姑娘,肩上斜套着一块宽宽的授带,上面绣着:礼仪礼貌规范服务示范员。每当一位员工在此经过,示范员小姐便展露微笑问候致意。餐厅里,喇叭正在播放一位女员工朗诵的一篇描写酒店员工文明待客的散文诗。不一会儿,另一位员工在广播中畅谈自己对礼仪礼貌的认识和体会。原来东港大酒店正在举办"礼仪礼貌周",今天是第一天。

东港大酒店"礼仪礼貌周"定于每月的第一周,届时在员工通道上有一位礼仪礼貌示范员迎送过往的员工,每天换一位示范员,连总经理们都轮流充当服务员,在员工中引起很大反响。为配合"礼仪礼貌周",员工餐厅在这一周利用广播媒介,宣传以礼仪礼貌为中心的优质服务,有发言,有表演,有报道和介绍,内容生动活泼,形式丰富多彩,安排相当紧凑,员工从中获得很大启迪和教育。酒店同时在员工进出较频繁的地方张挂照片,宣传文明服务的意义,示范礼仪礼貌的举止行为,介绍礼仪礼貌方面表现突出的员工。一月一度的"礼仪礼貌周"活动在东港大酒店已成为一项雷打不动的制度,整个酒店的礼仪礼貌水平大大提高。

启示:讲求礼仪是酒店对每位员工的基本要求,也是体现酒店服务宗旨的具体表现。

礼仪是指人们在一定的社会交往场合中,为表示相互尊重、敬意、友好,而约定俗成的、共同遵循的行为规范和交往程序。酒店公关礼仪,即酒店员工在接待服务过程中,对顾客表示尊重和友好的一系列行为规范,其目的是通过塑造完美的酒店员工个人形象来展示其所在酒店的良好形象而赢得市场。实施酒店公关礼仪可以传递信息,联络感情,增进友谊,协调宾客关系,使宾客有"宾至如归"的感觉;体现酒店管理水平、企业文化和员工素养。正如培根所说:"良好的礼仪,使人品生辉,使我们的事业锦上添花"。

10.1　酒店实用个人礼仪

在酒店公关活动中,酒店员工的个人形象不仅仅是一个酒店的体现,它更是一种宣传,也是一种品牌,同时还会产生一种效益。因此,酒店员工的个人礼仪构成了酒店公关礼仪的基本组成部分。

下面将从仪表、仪态等方面介绍酒店员工最基本的个人礼仪规范。

10.1.1 仪表礼仪

仪表,指人的外表,包括仪容、服饰等方面。仪表是一个人精神面貌的外在表现,是人的道德修养、文化水平、审美情趣和文明的具体表现。

酒店员工在服务接待中,个人形象至关重要。它不仅反映着个人的素质修养,更是企业整体形象的一张广告。酒店员工的穿着打扮是酒店公关礼仪重要的组成部分,员工清新的工作装扮会强化酒店的形象,因此,酒店员工着装的基本要求就是"清洁整齐",清洁整齐的服装反映酒店员工的精神面貌和酒店服务的严格性。

1)仪容

仪容,通常指的是一个人的外貌,包括人们的头发、面部、肢部等多个部位的状态,是酒店员工自身素质的体现,也是酒店管理水平的反映。

(1)头发的修饰

整洁的头发配以大方的发型,往往能给人留下神清气爽的良好印象,健康、干净、卫生、整齐是对酒店员工头发的最基本要求。

酒店员工发型的要求有:头发整齐,不可染色,不得披头散发。短发前不及眉,旁不及耳,后不及衣领,长发刘海不过眉,过肩要扎起(使用酒店统一发夹,或用发网网住,束于脑后),不得使用夸张耀眼的发饰。

另外,头发还要勤于梳理,定期理发,消除异味,不可有头皮屑。每次在上岗之前都要对自己的头发精心检查与梳理,并要对头上、身上,特别是肩背衣服上的落发、头屑认真清理干净,不然会给人以极其不洁的感觉。

(2)面部的修饰

①眉部的修饰。酒店员工在进行眉部修饰时,重点应当注意下列两个问题:一是眉形的美观。眉形的美观与否,对任何人都很重要,对于那些不够美观的眉形,诸如残眉、断眉、竖眉、"八字眉",或是过淡、过稀的眉毛,必要时应采取措施,进行修饰;二是眉毛的梳理。要养成习惯,每天上班前在进行面部修饰时,要梳理一下自己的眉毛,令其秩序井然,而非参差不齐。

②眼部的修饰。"眼睛是心灵的窗口",对每一个人来讲,眼部都是其为他人注意最多的地方。在这一点上,酒店员工当然也不会例外,应保持眼部的清洁,及时除去自己眼角上的分泌物。若有配戴眼镜,则要保持镜片的洁净明亮,

在酒店工作时不戴墨镜或有色眼镜。

③耳部的清洁。在人的面部中,双耳虽算不上是抢眼之处,但仍处在他人的注意之中。对不少人而言,在清洁面部时,耳部清洁往往会被忽略。因此,酒店员工务必每天进行耳部除垢。不过一定要注意,此举不宜在工作岗位上进行,特别是不要在接待客人时大掏自己的耳屎。

④鼻部的修饰。酒店员工在进行鼻部的修饰时应注意以下3个问题:一是鼻涕的去除。切勿当众用手去擤鼻涕、挖鼻孔、乱弹或乱抹鼻垢。二是"黑头"的清洁。切忌将黑头乱挤乱抠,造成局部感染。明智的做法,平时要认真清洗,或可用"鼻贴"将其处理掉。三是鼻毛的修剪。要注意定期对其进行检查、修剪,不要让鼻毛伸出鼻孔随风招摇。

⑤口腔的清洁。保持口腔清洁,上班前不能喝酒或吃有异味食品。牙齿整齐洁白,口中无异味,嘴角无泡沫,接待客人时不嚼口香糖等食物。

⑥胡子的清理。男员工需将胡子刮干净或修整齐,不留长胡子、八字胡或其他怪状胡子。

(3)面部化妆技巧

作为一名酒店员工在化妆技巧上应遵循自然、得体的原则,可适当画些淡妆,切忌浓妆艳抹。就上班妆而言,可分为以下步骤来进行。

①洁面:用温水及洗面奶彻底洗去脸上的油脂、汗水、灰层等污垢,以使面部光洁美丽。

②扑化妆水:根据皮肤的性质,选用不同的化妆水轻拍前额、面颊、鼻梁、下巴等处,将其涂抹均匀。

③擦护肤乳:使用适合自己的护肤乳,可以保护皮肤少受化妆品的刺激,并使粉底容易涂抹。

④抹粉底霜:在上粉底前,建议先涂层隔离霜。应根据自己的脸形选择粉底,突出面部的优点,修饰其不足。在脸部的正面用接近自己天然肤色的颜色,在脸部的侧面,可用较深底色,从后向前,由深至浅均匀地涂抹,因为深色有后退和深陷的作用,这样做可以收到增强脸形立体感的效果。

⑤薄施定妆粉:以加固粉底。使用时将粉扑蘸粉饼或散粉,扑到脸上,然后再用软刷把多余的粉刷掉,消除不均匀的粉。

⑥眉的修饰:眉毛的生长规律是两头淡、中间深,上面淡、下面深。标准眉形是在眉毛的2/3处有转折。描画时,应根据眉的这种生长规律将其修饰得接近于标准眉形。

⑦眼睛的修饰:第一步是涂眼影,修饰眼形,渲染眼睛魅力,强调眼睛立体

感;第二步是画眼线,使眼睛明亮有神;第三步是涂睫毛膏,使睫毛显得长翘、浓密。

⑧鼻子的修饰:美化主要是通过涂鼻侧影和鼻梁的提亮来实现的,目的是为了改变鼻子不理想的部位和使鼻梁显高,以衬托眉眼和脸型。

⑨面颊的修饰:面颊部化妆,主要是通过涂抹胭脂以弥补肤色的不足,反映出女性特有的鲜润娇艳气质。原则是晚间宜深,白天宜淡。在抹胭脂时,更要注意与脸形的配合。胭脂要求抹得非常匀、柔和、自然。

⑩唇的修饰:润泽柔美的朱唇与明亮传神的眼睛相辉映,便会使女性更具有迷人的魅力。具体的修饰方法是:第一步,确定并描好唇线;第二步,涂上唇膏。

(4)肢部的修饰

①手臂的修饰。对广大酒店员工而言,不管是指示方向,递送物品,接收钱款,还是挥手道别,都要动用自己的手臂。手臂修饰,一是不要蓄长指甲。要养成"三天一修剪、每天一检查"的良好习惯。二是不要涂画艳甲。出于养护指甲的目的,允许酒店员工平时使用无色指甲油,但不允许在指甲上涂抹彩色指甲油,在指甲上进行艺术绘画,在手臂上刺字、刻画等。三是不要腋毛外露。此外,有个别人手臂上其他部位往往长有较为浓密的汗毛,在必要时,应当采取行之有效的方法将其去除。

②脚部的清洁。一个人的下肢尽管不是其个人形象的代表,但也绝对不可以任其自然。酒店员工在进行个人保洁时,应该认认真真地加以对待,避免出现"凤凰头,扫帚脚"情况。酒店员工在服务于人时,应选择适当的服装与鞋袜,对自己的下肢进行必要的遮掩。

2)服饰礼仪

(1)工作时要穿规范的工作服

一般来讲,酒店都会专门请人设计服装,力求美观、实用、标准。员工不能对制服进行随意修改,要注意领子和袖口上的洁净,每天上岗前,要细心检查制服上是否有菜汁、油渍、扣子是否齐全、有无松动,衣裤是否有漏缝和破边,注意保持制服的挺括。

根据服务礼仪的基本规定,酒店员工在身着正装上岗时,应注意5方面的禁忌:

①忌露。一般而言,凡可以展示性别特征、个人姿色的身体部位,或有碍观瞻的身体隐私部位,均不得在身着制服时有意暴露在外。身着制服时不准外露

的部位有胸部、腹部、腋下、大腿。

②忌透。过于单薄或透亮的制服弄不好就会让自己的内衣甚至身体的重要部位"公布于世",使人十分难堪。

③忌紧。酒店员工所穿的制服必须合身。制服过于紧身,让内衣、内裤的轮廓显露,既不文雅,也不庄重。

④忌异。酒店员工应统一着装,穿着不可新奇古怪。

⑤忌乱。穿着不可不讲究,如卷袖子,敞扣子,颜色过乱,饰物乱配,衣服脏、破、皱,不烫不熨等都要避免。

(2)工号牌的佩戴

穿制服时要佩戴工号牌,无论是哪一个部门的员工,均应把工号牌统一端正地佩戴在左胸上方。

(3)饰物的佩戴

所谓饰物,一般指除服装以外附加的装饰品,如头饰、发饰、耳饰、项饰、腕饰、指饰、腰饰、脚饰等。饰物的佩戴必须符合一定的礼仪规范和佩戴原则。酒店员工在工作时原则上不戴项链、手链、手镯、耳环、脚链等饰物。至于戴戒指的问题,各酒店有些不同意见,一般不允许戴戒指,也有不少酒店允许服务人员佩戴一枚结婚戒指。即使允许工作岗位上佩戴饰物,一定要以少为佳,一般不宜超过两个品种。总之,按照国际惯例,酒店员工不应打扮得珠光宝气,俗气和妖艳都是仪表仪容之大忌。

(4)鞋袜要配套

在服务接待过程中不适合穿跟过高、颜色太过鲜艳,或过于时尚的鞋,可穿跟较低、深色的制式皮鞋或带跟的深色布鞋。若着裙装时,应注意袜子不残破,袜子颜色以肉色为宜,禁止出现"三节腿"等有碍观瞻等情况。

男员工的仪容仪表礼仪规范如图 10.1 所示。女员工的仪容仪表礼仪规范如图 10.2 所示。

头发勤梳洗，发型朴实大方，不留长发，不蓄胡子，发脚不盖耳

表情自然，神态大方，面带笑容

勤漱口，不吃腥味、异味食物

戴正领带、领结

工号牌佩戴在左胸上衣袋口处

保持工服整洁，不脏、不皱、不缺损，勤换勤洗内衣、袜子

裤袋内不放与工作无关的物品

指甲常修剪，不留长指甲，指甲边缝内无污垢；不戴戒指、手链等饰物

勤洗澡，身上无汗味

皮鞋常擦，保持光亮；穿布鞋要保持清洁

图 10.1 男员工的仪容仪表礼仪规范示意图

理短发为宜，留长发不能披肩

化淡妆，表情自然，神态大方、面带笑容

勤漱口，不吃腥味、异味食物

不戴耳环、项链等饰品

工号牌佩戴在左胸上方适当的位置

保持工服整洁，不脏、不皱、不缺损，勤换勤洗内衣、袜子

衣袋内不放与工作无关的物品

不戴戒指、手链等饰品；指甲常修剪，不留长指甲，不涂有色指甲油，指甲边缝内无污垢

勤洗澡，身上无汗味

皮鞋常擦，保持光亮；穿布鞋要保持清洁

图10.2 女员工的仪容仪表礼仪规范示意图

10.1.2 仪态礼仪

仪态是指人在行为中的姿势和风度。酒店员工美的仪态,不仅是酒店员工自身良好形象、气质和风度的展现,也是酒店良好形象及管理水平的体现。

1)站姿

(1)基本站姿

基本站姿是各种站姿的基础,其规范要求为:两脚跟相靠,脚尖分开至45°～60°,身体重心落在两脚间的中心位置上;两脚直立,双膝并拢;收腹提臀,髋部上提;立腰挺胸,挺直背脊;双肩平齐,放松下沉;双臂自然下垂,虎口向前,手指自然弯曲(中指贴裤缝);头正,颈直,下颌微收,双目平视前方。

(2)酒店员工的站姿

在酒店服务工作中,许多岗位需要站立服务,在为客人服务时,站姿一定要规范。酒店员工在工作中的站姿常有以下几种:

①垂臂式站姿。同基本站姿,如图10.3所示。

②腹前握指式站姿。在基本站姿的基础上,两手握于腹前,两手交叉放在衣扣垂直线上,如图10.4所示。

图 10.3 垂臂式站姿

图 10.4 腹前握指式站姿

③后背握指式站姿(也称双臂后背式站姿)。在基本站姿的基础上,两臂后

摆,两手在身后相握,置于髋骨处,两臂肘关节自然内收,如图10.5所示。

④单臂后背式站姿。在基本站姿的基础上,右脚前移,将脚跟靠于左脚内侧中间位置,两脚尖展开90°,成左丁字步。左手后背,右手自然下垂,身体重心在两脚上,如图10.6所示。

图10.5 后背握指式站姿

图10.6 单臂后背式站姿

以上站姿男士、女士都适合,一般情况男士更适合后背握指式站姿,而女士更适合腹前握指式站姿。

在酒店服务中常见一些不良姿态:如头不正,颈不直,或仰头,或低头,或左右偏头,或探着颈;身不直,肩不平,或弯腰驼背,含胸挺腹,或塌腰、撅臀、提腹,身子前倾,或倚门靠墙,扒桌靠椅,或耸肩、斜肩;指手画脚,抱臂、握拳、叉腰,手放在衣裤兜里,或插在腰际,或两脚交叉,一腿弯曲,脚尖点地,或两脚分开太远,腿脚抖动等。这些姿态会让人产生没有礼貌、懒散无力、自卑委琐或缺乏教养的印象,使宾客对酒店产生缺乏管理、服务较差的印象。

(3)站姿训练

酒店员工必须经过严格训练,长期坚持,养成习惯,才能在站立服务中做到持久地保持优美、典雅的站姿。下面给大家介绍两种站姿的训练方法:

①靠墙站立练习,要求后脚跟、小腿、臀、双肩、后脑勺都要紧贴墙壁。每次训练时间20分钟左右。

②个子高矮差不多的两人为一组,背靠背站立练习。两人脚跟、小腿、臀部、双肩、后脑勺要紧贴。每次训练时间同上。

2) 正确的坐姿和蹲姿

（1）入座和起座

优美的坐姿不仅包括坐的静态姿势，还包括其动态姿势，即入座和起座。"入座"作为坐的"序幕"，"起座"作为坐的"尾声"，直接影响坐姿是否优美。

①入座。入座时从左侧从容大方地走到座位前，自然转身，背对座位，双脚并拢，右脚后退半步，轻稳自如地坐下，然后将右脚与左脚并齐，身体挺直，呈基本坐姿状。女子入座时若穿的是裙装，应用手沿大腿侧后部轻轻地把裙子向前拢一下，并顺势坐下，等坐下后再来整理衣裙。

②起座。起座时，右脚向后收半步，用力蹬地站起，右脚再收回与左脚靠拢。起身时，动作不要太迅猛。

（2）基本坐姿

基本坐姿规范要求为：头正，颈直，下颌微收，双目平视前方，或注视对方；身体正直，挺胸收腹，腰背要直；双腿并拢，小腿与地面垂直，双膝和双脚脚跟并拢；双肩放松下沉，双肩自然弯曲内收，双手呈握指式，右手在上，手指自然弯曲，放于腹前双腿上。忌弯腰驼背，含胸挺腹，双膝分开。

（3）常见坐姿

①正坐式。双腿并拢，上身挺直、坐下，两脚尖并拢略向前伸，两手叠放在双腿上，略靠近大腿根部。入座时，若是着裙装，应用手将裙摆稍稍拢一下，然后坐下，如图 10.7 所示。

图 10.7　正坐式坐姿

图 10.8　曲直式坐姿

②曲直式。上身挺直,一脚伸向前,另一脚屈回,两脚前脚掌着地并在一条线上,如图10.8所示。

③斜放式。坐在较低的沙发上时,若双腿垂直放置的话,膝盖可高过腰,极不雅观。这时最好采用双腿斜放式,即双腿并拢后,双脚同时向右侧或左侧斜放,并且与地面成45°角,如图10.9所示。

④交叉式。双腿并拢,双脚在踝部交叉之后略向左侧斜放。坐在办公桌后面、主席台上或汽车上时,比较适合采用这种坐姿,感觉比较自然、舒适,如图10.10所示。

图10.9 斜放式坐姿

图10.10 交叉式坐姿

无论哪种坐姿,一般不要满坐。如在德高望重的长辈、上级等谈话时,为表示尊重、敬意可坐凳面的三分之一;如坐宽大的椅子或沙发,不可满坐,也不可坐得太靠里面,坐满三分之二即可,否则会使小腿靠着椅子边或沙发边而有失雅观;若坐得太少太靠边会使人感到你在暗示对方你随时都会离开。与人谈话时要目视对方,若对方不是与你对面相坐,而是有一定的角度或坐于你的一侧,那么我们的上体和腿应同时转向一侧面对对方。

就座后忌讳:双腿平直伸开呈叉开状,将脚尖跷起,左右摇晃,或把双脚缩在会椅下面,跷"二郎腿",脚尖对着宾客,频繁地抖动,在宾客面前双手抱膝,旁若无人地整理头发和衣服,不时摆弄手指、衣角、手帕或其他小件物品,脱掉鞋子或把脚露在鞋外,双手交叉于脑后仰坐在工作台旁。

(4)男士坐姿

①正坐式。上身挺直、坐正,双腿自然弯曲,小腿垂直于地面并略分开,双手分放在两膝上或椅子的扶手上,如图10.11所示。

②重叠式。这种坐姿有时会被认为是一种不严肃、不庄重的坐姿,但日常生活中这种坐姿却常常出现,只要掌握要领就可以充分展示这种姿势的风采和魅力。两人并坐时,哪一边坐人,就跷那侧的腿,即把大腿的外侧朝向另一方;两脚的脚尖尽量指向同一个方向;跷起来的脚尖要用力朝向下方,不可以指向他人,更不能让对方看到鞋底,如图 10.12 所示。

③扶手式。如果坐在有扶手的沙发上,入座后上体自然挺直,男士可将双手分别搭在扶手上。

图 10.11　正坐式坐姿

图 10.12　重叠式坐姿

3) 蹲姿

在日常生活中,在各种公众场合,人们有时难免需要捡起掉在地上的东西,或取放在低处的物品。下面介绍两种常用的不失雅观的蹲姿。

(1) 高低式蹲姿

下蹲时左脚在前,全脚着地,右脚稍后,脚掌着地,后跟提起。右膝低于左膝,臀部向下,身体基本上由右腿支撑,女子下蹲时两腿要靠紧,男子两腿间可保持适当距离,如图 10.13 所示。

(2) 交叉式蹲姿

下蹲时,右脚置步于左脚的左前侧,使右脚从前面与左脚交叉,右小腿垂直于地面,右脚全脚着地;左膝从右腿后面向右侧伸出,左脚脚跟抬起,脚掌着地,两腿前后靠紧,合力支撑身体;臀部向下,上身稍前倾。此蹲姿女士较适用,如图 10.14 所示。

图 10.13　高低式蹲姿

图 10.14　交叉式蹲姿

4)优美的步态

步态是人们行走时的姿态,即走姿。步态能直接反映出一个人的精神面貌、性格特点等。优美的步态具有动态美,能体现出一个人良好的精神风貌和良好的气质与风度。因此,从事酒店服务工作的人员,非常有必要对走姿加以训练。

(1)总体要求

标准的走姿要以端正的站立姿态为基础,通过四肢和髋部的运动,以大关节带动小关节,使整个身体移动来实现。总体要求是:轻巧、自如、稳健、大方、有节奏感。

(2)步态规范

在行走时,头正,颈直,下颌微收,目光平视前方;挺胸收腹,直腰,背脊挺立,提臀,上体微前倾;肩平下沉,手臂放松伸直,手指自然弯曲;摆动两臂时,以肩关节为轴,上臂带动前臂呈直线前后摆动,两臂前后摆幅(即手臂与躯干的夹角)不得超过30°;前摆时,肘关节略屈,前臂不要向上甩动;提髋、屈大腿带动小腿向前迈步,脚跟先触地,身体重心落在前脚掌上;身体重心的移动,主要是通过后腿后蹬将身体重心推送到前脚掌,从而使身体前移;前脚落地和后脚离地时,膝盖须伸直。

（3）步态三要素

所谓步态三要素，即一个人在行走时的步位、步幅和步速。

①步位，即脚落地时的位置。女子行走时，两脚内侧着地的轨迹要在一条直线上。男子行走时，两脚内侧着地的轨迹不是一条直线上，而是在两条直线上。

②步幅，即跨步时前脚跟与后脚尖之间的距离。标准的步幅是本人的1～1.5倍个脚长。

③步速，即行走时的速度。一般步速标准为女士每分钟118～120步，男子每分钟108～110步。

（4）步态禁忌

弯腰驼背，含胸挺腹，摇头晃脑，左顾右盼，仰头低头，探颈前窜，歪背晃膀，扭腰摆臀，或翘臀、大甩手，双腿过于弯曲，脚尖向内形成"内八字"步，或脚尖向外形成"外八字"步，步子太大或太碎，脚抬得过高或过低，脚蹭地面，身体左右摇晃，或上下波动，或急跑步，或脚跟用力着地而发出声响，行走路线弯曲甚至东张西望，抢道而行，不打招呼，不致歉意，与人并行，勾肩搭背。

5）适当的手势

手势是通过手和手指活动所传递的信息。手势是一种非常富有表现力的"体态语言"，它不仅对口头语言起加强、说明、解释等辅助作用，而且还能表达有些口头语言所无法表达的内容和情绪。在酒店礼宾服务中，规范、恰当、适度的手势，有助于增强人们表情达意的效果，并给人一种优雅、含蓄、礼貌、有教养的感觉。旅游从业人员在与不同国家、不同地区、不同民族的客人交往时，了解并懂得他们的手势语，可以避免误解与不快。

（1）"请"的手势

①横摆式。这种手势用来指引较近的方向。大臂自然垂直，小臂轻缓地向一旁摆出时微弯曲，与腰间呈45°左右，另一手下垂或背在体后，面带微笑，双脚并拢或成右丁字步，同时加上礼貌用语，如"请""请进"等，如图10.15所示。

②直臂式。这种手势用来指示或引领较远方向。五指并拢伸直，手臂穿过腰间线，屈肘由身前向前方指起，抬到约与肩同高时，再向要指示的方向伸出前臂。身体微向指示方向倾。身体侧向宾客，眼睛要看着手指引方向处，同时加上礼貌用语，如"小姐，请一直往前走""先生，里边请"等，如图10.16所示。

图 10.15 横摆式手势   图 10.16 直臂式手势

③曲臂式。这种手势常用于当一只手扶门把手或电梯门,或一手拿东西,同时又要做出"请"或指示方向时。五指伸直并拢,从身体的一侧前方由下向上抬起,以肘关节为轴,手臂由体侧向体前摆动,摆到距身体 20 厘米处停住,掌心向上,手尖指向一方,头部随客人由右转向左方,如图 10.17 所示。

④双臂式。这种手势用来向众多来宾表示"请"或指示方向。两手五指分别伸直并拢,掌心向上,从腹前抬起至上腹部处,双手一前一后同时向身体一侧摆动,摆至身体的侧前方;肘关节略弯曲,上身稍向前倾,面带微笑,向客人致意,如图 10.18 所示。

(2)指示方向的手势

为顾客指路、指示方向是酒店礼宾服务人员常做的事。可以采用直臂式,如图 10.16 所示。规范手势要求是:曲肘由身前抬起,抬到略低于肩时,再向要指的方向伸出前臂。上体微前倾,面带微笑,眼睛看着所指目标方向,并兼顾客人是否看清或意会到目标。

(3)手势忌禁

手势忌过于单调重复,幅度过大过快,更不可以在说话时,随意打响指、拍桌子等。尤其与女士交流应注意手势运用的分寸,女士更应注重手势的优雅性。

图 10.17 曲臂式手势

图 10.18 双臂式手势

10.2 酒店实用接待礼仪

10.2.1 介绍礼仪

介绍是人与人之间进行相互沟通的出发点,它最突出的作用就是缩短人与人之间的距离。在人际交往中如能正确地利用介绍,不仅可以扩大自己的交际范围,广交朋友,而且有助于自我展示、自我宣传,在交往中消除误会,减少麻烦。

1)自我介绍

自我介绍,即将本人介绍给他人。

(1)自我介绍的注意事项

①注意时机。要抓住时机,最好是对方有空闲,情绪较好,又有兴趣时。

②讲究态度。态度一定要自然、友善、亲切、随和,应镇定自信、落落大方、彬彬有礼。

③注意时间。内容要简洁、言简意赅,尽可能地节省时间,以半分钟左右为佳,不宜超过一分钟。为了节省时间,作自我介绍时,还可利用名片、介绍信加以辅助。

④注意内容。自我介绍三项基本要素:本人的姓名、供职的单位以及具体部门、担任的职务和所从事的具体工作。

⑤注意方法。进行自我介绍,应先向对方点头致意,得到回应后再向对方介绍自己。如果有介绍人在场,自我介绍则被视为不礼貌的。如果你想认识某人,最好预先获得一些有关他的资料或情况,诸如性格、特长及兴趣爱好,这样在自我介绍后,便很容易融洽交谈。

(2)自我介绍的具体形式

①应酬式。适用于某些公共场合和一般性的社交场合,这种自我介绍最为简洁,往往只包括姓名一项即可。如:"你好,我是××。"

②工作式。适用于工作场合,它包括本人姓名、供职单位及其部门、职务或从事的具体工作等。如:"你好,我是××,是××酒店的客房部经理。""我是××,在××学校读书。"

③交流式。适用于社交活动中,希望与交往对象进一步交流与沟通。它大体应包括介绍者的姓名、工作、籍贯、学历、兴趣及与交往对象的某些熟人的关系。如:"你好,我是××,在××工作。我是××的同学,都是××人。"

④仪式。适用于讲座、报告、演出、庆典、仪式等一些正规而隆重的场合,包括姓名、单位、职务等,同时还应加入一些适当的谦辞、敬辞。如:"各位来宾,大家好! 我是××,是××酒店餐饮部经理。我谨代表餐饮部全体员工欢迎大家光临我店,希望大家……"

⑤问答式。适用于应试、应聘和公务交往。问答式的自我介绍,应该是有问必答,问什么就答什么。

2)他人介绍

他人介绍,又称第三者介绍,是经第三者为彼此不相识的双方引见、介绍的一种交际方式。他人介绍,通常是双向的,即对被介绍双方各自作一番介绍,如图 10.19 所示。为他人作介绍时,需要把握下列要点:

(1)了解介绍的顺序

必须遵守"尊者优先了解情况"的规则。根据规则,为他人作介绍时的礼仪顺序大致有以下几种:

①介绍上级与下级认识时,先介绍下级,后介绍上级。

②介绍长辈与晚辈认识时,应先介绍晚辈,后介绍长辈。

③介绍女士与男士认识时,应先介绍男士,后介绍女士。

④介绍已婚者与未婚者认识时,应先介绍未婚者,后介绍已婚者。

⑤介绍同事、朋友与家人认识时,应先介绍家人,后介绍同事、朋友。

⑥介绍来宾和主人认识时,应先介绍主人,后介绍来宾。

⑦介绍与会先到者与后来者认识时,应先介绍后来者,后介绍先到者。

"张总,请允许我为您作介绍,这位是太平洋保险公司的肖建平主任;这位是××酒店的总经理张林女士。"

图 10.19　他人介绍

(2)掌握介绍的方式

由于实际需要的不同,为他人作介绍时的方式也不尽相同。

①一般式。也称标准式,以介绍双方的姓名、单位、职务等为主,适用于正式场合。

②简单式。只介绍双方姓名一项,甚至只提到双方姓氏而已,适用一般的社交场合。

③附加式。也可以叫强调式,用于强调其中一位被介绍者与介绍者之间的关系,使其引起另一位被介绍者的重视。

④引见式。介绍者所要做的,是将被介绍者双方引到一起即可,适合于普通场合。

⑤推荐式。介绍者经过精心准备再将某人举荐给某人,介绍者通常会对前者的优点加以重点介绍,适用于比较正规的场合。

⑥礼仪式。礼仪式是一种最为正规的他人介绍,适用于正式场合,其语气、表达、称呼上都更为规范和谦恭。

(3)注意介绍时的细节

①当介绍者走上前来为被介绍者进行介绍时,被介绍者双方均应起身站立,面带微笑,大大方方地目视介绍者或者对方。

②介绍者介绍完毕,被介绍者双方应依照合乎礼仪的顺序进行握手,并且彼此使用"您好""很高兴认识您""久仰大名""幸会"等语句问候对方。

3)握手礼仪

美国著名盲人作家海伦·凯勒曾以自己独特的感受描写与人握手的经验,她说:"我接触过的手,虽然无言,却极有表现性。我握住冷冰冰的手指,就像和凛冽的北风握手一样。而有些人的手却充满阳光,他们握住你的手,使你感到温暖。"

通过握手,我们可以了解对方的性格、情感状况、待人接物的基本态度等;正确的握手有助于我们在不同的场合与不同的对象更顺利地进行交往。

握手作为当今世界上最为普遍的一种表达见面、告别、祝贺、问候等情感的礼节,学习握手礼仪,应掌握的重要问题有握手的时机、握手时伸手的先后次序和握手的方式等。

(1)握手的时机

握手的时机是一个十分复杂而微妙的问题,它通常取决于交往双方的关系、现场的气氛,以及当事人个人的心情等多种因素,所以不好一概而论。不过对于接待人员来说,行为必须彬彬有礼,因此在如下这样一些时刻,是有必要与交往对象握手行礼的,否则即为失礼。

①在比较正式的场合同相识之人道别,应与之握手,以示自己的惜别之意和希望对方珍重之心。

②在家中、办公室里以及其他一切以本人作为东道主的场合,迎送或送别来访者之时,应与对方握手,以示欢迎或欢送。

③拜访他人之后,在辞行之时,应与对方握手,以示"再会"。

④被介绍给不相识者时,应与之握手,以示自己乐于结识对方,并为此深感荣幸。

⑤在社交场合,偶然遇上了同事、同学、朋友、邻居、长辈或上司时,应与之握手,以示高兴与问候。

⑥他人给予自己一定的支持、鼓励或帮助时,应与之握手,以表衷心感激。

⑦向他人表示恭喜、祝贺之时,如祝贺生日、结婚、生子、晋升、升学、乔迁、事业成功或获得荣誉、嘉奖时,应与之握手,以示贺喜之诚意。

⑧他人向自己赠送礼品或颁发奖品时,应与之握手,以示感谢。

(2)握手的次序

在比较正式的场合,行握手礼时最为重要的礼仪问题,是握手的双方应当由

谁先伸出手来"发起"握手。倘若对此一无所知,在与他人握手时,轻率地抢先伸出手去而得不到对方的回应,那种场景一定是令人非常尴尬的。

根据礼仪规范,握手时双方伸手的先后次序,应当在遵守"尊者决定"原则的前提下,具体情况具体对待。应由位尊者首先伸出手来,即尊者先行。位卑者只能在此后予以响应,而绝不可贸然抢先伸手,因为那是违反礼仪的举动。

在握手时,之所以要遵守"尊者决定"的原则,既是为了恰到好处地体现对位尊者的尊重,也是为了维护在握手之后的寒暄应酬中位尊者的自尊。因为握手往往意味着进一步交往的开始,如果位尊者不想与位卑者深交,他是大可不必伸手与之相握的。换言之,如果位尊者主动伸手与位卑者相握,则表明前者对后者印象不错,而且有与之交往之意。具体而言,握手时双方伸手的先后次序大体包括如下4种情况:

①职位、身份高者与职位、身份低者握手,应由职位、身份高者首先伸出手来。

②长辈与晚辈握手,应由长辈首先伸出手来。

③已婚者与未婚者握手,应由已婚者首先伸出手来。

④女士与男士握手,应由女士首先伸出手来。

(3)握手的方法

握手的标准方式,是行礼时行至距握手对象约一步,双腿立正,上身略向前倾,伸出右手,四指并拢,拇指张开与对方相握。握手时应用力适度,上下稍许晃动三四次,随后松开手来,恢复原状。具体来说,握手时应加以注意的问题有:

①握手时的神态。与人握手时,理当神态专注、热情、友好、自然。在通常情况下,与人握手时,应面含笑意,目视对方双眼,并且口道问候。

在握手时,切勿显得自己三心二意,敷衍了事,漫不经心,傲慢冷淡。如果在此时迟迟不握他人早已伸出的手,或是一边握手,一边东张西望,目中无人,甚至忙于跟其他人打招呼,都是极不应该的。

②握手的姿势。向他人行握手礼时,只要有可能,就应起身站立。除非是长辈或女士,坐着与人握手是不合适的。

握手之时,双方彼此之间的最佳距离为1米左右,因此握手时双方均应主动向对方靠拢。若双方距离过大,显得像是一方有意讨好或冷落一方。若双方握手时距离过小,手臂难以伸直,也不大好看。最好的做法,是双方将要相握的手各向侧下方伸出,伸直相握后形成一个直角。

③握手的手位。在握手时,手的位置至关重要,常见的手位有两种:

一是单手相握。以右手单手与人相握,是最常用的握手方式。单手与人相握时,左手垂直于地面最为适当。它称为"平等式握手",表示自己不卑不亢。(与人握手时掌心向上,表示自己谦恭、谨慎,这一方式叫做"友善式握手"。与人握手时掌心向下,则表示自己感觉甚佳,自高自大,这一方式叫做"控制式握手")

二是双手相握。双手相握,即用右手握住对方右手后,再以左手握住对方右手的手背。这种方式,适用于亲朋故友之间,可用以表达自己的深厚情谊。一般而言,此种方式的握手不适用于初识者与异性,因为它有可能被理解为讨好。这一方式,有时亦称"手套式握手"。

双手相握时,左手除握住对方右手手背外,还有人以之握住对方右手手腕、握住对方右手手臂、按住或拥住对方右肩,这些做法除非是面对至交,最好不要滥用。

④握手的力度。握手时,为了向交往对象表示热情友好,应当稍许用力。与亲朋故友握手时,所用的力量可以稍为大一些;而在与异性以及初次相识者握手时,则千万不可用力过猛。

总之,在与人握手时,不可以毫不用力,不然就会使对方感到缺乏热忱与朝气。但也不宜矫枉过正,要是在握手时拼命用力,将对方握得龇牙咧嘴,则难免有示威挑衅之嫌。

⑤握手的时间。在普通情况下,与他人握手的时间不宜过短或过长。大体来讲,握手的全部时间应控制在 3 秒钟以内。当然,若是老友重逢,握手的时间则可以相应地适当延长。

握手时两手稍触即分,时间过短,好似在走过场,又像是对对方怀有戒意;而与他人握手时间过久,尤其是拉住异性或初次见面者的手长久不放,则显得有些虚情假意,甚至会被怀疑为"想占便宜"。

(4)握手的禁忌

在人际交往中,握手虽然司空习惯,看似寻常,但是由于它可被用来传递多种信息,因此在行握手礼时应努力做到合乎规范,不犯禁忌。这就要做到下述几点:

①不要用左手与他人握手,尤其是在与少数民族人士或外国人士打交道时更要牢记此点,因为在他们看来左手是不洁的。

②不要在握手时争先恐后,而应当遵守秩序,依次而行。特别要记住,与基督教信徒交往时,要避免两人握手时与另外两只相握的手形成交叉状,这种形状类似十字架,在基督教信徒眼中是很不吉利的。

③不要在握手时戴着手套或将另外一只手插在衣袋里,也不能在握手时另

外一只手依旧拿着东西而不肯放下,例如仍然拿着香烟、报刊、公文包、行李等。

④不要在握手时戴着墨镜,只有患有眼疾或眼部有缺陷者方可例外。

⑤不要在握手时面无表情,不置一词,好像根本无视对方的存在,而纯粹是为了应付。

⑥不要以肮脏不洁或患有传染性疾病的手与他人相握。更不能在与人握手之后,立即揩拭自己的手掌,好像与对方握一下手就会使自己受到"污染"似的。

⑦不要拒绝与他人握手。在任何情况下,都不能这么做。

4)名片礼仪

名片是一个人身份的象征,当前已成为人们社交活动的重要工具。因此,名片的递送、接受、存放也要讲究社交礼仪。

(1)发送名片的时机

①希望认识对方。

②被介绍给对方。

③对方向自己索要名片。

④对方提议交换名片。

⑤打算获得对方的名片。

⑥初次登门拜访对方。

(2)发送名片的方法

①递名片时应起身站立,走上前去,使用双手将名片正面对着对方递给对方。

②要将名片正面朝上递给对方。若对方是外宾,最好将名片印有英文的那一面对着对方。

③将名片递给他人时,应说"多多关照""常联系"等语话,或是先作一下自我介绍。

④与多人交换名片时,应讲究先后次序,或由近而远,或先尊后卑进行。位卑者应当先把名片递给位尊者。

(3)接受名片

①他人递名片给自己时,应起身站立,面含微笑,目视对方。

②接受名片时,双手捧接。

③接过名片后,要从头至尾把名片认真默读一遍,意在表示重视对方。

④最后,接受他人名片时,应使用谦词敬语,如:"请多关照"。

（4）索要名片

①向对方提议交换名片。

②先主动递上本人名片。

③委婉地索要名片。

当向尊长索取名片，可以这样说："今后如何向您老请教？"若向平辈或晚辈索要名片，可以这样说："以后怎样与您联系？"

当他人索取本人名片，而自己又不想给对方时，应用委婉的方法表达此意。可以说："对不起，我忘了带名片。"或者："抱歉，我的名片用完了。"若本人没有名片，又不想明说时，可以用这种方法表述。

（5）名片的存放

接过别人的名片切不可随意摆弄或扔在桌子上，也不要随便地塞在口袋里或丢在包里，应放在西服左胸的内衣袋或名片夹里，以示尊重。

10.2.2 迎送礼仪

迎送礼仪指酒店工作人员迎送客人时应注意的礼节。礼貌的迎送代表一个酒店的形象，同时也看出一个人的素质、层次和水平。如果处理不好，也会给酒店的形象带来疵点，给自己脸上抹黑，甚至影响到客人的情绪。

1）轿车礼仪

乘坐轿车时，应当牢记的礼仪问题主要涉及座次、举止、上下车顺序 3 个方面。

（1）座次

介绍 4 种常用车辆在乘坐时的座次排列。

①2 排 5 座轿车。由主人亲自驾驶时，座位顺序依次是：副驾驶座、后排右座、后排左座、后排中座，如图 10.20 所示。由专职司机驾驶时，座位顺序依次是：后排右座、后排左座、后排中座、副驾驶座，如图 10.21 所示。

②3 排 7 座轿车。由主人亲自驾驶时，座位顺序依次是：副驾驶座、后排右座、后排左座、后排中座、中排右座、中排左座，如图 10.22 所示。由专职司机驾驶时，座位顺序依次是：后排右座、后排左座、后排中座、中排右座、中排左座、副驾驶座，如图 10.23 所示。

③吉普车。吉普车是一种轻型越野车，大都为四座车。不管由谁驾驶，吉普车上座位顺序依次是：副驾驶座、后排右座、后排左座，如图 10.24 所示。

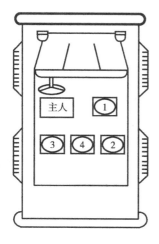

图 10.20　双排座轿车座次一

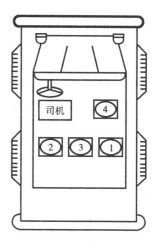

图 10.21　双排座轿车座次二

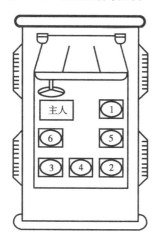

图 10.22　3 排 7 座轿车座次一

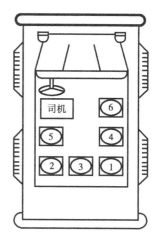

图 10.23　3 排 7 座轿车座次二

④多排座轿车。多排座轿车是指 4 排以及 4 排以上座位的大中型轿车。其不论由何人驾驶，均以前排为上，以后排为下；以右为"尊"，以左为"卑"；并以距离前门的远近来排定具体座位的顺序。现以 6 排 17 座轿车为例，如图 10.25 所示。

在接待中，除了注意车辆的正常座次排列外，还需要把握以下几点：

①乘坐主人驾驶的轿车时，最重要的是不能让前排空着，一定要有一个人坐在那里，以示相伴。

②由专人驾驶车辆时，副驾驶座一般也叫随员座，通常坐于此处者多为随

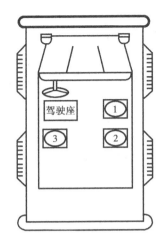

图 10.24 吉普车座次

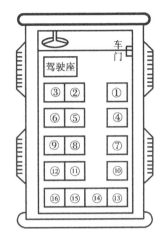

图 10.25 多排座轿车座次

员、译员、警卫等。从安全角度考虑,一般不应让女士坐于副驾驶座,孩子与尊长也不宜在此座就座。

③必须尊重嘉宾本人对轿车座次的选择,嘉宾坐在哪里,则哪里即是上座。

(2)举止

与其他人一同乘坐轿车时,即应将轿车视为一处公共场所,应当注意以下问题:

①不要争抢座位。上下轿车时,要井然有序,相互礼让。尤其是不要争抢座位,更不要为自己的同行之人抢占座位。

②不要动作不雅。在轿车上应注意举止,切勿东倒西歪。穿短裙的女士上下车最好采用背入式或正出式,即上车时双腿并拢,背对车门坐下后,再收入双腿;下车时正面面对车门,双脚着地后,再移身车外。

(3)上下车顺序

倘若条件允许,须请尊长、女士、来宾先上车,后下车。具体而言,又分为多种情况,它们主要包括:

①主人亲自驾车。主人驾驶轿车时,如有可能,均应后上车,先下车,以便照顾客人上下车。

②分坐于前后排。乘坐由专职司机驾驶的轿车时,坐于前排者,大都应后上车,先下车,以便照顾坐于后排者。

③同坐于后一排。乘坐由专职司机驾驶的轿车,并与其他人同坐于后一排时,应请尊长、女士、来宾从右侧车门先上车,自己再从车后绕到左侧车门后上

车。下车时,则应自己先从左侧下车,再从车后绕过来帮助对方。若车停于闹市,左侧车门不宜开启,则于右门上车时,应当里座先上,外座后上。下车时,则应外座先下,里座后下。总之,以方便易行为宜。

④折叠座位的轿车。为了上下车方便,坐在折叠座位上的人,应当最后上车,最先下车。这是广为沿用的做法。

⑤乘坐 3 排 9 座车。坐 3 排 9 座车时,一般应是低位者先上车,后下车;高位者后上车,先下车。

⑥乘坐多排座车。乘坐多排座车,通常应以距离车门的远近为序。上车时,距车门最远者先上,其他人随后由远而近依次而上。下车时,距车门最近者先下,其他人随后由近而远依次而下。

2)电梯礼仪

引导客人乘坐电梯时,首先必须先按电梯按钮,如果只有一个客人,可以以手压住打开的门,让客人先进;如果人数很多,则应该先进电梯,按住开关,让客人上电梯。出电梯时刚好相反,应按住开关让客人先出电梯,然后自己再出电梯。如果上司在电梯内,则应让上司先出,自己最后再出电梯。

3)上下楼梯的基本礼仪

引导客人上楼时,引导者应走在客人的前方还是后方呢?情况有两种:一是,客人熟悉地形,此时引导者应走在客人的后面;二是客人对地形不熟悉的情况下,引导者应走在客人左前方,距离客人一至两步的距离。下楼梯时,引导者则应走在客人的前方。

10.2.3 会议礼仪

会议,又称集会、开会。它通常是指将人们召集在一起,对某些问题进行研究、讨论、说明的一种社会活动的常规形式。不论是召集、组织会议,还是参加会议,为会议服务,接待人员都有一些基本守则必须遵守。此类与会议相关的守则,就是所谓的会议礼仪。

1)会场的排座

举行正式会议时,通常应事先排定与会者,尤其是其中具有重要身份者的具体座次。越是重要的会议,它的座次排定往往就越受到社会各界的关注。对有关会场排座的礼仪规范,酒店工作人员不但需要熟知一二,而且必须认真恪守。

（1）小型会议

小型会议，一般指参加者较少、规模不大的会议。它的主要特征是全体与会者均应排座，不设立专用的主席台。小型会议的排座，目前主要有如下3种具体形式：

①自由择座。它的基本做法是不排定固定的具体座次，而由全体与会者完全自由地选择座位就座。

②面门设座。它一般以面对会议室正门之位为会议主席之座。其他的与会者可在其两侧依次就座。

③依景设座。所谓依景设座，是指会议主席的具体位置，不必面对会议室正门，而是应当背依会议室之内的主要景致，如字画、讲台等之所在。其他与会者的排座，则略同于前者。

（2）大型会议

大型会议，一般是指与会者众多、规模较大的会议。它的最大特点是会场上应设主席台与群众席。前者必须认真排座，后者的座次则可排可不排。

①主席台排座。大型会场的主席台，一般应面对会场主入口。在主席台上就座之人，通常应当与在群众席上就座之人呈面对面之势。在其每一名成员面前的桌上，均应放置双向的桌签。主席台排座，具体又可分为主席团排座、主持人坐席、发言者席位3个不同方面的问题。

第一，主席团排座。主席团，在此是指在主席台上正式就座的全体人员。国内目前排定主席团位次的基本规则有3条：一是前排高于后排，二是中央高于两侧，三是左侧高于右侧。排座又有单数与双数的区分。

第二，主持人坐席。会议主持人，又称大会主席。其具体位置有3种方式可供选择：一是居于前排正中央；二是居于前排的两侧；三是按其具体身份排座，但不宜令其就座于后排。

第三，发言者席位。发言者席位，又叫做发言席。在正式会议上，发言者发言时不宜于就座原处发言。发言席的常规位置有两种：一是主席团的正前方，二是主席台的右前方。

②群众席排座。在大型会议上，主席台之下的一切坐席均称为群众席。群众席的具体排座方式有两种：

第一，自由式择座。即不进行统一安排，而由大家自由择位而坐。

第二，按单位就座。它是指与会者在群众席上按单位、部门或者地区、行业就座。它的具体依据，既可以是与会单位、部门的汉字笔画的多少、汉语拼音字

母的前后顺序,也可以是其平时约定俗成的序列。按单位就座时,若分为前排后排,一般以前排为高,以后排为低;若分为不同楼层,则楼层越高,排序便越低。

在同一楼层排座时,又有两种普遍通行的方式:一是以面对主席台为基准,自前往后进行横排;二是以面对主席台为基准,自左而右进行竖排。

(3)严守会纪

①遵守时间。

第一,准时到会。任何会议的出席者均应按时到会,并适当有所提前,不得无故迟到、缺席。

第二,正点开会。规定的开会时间一到,即应准点开会。延迟开会时间,是对全体与会者的不恭不敬。

第三,限时发言。不仅要限定发言人数,还应规定其所用时间的长短,以促使其发言时少说精讲。

第四,到点散会。规定的会议结束时间一到,如没有特殊原因,即应宣布散会。

②维持秩序。

第一,各就各位。出席正式会议时,应在指定之处就座。未获许可时,不要自由择座,争座抢座。

第二,保持安静。会场的安静,是会议顺利进行的基本条件。除正常的鼓掌发言外,严禁制造任何噪声。

第三,遵守规定。对有关禁止录音、录像、拍照、吸烟以及使用移动电话等会议的具体规定,应认真予以遵守。

10.2.4 宴请礼仪

宴会,通常是指最正式、最隆重的宴请。它可以在早、中、晚举行,但以晚宴最为正式。接待部门举办宴会时,要注意会见、菜单、费用、举止与环境 5 个方面的礼仪规范。具体地说,就是既要提前发出请柬,邀请客人和其他出席作陪人士,又要注意餐具的多少,酒水、菜肴的道数,餐厅的陈设,侍者的仪态,赴宴者的衣着及所需费用等。此外,还要安排宾主致辞,乐队演奏等程序。

1)菜肴的选择

酒店员工在安排宾客用餐时,必须对菜肴的选择问题高度重视。在为对方准备菜单时,除了要量力而行之外,关键是要对对方的禁忌和喜爱一清二楚,避

免安排宾客的忌食之物。一般而言,宾客的饮食禁忌可以分为以下5类:

(1)宗教禁忌

这是所有各类饮食禁忌中最严格的一种。许多宗教都有其特殊的饮食禁忌,信徒绝对不能违反。例如,伊斯兰教禁食猪肉,印度教禁食牛肉,犹太教禁食无鳞无鳍的鱼等。

(2)民族禁忌

不少民族都有各自的饮食禁忌。比如,美国人不吃鲤鱼,俄国人不吃海参,英国人不吃狗肉,日本人不吃皮蛋等。

(3)职业禁忌

一些特殊工作岗位上的工作人员在饮食上也各有顾忌,如司机不准饮酒;法官与检察官,一般也不得出席有碍其正常执行公务的宴请。

(4)健康禁忌

在安排用餐时,接待人员要对身体条件欠佳者给予一定的照顾。如应为糖尿病患者准备无糖餐,为高血脂患者准备低脂餐,为高血压患者准备不含酒精的饮料等。

(5)口味禁忌

饮食中,个人口味也差异较大,有人忌荤,有人忌辣,有人不食海鲜。接待人员要高度重视这些个人口味禁忌。

2)位次的排列

由于宾客的地位、身份、职衔有所不同,因此酒店员工在为宾客安排用餐时,对其位次排列必须予以重视,越是正式的宴请,就越应重视其位次的排列。在一般情况之下,安排中餐的用餐位次,往往涉及桌次与席次两个方面。

(1)桌次的排列

举行正式的中餐宴会时,所设餐桌往往不止一张,这时就要按"尊卑"之别排列桌次。主要应遵守如下3项规则:

①"以右为上"。当餐桌有左右之分时,应以位于右侧的餐桌为上桌,此即所谓"以右为上"。应当说明的是,此刻的左右,是按照"面门为上"的规则来确认的。

②"内侧为上"。当餐桌距离餐厅正门有远近之分时,一般以距门较远的餐桌,即靠内侧的餐桌为上桌,此即所谓"内侧为上",又叫"以远为上"。

③"居中为上"。当多张餐桌并排列开时,一般居中央者为上。

(2)席次的安排

在宴会上,席次是指同一张餐桌上席位的高低。中餐宴会上席次安排的具体规则有4点:

①面门为主。即主人之位应当面对餐厅正门。有两位主人时,双方则可对面而坐,一人面门,一人背门。

②主宾居右。它的含义是主宾一般应在主人右侧之位就座。

③好事成双。根据中国传统习俗,每张餐桌上就座之人应为双数,以示吉祥。

④各桌同向。通常,宴会上的每张餐桌上的排位均大体相似。

10.3　酒店实用文书礼仪

公关文书是一种应用性很强的写作范畴,一般可以分为7类:

公文类:如命令、决定、通告、公告、简报、报告、请示、批复、意见、议案、会议纪要、函、条例、规章等。

礼仪类:如请柬、祝词、欢迎词、欢送词、邀请书、悼词、贺信、贺联、慰问电等。

交际类:如名片、介绍信、便函、证明信。

契据类:如契约、合同、协议书、条据、招标书、投标书。

书表类:如申请书、保证书、决心书、挑战书、应战书、倡议书、建议书、聘书等。

策划类:如公关策划书、市场调查报告、市场调查问卷设计。

广告类:如书刊广告文稿、电视广告文稿、广播广告文稿等。

10.3.1　酒店日常公关文书礼仪

公关文书的写作主要体现了真实性和规范性的特点。真实性是要求任何一种公关文书的内容都是真实可信的;而规范性则主要是指所有公关涉及的文书中,除广告写作、公关策划书、市场调查报告等之外,公关文书的写作具有典型的规格性。下面介绍几类最基本的公关文书的撰写。

1)通知

《国家行政机关公文处理办法》规定:"通知"适用于批转下级机关的公文;转发上级机关和不相隶属机关的公文;发布规章;传达要求下级机关办理和有关单位需要周知或者共同执行的事项;任免和聘用干部。

（1）通知的种类

通知的使用范围最广,按照具体用途不同可以把通知分成下列5类:

①指示性通知。上级机关对下级机关某一项工作有所指示和安排,而内容又不适合用"命令"或"指示"的情况下,可用指示性通知。

②批示性通知。领导机关在批转下级机关的公文时,或者在转发上级机关、同级机关和不相隶属机关的公文以及发布某些行政法规时,可用批示性通知。

③周知性通知。在上级机关要求下级机关办理或知晓某些事项时,可用周知性通知。

④会议通知。会议通知主要用于告知有关单位和与会人员届时参加会议的事务中。

⑤任免通知。上级机关在任免下级机关的领导人或上级机关的有关任免事项需要下级机关知道时,一般发任免通知。

（2）通知的写作

①标题。通知的标题有3种情况:一是由发文机关、事由和文种组成;二是由事由和文种构成;三是由文种"通知"单独做标题。

②发文字号。

③主送机关。

④正文。通知的正文一般由3部分组成。第一部分:交代发文的缘由、目的、依据、意义等。第二部分:通知内容,上级机关向下级布置的具体工作事项,可分条逐项写。第三部分:通知的执行要求。陈述执行的具体要求,也可与第二部分结合起来写。

⑤落款。落款写明发文机关和发文日期。批转或转发性通知,还要在落款的左下方附注附件名称及份数。

2）函

（1）什么是函

函是用于和同级机关、部门或不相隶属的机关、部门之间联系商洽工作、询问和答复问题时使用的公务函件。

（2）函的种类

函有公函和便函之分。公函用来联系较重要的公务,属于正式公文,具有公文体式。便函用来联系一般事务,不属于正式公文,不必编制发文字号,用机关信笺缮写盖印即可。

函有去函和复函之分,写作上稍有区别。

(3)函的写法

①标题。公函的标题一般由发文机关、事由和文种构成,也可以由事由和文种构成。

②主送机关。顶格写上收文单位的名称。

③正文。正文内容包括3个部分。第一部分:缘由,即依据部分,交代写函的原因、目的、依据。如果是去函,即说明去函的原因;如果是复函,即说明是答复对方某某函件。第二部分:事项和意见。简明扼要地写清函告的具体内容及自己的看法和处理意见。如果是复函,应针对来函的情况给以明确答复。第三部分:结束语。常用"特此函告""特此函复"做结束语。

④落款。署发文机关、发文时间及印章。

范文10.1　便函

中国大酒店公关经理致宾客的函

亲爱的宾客:

欢迎阁下光临中国大酒店!

广州不仅有中国"南大门"之称,亦被誉为美食者之天堂。中国大酒店的多个餐厅,提供各式各样的中西美食,无论是驰名中外地道的广州菜,还是正宗欧美佳肴,皆应有尽有,名副其实是"食在中国"。

本店为让宾客尝遍世界风味,二楼西餐厅正在举行"美国食品双周"。牛排阁备有最佳美式牛排,具鲜美、嫩滑之特色,配以烤马铃薯、香甜玉蜀黍,十足的美国口味。更有青翠诱人之沙拉及各式香醇加州美酒,任君选择。

若阁下嗜好汉堡包,不要错过丽廊餐厅及追玫轩推出的各式汉堡包,均为纯正美国风味。款式尤多,从夏威夷式至纽约式必有一款合您心意。

隆祝

阁下居住舒适!

公共关系经理×××

××××年×月×日

3)酒店公共关系简报写作

(1)公共关系简报的内容

公共关系简报名称不一,可称为"公共关系简报""公共关系简讯""公共关系动态"等,它是公共关系业务活动的简要报道。在公共关系简报上可以反映以下一些内容:

①通过民意测验,调查了解到的内部公众和外部公众的意见、评价、要求。

②酒店内部工作情况的动态、经验。

③公共关系部门、公共关系人员开展的一些公共关系活动项目。

④公共关系部门对公共关系工作的咨询意见和建议。

⑤公共关系有关会议。

(2)公共关系简报的构成及写法

公共关系简报与普通简报的构成及写法基本相同,简报的格式由报头、正文、报尾三部分组成。

①报头。公共关系简报名称不一,可为"公共关系简报""公共关系简讯""公共关系动态"或"公共关系反馈"等。报头格式如下:

公关简报

第×期

××酒店公共关系部编

××××年×月×日

如果是综合性简报,报头还应有目录。

②报尾。简报的报尾与正文用横线隔开,写清分发单位和共印份数。

送:

发:

---

③正文。正文是简报的内容所在。正文分导语、主体、结尾三部分,应紧扣简报中心,开篇入题,直截了当地写出简报中最新鲜、最重要的事实。主体是简报内容的主干或中心部分,它列举主要事实或材料。写作时,可按照不同情况确定具体写法。简报要反映的是一个事件,可用叙述方法按事实发生、发展、结局的顺序写。假如简报要报告某大型活动或反映涉及面广的情况时,就要采用概括方法,从各个角度分析材料,以求内容反映得准确。简报要全面反映某情况和集中反映多种意见、发言,内容较为丰富时,应采用归纳方法将材料分类排序,使条理清晰、层次分明。结束语按照正文情况安排,可有可无。

4)酒店公共关系调查报告写作

酒店公共关系调查是公共关系工作的基础,目的在于搜集有关酒店的各种

信息,了解社会各方面对酒店的评价和意见,并加以整理分析,作为开展公共关系工作的依据。酒店公共关系调查报告常见的有基本情况调查报告、公众意见调查报告、民意测验调查问卷等主要形式。

(1)基本情况调查报告

基本情况调查报告是分析研究问题、制订公共关系计划的参考根据。它要求有翔实的内容、清晰的时间线索和准确无误的数字。

①基本情况调查报告的一般内容包括:酒店建立的时间、规模、所有制形式;酒店经历了哪些重要的发展阶段;酒店的资金、设施;酒店的产品、服务、价格及信誉;酒店的市场分布及市场竞争情况;酒店的领导阶层、内部重要岗位的员工情况;酒店组织机构的设置、员工人数、员工的文化、年龄结构及酒店的管理特点;酒店的外观、名称及形象特点;酒店的优势、存在的问题、潜在的危机及原因。

②基本情况调查报告的写法。以叙述事实为主,分析言论比较少,在结构上多采用纵横式结构,主体通常分为并列的几个大部分,这中间的"情况"是主要部分,采用纵式叙说,即把材料前后连贯、自然衔接,或以时间先后为序,或根据发展过程分段或依调查顺序安排,以使调查报告清楚地展示事物发展的来龙去脉。"存在的优势""存在的问题""原因"多采用横式叙说,即将材料按不同方面进行分析,从不同角度说明,条理清楚,主次分明。

(2)公众意见调查报告

公众意见调查是酒店公共关系工作中的常规业务,是酒店公共关系决策的基础和依据。酒店形象的公众意见调查应包括以下内容:

①酒店知名度情况。公众对酒店的名称、标志、产品和服务的了解程度和范围。

②酒店的信誉情况。公众是否喜欢酒店的产品、服务及推销方式。

③公众的评价情况。公众对酒店产品服务、经营管理、社会活动及人员形象的评价。

④对酒店公共关系问题进行分析预测。在公众意见调查报告的最后部分,还应该依照调查到的数据资料进行分析,并结合有关信息对公众意见的发展趋势、对酒店影响及后果和可能出现的公共关系问题作出预测,并且提出公共关系决策建议。

(3)民意测验问卷

测验是进行公众意见调查中最常用的一种调查方法,而问卷是民意测验的主要工具,设计问卷是公共关系部门和公共关系人员应掌握的专业技能。

①提问方式设计。在设计问卷前,首先要明确调查的目的,拟订调查的具体纲目。问卷常使用3种提问方式:两项选择提问,多项选择提问,开放式提问(又

称自由式提问）。

②问卷设计技巧。在一份问卷前，通常需要有简短的说明，解释该次调查的目的。说明要言恳词切，尊重调查对象，引起调查对象答卷的兴趣。

问卷上的提问方式，要按照所提问题来确定，表态性调查可采用两项选择提问和多项选择提问。关于需要阐述意见的提问，应采用开放式提问。

在提问顺序上，要适应调查对象心理，先易后难，对同类问题应归在一起，按逻辑顺序提出。

在问题安排上，先提一般人均能回答的问题，再提只有部分人才能回答的问题。

问卷措辞上要严谨，要避免使用倾向性的措辞，避免出现逻辑上的错误，避免多项选择出现偏颇。

10.3.2 酒店社交公关文书礼仪

社交礼仪文书的种类很多，常用的有各种请柬、欢迎词、祝词、题词、欢送词、悼词、祭文、贺信、贺电、讣告、唁电、碑文、对联等。

1）请柬

请柬，又叫请帖，是为邀请宾客而发出的书面通知。请柬在社会交际中被广泛应用。一些公务活动包括召开较隆重的会议需要请柬；人们在结婚、祝寿、生育或举行其他庆典活动时，为邀请亲友赴宴或与会，也常常需要发请柬给被邀请者。发请柬是为了表示对客人的尊敬，也表明邀请者的郑重态度，所以请柬在款式和装帧设计上应美观、大方、精致。现在通行的请柬形式有双柬帖与单柬帖两种：双柬帖即双帖，将一张纸折成两等分，对折后成长方形；单柬帖即单帖，用一张长方形纸做成。无论双帖、单帖，帖文的书写或排版款式均有横排、竖排两种。

请柬的书写格式如下：

①双柬帖封面印上或写明"请柬"二字，一般应做些艺术加工，即采用名家书法、字面烫金或加以图案装饰等。有些单柬帖，"请柬"二字写在顶端第一行，字体较正文稍大。

②无论单帖、双帖，在帖文行文方面大致是一样的。帖文首行顶格书写被邀请者的姓名或被邀请单位的名称。有的请柬把被邀请者的姓名或单位名称放在末行，也要顶格书写。

③写明被邀请者参加活动的内容，如参加座谈会、联欢会、赴宴，应交代具体时间、地点。若有其他活动，如观看影视表演，应在请柬上注明或附上入场券。

④结尾写"敬请光临""致以敬礼"等，古代称此为"具礼"。

⑤落款应写明邀请人的单位或姓名和发出请柬的时间。

范文 10.2　宴会请柬

宴会请柬

　　×月×日为××酒店创立一周年纪念之期。兹定于同日下午六时举行庆祝晚宴,敬请届时光临。

　　凭柬入座。

　　地址:××路××酒店六楼宴会厅

公关部谨启
××年×月×日

范文 10.3　展览会请柬

展览会请柬

（内页）	（封面）
每柬二人　　展出日期×月×日至×月×日　　幕式。敬请光临指导　　××酒店二楼北厅举行××展览开幕式　　兹定于××××年×月×日×时在	主办单位：××酒店　　××展览会

2)聘书

(1)聘书的概念

　　聘书是聘请书的简称。它是用于聘请某些有专业特长或名望权威的人完成某项任务或担任某种职务时的书信文体书。

(2)聘书的写作

　　①标题。一般是印刷好的,在封面上印上的"聘书"二字,字号要求较大,制作美观、大方。

　　②正文。第一行顶格写,写聘请人姓名、称呼,如"××先生""××同志"等;也可第一行空两格写"兹聘请×××先生",接着写聘请他担任什么职务,或

做什么工作,期限多久,待遇多少等。

③结尾。有的结尾另起一行,用"此聘",有的不写什么。

④署名。一般在正文后边,另起一行,偏右,署上聘请单位名称,并盖上公章。

⑤日期。紧接聘请单位名称后,另起一行写上年、月、日。

范文10.4 聘书

聘　书

××教授:

　　为了加强公关工作,特聘您为本酒店的公关顾问,任职一年,年薪×元。

　　此聘

××大酒店(公章)

××××年×月×日

3)贺电

贺电是一种表示庆贺的公关礼仪电报。贺电是用电报的形式拍发给对方的表示祝贺赞颂的一种电讯文书。贺电一般篇幅短小,感情充沛,文字明快。贺电是通过电报向人表示祝贺的,它一般适用于下列一些情况:对取得巨大成绩,作出卓越贡献的集体或个人表示祝贺;有什么大的喜事发生,诸如结婚、大型庆典、晚会或其他庆祝活动等。

贺电的结构由收报人住址姓名、收报人地点、贺电内容、附项4部分构成。拍发礼仪电报,要用电信局印制的礼仪电报纸按栏、按格写。

(1)收报人住址姓名

先写住址,如马路、街道、门牌号码;再写单位名称或个人姓名。

(2)收报地点

填写省、市、县名,大城市可略写省名。

(3)贺电内容

贺电的内容一般由标题、称呼、正文、结尾、落款5部分组成。

①标题。贺电的标题,可直接由文种名构成,即在第一行正中写"贺电"二字。有的贺电标题也可由文种名和发电双方名称共同构成。

②称呼。称呼要写上收电单位或个人的名称、姓名,是个人的还应在姓名后加上"同志""先生"或职务名称等称呼。要顶格写,称呼后加冒号。

③正文。贺电的正文要根据内容而定,若发给单位或某一地区庆祝活动的,

宜在表示祝贺的同时,对其作出的各种成绩、取得的巨大成就给以充分肯定,并给以鼓舞,提出希望。一般私人之间的交往,则一般把内容放在祝贺上就可以了。

④结尾。贺电结尾要表达热烈的祝贺和祝福之意,有的也提出希望。

⑤落款。即在正文右下方署上发电单位或个人的姓名,并写上发电日期。

(4)附项

附项包括发报人签名或盖章、住址、电话。

4)欢迎词

欢迎词是由东道主出面对宾客的到来表示欢迎的讲话文稿。

(1)欢迎词的分类

①私人交往欢迎词。私人交往欢迎词一般是在个人举行较大型的宴会、聚会、茶会、舞会、讨论会等非官方的场合下使用的欢迎稿。通常要在正式活动开始前进行。私人交往欢迎词往往具有很大的即时性、现场性。

②公事往来欢迎词。这样的欢迎词一般在较庄重的公共事务中使用,要有事先准备好的得体的书面稿,文字措词较私人交往欢迎词要正式和严格。

(2)欢迎词的格式

欢迎词的结构由标题、称呼、开头、正文、结语、署名六部分构成。

5)答谢词

与欢迎词相对应,答谢词是由宾客出面发表的对主人的热情接待表示感谢的讲话稿。

(1)答谢词的要求

①客套话与真情。在礼仪场合,必要的客套话是不能省略的,比如"感谢""致敬"之类热情洋溢、充满真情的词语。

②尊重对方习惯。在异地做客,要了解当地的民情、风俗,尊重对方习惯。

③注意照应欢迎词。主人已经致词在前,作为客人不能"充耳不闻"。答谢词要注意与欢迎词的某些内容照应,这是对主人的尊重。即使预先准备了答谢词,也要在现场紧急修改补充,或因情因境临场应变发挥。

④篇幅力求简短。欢迎词、答谢词都是应酬性讲话,而且往往是在一次公关礼仪活动刚开始时发表的,下面还有一系列的活动等着进行,因此,篇幅要力求简短,不宜冗长拖沓,以免令人生烦。

（2）答谢词的结构

①标题。一般用文种《答谢词》做标题。

②称呼。与欢迎词同。

③开头。对主人的热情接待表示感谢。

④正文。畅叙情谊，或表明自己来访的意图、诚意，申述有关的愿望。

⑤结语。祝愿，或再次表示谢意。

10.4 专题操作训练——酒店实用接待礼仪模拟训练

【训练目标】

培养学生灵活运用酒店公关礼仪的技巧。

【训练方法】

①模拟中餐宴会场景，学生分别扮演来宾与主人，并分派不同职位，同时演示宴会接待程序和赴宴就餐程序，过后相互点评，互换角色进行。

②如条件许可，组织学生到西餐厅就餐，席间教师现场演示，强化西餐就餐礼仪要求。

【知识背景】

随着生活方式的更新和社会交往的活跃，我国吃西餐的人越来越多。在酒店日常接待过程中，也常常涉及西餐招待服务。西餐十分注重礼仪，讲究规矩，因此，了解一些西餐方面的知识是十分重要的。

1）西餐的特点

"西餐"是我国对欧美地区菜肴的统称，大致可以分为两类：

①以英、法、德、意等国为代表的"西欧式"，又称"欧式"。其特点是选料精纯、口味清淡，以款式多、制作精细而享有盛誉。

②以前苏联为代表的"东欧式"，也称"俄式"。其特点是味道浓，油重，以咸、酸、甜、辣皆具而著称。

此外，还有在英国菜基础上发展起来的"美式"西餐等。美式西餐讲究甜品，喜欢用水果做菜。

2)餐具的用法

(1)刀叉的使用

右手持刀,左手持叉,先用叉子把食物按住,然后用刀切成小块,再用叉送入嘴内。

(2)匙的用法

持匙用右手,持法同持叉,但手指务必持在匙柄之端,除喝汤外,不用匙取食其他食物。

(3)餐巾用法

进餐时,大餐巾可折起(一般对折),折口向外平铺在腿上,小餐巾可伸开直接铺在腿上。注意不可将餐巾挂在胸前(但在空间不大的地方,如飞机上可以如此)。拭嘴时需用餐巾的上端,并用其内侧来擦嘴,绝不可用来擦脸部或擦刀叉、碗碟等。

3)进餐的礼仪

(1)餐具使用礼仪

吃西餐,必须注意餐桌上餐具的排列和置放位置,不可随意乱取乱拿。正规宴会上,每一道食物、菜肴即配一套相应的餐具(刀、叉、匙),并以上菜的先后顺序由外向内排列。进餐时,应先取最外边的一套刀叉。每吃完一道菜,将刀叉合拢并排置于碟中,表示此道菜已用完,服务员便会主动上前撤去这套餐具。如尚未用完或暂时停顿,应将刀叉呈八字形左右分架或交叉摆在餐碟上,刀刃向内,意思是告诉服务员,我还没吃完,请不要把餐具拿走。

使用刀叉时,尽量不使其碰撞,以免发出大的声音,更不可挥动刀叉与别人讲话。

(2)进餐的顺序

一餐内容齐全的西餐一般有七八道,主要由这样几部分构成:

①饮料(果汁)、水果或冷盆,又称开胃菜,目的是增进食欲。

②汤类(即头菜)。需用汤匙,此时一般上有黄油、面包。

③蔬菜、冷菜或鱼(也称副菜)。可使用垫盘两侧相应的刀叉。

④主菜(肉食或熟菜)。肉食主菜一般配有熟蔬菜,此时要用刀叉分切后放餐盘内取食。如有色拉,需要色拉匙、色拉叉等餐具。

⑤餐后食物。一般为甜品(点心)、水果、冰淇淋等。最后为咖啡,喝咖啡应使用咖啡匙、长柄匙。

(3)面包等可用手取食

进餐时,除用刀、叉、匙取送食物外,有时还可用手取。如吃鸡、龙虾时,经主人示意,可以用手撕着吃。吃饼干、薯片或小粒水果,可以用手取食。面包则一律手取,注意取自己左手前面的,不可取错。取面包时,左手拿取,右手撕开,再把奶油涂上去,一小块一小块撕着吃。不可用面包蘸汤吃,也不可一整块咬着吃。

(4)用汤匙舀着喝汤

喝汤时,切不可以汤盘就口,必须用汤匙舀着喝。姿势是:用左手扶着盘沿,右手用匙舀,不可端盘喝汤,不要发出吱吱的声响,也不可频率太快。如果汤太烫时,应待其自然降温后再喝。

(5)不可整块肉送嘴里咬

吃肉或鱼的时候,要特别小心。用叉按好后,慢慢用刀切,切好后用叉子进食,千万不可用叉子将其整个叉起来,送到嘴里去咬。这类菜盘里一般有些生菜,往往是用于点缀和增加食欲的,吃不吃由你,不要为了面子强吃下去。

(6)吃东西不要发出很大声响

吃西餐时相互交谈是很正常的现象,但切不可大声喧哗,放声大笑,也不可抽烟,尤其在吃东西时应细嚼慢咽,嘴里不要发出很大的声响,更不能把叉刀伸进嘴里。

(7)坐姿要端正

吃西餐还应注意坐姿。坐姿要正,身体要直,脊背不可紧靠椅背,一般坐于坐椅的四分之三即可。不可伸腿,不能跷起二郎腿,也不要将胳臂肘放到桌面上。

(8)酒杯不斟满,喝酒不劝酒

饮酒时,不要把酒杯斟得太满,也不要和别人劝酒(这些都不同于中餐)。如刚吃完油腻食物,最好先擦一下嘴再去喝酒,免得让嘴上的油渍将杯子弄得油乎乎的。干杯时,即使不喝,也应将酒杯在嘴唇边碰一下,以示礼貌。

4)餐位的安排

原则上男主宾(gentleman of honor)坐在女主人(hostess)右边,女主宾(lady

of honor）坐在男主人（host）右边，而且多半是男女相间而坐，夫妇不坐在一起，以免各自聊家常而忽略与其他宾客间的交际。

教学实践

假设你是××大酒店公关部经理，要到机场去迎接一批非常重要的客人，并且这批客人要在酒店住宿多天，还要在酒店内谈判、开会、用餐……你会怎么做？

本章自测

1. 在接待服务中，酒店员工要如何修饰自己的仪容？
2. 在实施握手礼时应注意哪些礼貌礼节？
3. 如何为他人作介绍？说出介绍的先后顺序？
4. 宴请时桌次与席位的安排都有哪些讲究？
5. 正确规范书写公关简报应注意哪些问题？

小知识链接

美的体态

戴安娜·维瑞兰是目前世界最重要的时装权威之一，她说：脖颈、脊背、手臂和腿的伸展以及轻捷的步履是与美紧密相连的。优雅的体态是人有教养、充满自信的完美表达，它会使你看起来年轻得多，也会使你身上的衣服显得更漂亮。

与人同行的正确方位

与他人同时行进时，通常讲究的是"以前为尊，以后为卑"，即应当请客人、女士、尊长行走在前，主人、男士、晚辈与职位较低者则应随后而行。不过有两点务请注意：一是行进时应自觉走在道路的内侧，而便于他人通过。二是在客人、女士、尊长对行进方向不了解或是道路较为坎坷时，主人、男士、晚辈与职位较低者则须主动上前带路或开路。倘若道路状况允许两人或两人以上并排行走时，一般讲究"以内为尊，以外为卑"。倘若当时所经过的道路并无明显内侧、外侧之分时,则可采取"以右为尊"的国际惯例。当三个人一起并排行进时,有时亦可以居于中间的位置为尊贵之位。

礼貌语言的运用

初次见面——久仰　　　　　许久不见——久违

客人到来——光临　　　　　等待客人——恭候

探望别人——拜访　　　　　起身作别——告辞

途中先走——失陪　　　　　请人别送——留步

请人批评——指教　　　　　请人指点——赐教

请人帮助——劳驾　　　　　托人办事——拜托

麻烦别人——打扰　　　　　求人谅解——包涵

参考文献

[1] 谢苏,王明强. 旅游企业公共关系[M]. 北京:旅游教育出版社,2000.

[2] 李祝舜,李丽. 旅游公共关系[M]. 北京:高等教育出版社,1999.

[3] 林汉川,李觅芳. 公共关系案例教程[M]. 上海:复旦大学出版社,1997.

[4] 甘朝有,王连义. 旅游业公共关系[M]. 天津:南开大学出版社,1999.

[5] 陈观瑜. 公共关系教程新编[M]. 广州:中山大学出版社,2005.

[6] 廖晓静. 旅游公共关系理论与实务[M]. 郑州:郑州大学出版社,2004.

[7] 张永,张景云. 公共关系管理[M]. 北京:科学出版社,2006.

[8] 周朝霞. 公共关系:理论与实务[M]. 北京:高等教育出版社,2005.

[9] 贺学良. 饭店公共关系原理与应用[M]. 上海:人民出版社,1992.

[10] 梭伦. 现代宾馆酒店公关秀[M]. 北京:中国纺织出版社,2001.

[11] 周华安,苗晋平. 公共关系——理论、实务与技巧[M]. 北京:中国人民大学出版社,2004.

[12] 张岩松. 公共关系案例精选精析[M]. 北京:中国社会科学出版社,2006.

[13] 张荷英. 现代公共关系学[M]. 北京:首都经济贸易大学出版社,2004.

[14] 武晓凤. 现代公共关系学[M]. 乌鲁木齐:新疆人民出版社,2000.

[15] 何湘辉,等. 酒店公关实务[M]. 广东:广东经济出版社,2005.

[16] 李崇华. 公共关系理论与实践[M]. 北京:民族出版社,1994.

［17］ 温孝卿,吴晓云.公共关系学［M］.天津:天津大学出版社,2004.

［18］ 詹万生.公共关系的艺术［M］.北京:北京师范学院出版社,1991.

［19］ 雄卫平.现代公关礼仪［M］.北京:高等教育出版社,2004.

［20］ 王晞,牟红.旅游实用礼宾礼仪［M］.重庆:重庆大学出版社,2002.

［21］ 金正昆.服务礼仪［M］.北京:北京大学出版社.2004.

［22］ 贺学良.饭店公关部的运用与管理［M］.北京:旅游教育出版社,2003.